Achim Linhardt

Checkbuch Modernisierung

Bildnachweis:

Abb. 27, 28, 30
Reinhard Singer büro x – Architekt BDA
Kirchstraße 8, 76726 Germersheim
Tel.: 07274/702452
E-Mail: singer.buerox@t-online.de
Fotograf: Helmut Wachter, Zürich
Abb. 32, 33, 34, 35
ZinCo GmbH – Gründachsysteme
Grabenstr. 33, 72669 Unterensingen
www.zinco.de
Abb. 43
WintergartenTeam Neubauer und Kreller GbR, 39326 Glindeberg
www.WintergartenTeam.de
Abb. 47, 48, 105
Desowag GmbH & Co KG
Xantener Str. 235, 47495 Rheinberg
Abb. 58
GUTEX Holzfaserplattenwerk
Gutenburg 5, 79761 Waldshut-Tiengen
www.gutex.de
Abb. 71, 72, 75, 76, 77 aus:
Anton Brasholz „Beschichtungs- und Anstrichschäden bei Alt- und Neubauten", Bauverlag, Wiesbaden und Berlin
Abb. 83
Ispo GmbH
Gutenbergstraße 6, 65830 Kriftel
Abb. 95, 112, 113, 114
Jürgen Roth, Architekt, Heidelberg
Abb. 104
Parador Holzwerke GmbH & Co.KG
48653 Coesfeld – www.parador.de
Abb. 108, 109
HANSA Metallwerke AG – Stuttgart
www.hansa.de
Abb. 111
Robert Bosch GmbH – Thermotechnik
Junkersstr. 20-24, 73249 Wernau
www.junkers.com
Abb. 115
Vaillant Deutschland GmbH & Co. KG
Remscheid – www.vaillant.de
Alle anderen Fotos von
Dieter Hezel, Architekt, Stuttgart
und vom Autor.

Impressum

Bibliografische Information Der Deutschen Bibliothek
Die Deutsche Bibliothek verzeichnet diese Publikation in der Deutschen Nationalbibliografie; detaillierte bibliografische Daten sind im Internet über http://dnb.ddb.de abrufbar.

Umschlagreihenentwurf: Klaus Meyer, München
Reihenlayout: Matthias Quiering
Grafische Gestaltung: Achim Linhardt
Fotos: siehe Quellenangaben
Lithographie: Repro Ludwig, A-Zell am See
Druck: Jütte-Messedruck Leipzig GmbH
Bindung: Kunst- und Verlagsbuchbinderei, Leipzig
Printed in Germany

ISBN 3-421-03488-5

Achim Linhardt

Checkbuch Modernisierung

Praktische Hilfe
für die erfolgreiche Hausrenovierung

Deutsche Verlags-Anstalt
München

1

Dieses Haus will gefallen. Viele Häuser wollen das. Wer seinem Haus dabei mit einer Renovierung hilft, tut sich, dem Haus und allen, die Sinn dafür haben, einen großen Gefallen.

2

INHALT

Einführung 7

Teil 1 – Grundsätzliches und Anregungen

Modernisieren – Was ist das? Allgemeines 9 – „Gewusst wie" schont Konto und Nerven / Was ist mit den Mietern? 10

Werte erhalten Von der guten Adresse und vom Denkmalschutz 11 – Beispiele 12, 13

Grundriss – Veränderung Allgemeines / Räume unterteilen 14 – Räume verbinden / Beispiel 15 – Grundriss umorganisieren / Beispiel 18 – Beispiel: Einbau eines Bades / Beispiel: Einbau einer Schlafgalerie 19

Raumreserven Raumreserven / Beispiel: Ausbau Untergeschoss 20, 21 – Treppeneinbau / Dachausbau nach Baurecht 22 – Dachfenster oder Gauben? 23

Rücksicht auf die Umwelt Die Grundsätze 24

Baustoffe – Gesundheitliche Risiken Allgemeines 25 – Bei diesen Baustoffen ist besondere Vorsicht geboten 26

Grüne Dächer und Fassaden Über den Bewuchs von Fassaden 27 – Bepflanzte Dächer Beispiele 28 – Der Nutzen bepflanzter Dächer 29 – Zur Technik 30

Nutzung von Solarenergie Die Grundsätze 31 – Solarthermie – Kollektoren / Photovoltaik 32 – Wintergärten 33

Einsparung von Primärenergie Die Energieeinsparverordnung, Übersicht 34 – Energiesparen durch Wärmedämmung / Verbesserung oder Erneuerung der Heizung 35

Teil 2 – Bestandsaufnahme

Modernisierungsbedarf Die Grundsätze / Lebensdauern von Bauteile und Materialien 36

Dächer Konstruktion 37 – Holzschäden / Holzfäulnis (Pilzbefall) / Holzbefall durch Insekten 38 – Reparieren tragender Hölzer 39

Eindeckung mit Ziegeln 40 – Eindeckung mit Schiefer 41 – Eindeckung mit Blech 42

Flachdächer, Terrassen – Allgemeines und Grundsätze 43

Wärmedämmung – Verbesserung 44

Fassade und Außenwand Risse in der Fassade 45 – Schließen von Rissen 46

Sichtmauerwerk – Abgewitterte Steinoberfläche 46 – Steinabsprengung / Verankerung kontrollieren / Ausgewaschene Fugen 47

Naturstein – Steinschäden, Abwitterung 48 – Offene Fugen / Verkrustungen, Ausblühungen / Anstrichmängel 49

Fassade – Fachwerk, Putz, Anstrich Fachwerk – Lehmgefache / Ausgemauerte Gefache 50

Putz und Anstrich – Putzschäden / Hohlstellen, Putzablösungen 51 – Putzrisse 52 – Absandender Putz 53 – Anstrichmängel 54

Schwachstellen – Blechabdeckungen / Schadenspunkt Fensterbänke 55

Sockel – Feuchtigkeitsschäden: Allgemeines und Grundsätze 56

Wärmedämmung – Anforderungen der Energieeinsparverordnung 57 – Bekleidung mit Wärmedämmverbundsystem / Dämmung mit Vorsatzschale 58 – Außenwandkonstruktionen im Bestand 59

Fenster Bauarten und Wärmedämmung 60

Beurteilung – Grundsätze und Beurteilungskriterien 61

Instandsetzung – Überprüfung / Fenster instandsetzen 62

Fenster — Wärmedämmung verbessern – Verbessern oder erneuern 63 – Fenster abdichten 64 – Erneuerung – Blendrahmen weiter verwenden / Komplett erneuern / Rahmenprofile ausmagern / Sprossen 65

Klapp- und Rollläden – Instandhaltung / Dämmen / Nachträglich 66

Innenwände — Risse – Schließen baustatischer Risse 67 – Schallschutz – Beurteilung / Schallschutz verbessern / Einbau von Vorsatzschalen 68

Putz und Anstrich – Feuchteschäden / Leichte Trennwände 69

Türen — Alte Türen instandsetzen 70 – Erneuerung – Einbau von Schallschutztüren / Verbesserung der Wohnungseingänge 71

Geschossdecken — Holzbalkendecken – Kontrolle / Reparatur / Zum Dachraum dämmen 72

Schalldämmung – Massivdecken / Schalldämmung verbessern 73

Fußbodenbeläge – Neue Parkettböden / Neue Kunststoffbeläge 74

Keller — Feuchteschäden – Kontrolle / Austrocknen durch Belüftung 75 – Ursachen der Durchfeuchtung beseitigen / Ausbau von Kellerräumen 76

Sanitärinstallation — Leitungen – Grundsätzliches über Wasser- und Abwasserleitungen 77

Einrichtungen – Erneuerung von Sanitäreinrichtungen und Armaturen 78

Heizung — Zentralheizung – Korrosionsschäden / Heizkörper: Anstrichmängel 79 – Energieeinsparverordnung: Anforderungen / Umstellung auf Niedertemperaturbetrieb / Brennwerttechnik 80 – Rohrnetz dämmen 81

Einzelheizgeräte – Allgemeines, Beurteilung / Erneuerung 81

Etagenheizung – Einbau einer Etagenheizung / Innenliegende Heizkörper / Heizungsrohre: Verlegung / Verlegung in Sockelkanälen 82

Schornsteine – Anpassung an neue Heizungsanlagen / Abgasleitungen bei Brennwertanlagen 83

Modernisierungsbedarf — Ermittlung der Bauteilmengen (Massenermittlung) 84 – Checklisten 86 – Summenaufstellung zu den Checklisten 95

Teil 3 – Die Durchführung

Die Durchführung — Übersicht 96

Kosten — Baukosten / Kostenplanung 97 – Kostenschätzung / Kostenberechnung / Kostenanschlag /Kostenfeststellung 98

Fachleute — Muss das sein? 101 – Wann beauftragen? / Verträge 102 – Architektenhonorar / Honorar und Leistung / Nebenkosten / Honorarzahlung 103 – Honorar für Statik und Fachingenieure 104

Bauantrag — Anlagen 105 – Bauvoranfrage / Bauzeichnungen / Bauleitererklärung 106 – Nachweise zu Standsicherheit, Wärmeschutz u.a. / Wohnfläche, Rauminhalt 107 – Zustimmungserklärung / Baugenehmigung 108

Ausschreibung, Vergabe — Ausführungsplanung / Leistungsverzeichnisse 109 – Ausschreibung: Allgemeine Hinweise 110 – Checkliste Leistungsverzeichnisse 111 – Checkliste Vergabe 112 – Worauf achten? / Vergabe / Vergabe ohne Mitwirkung des Architekten / Kostenanschlag 113

Auf der Baustelle — Bautagebuch / Haftung des Bauherrn 114 – Bauwesenversicherung / Bauzeitenplan 115 – Selbsthilfe / Behördliche Überwachung 116

Mängel, Verzug — Mängel vermeiden / Mängel vor Abnahme / Und wenn die Mängelrüge nicht hilft? 117 – Ausführungsfristen nach VOB 118 – Kontroll-Listen: Verzug und Mängelrügen 119

Abnahme, Mängelanspruch — Abnahme / Mängelanspruch 120 – Checkliste Abnahmetermine 121 – Checkliste Mängelanspruch (Fristen) 122

Zahlungen — Der Bauherr zahlt / Abschlagsrechnungen / Schlussrechnung 124 – Checkliste Zahlungen 125 – Checkliste Kostenfeststellung 127, 128

EINFÜHRUNG

Modernisierung geht alle an, die ein Haus besitzen, das in die Jahre gekommen ist. So wird früher oder später jeder Hauseigentümer wieder oder erstmalig zum Bauherrn. Denn jede Modernisieren ist eine Bauaufgabe, egal, ob es sich dabei „nur" um die Erneuerung von Anstrichen und Bodenbelägen handelt oder ob umgebaut wird. In vielen Fällen wird die wichtige Rolle des Bauherr schlecht gepielt. Es wird kaum geplant und wenig professionell abgewickelt. Dabei wird oft viel Geld kaputt gemacht. Geld, das gespart werden kann, wenn sich der Bauherr ausreichend informiert und seine Aufgabe und sein Haus kennt.

Wer sein Haus selbst gebaut hat, ist da im Vorteil. Doch auch hier ist Information nötig, denn wer weiß, wie das Haus gebaut wurde, weiß noch nichts darüber, wie es altert und was dagegen zu tun ist.

Viele Eigentümer wissen nur wenig von ihrem Haus. Sie haben es erworben oder geerbt, haben es vielleicht selbst nie bewohnt. Dann wird eine Modernisierung noch um einiges schwieriger, muss doch erst herausgefunden werden, wie es aussieht unter Tapeten und alten Teppichböden.

Wie immer der Hauseigentümer mit einer anstehenden Moderniserung konfrontiert wird, dieses Buch kann ihm helfen, diese Aufgabe zu seinem Vorteil zu bewältigen.

Dafür werden in drei Teilen drei verschiedene Arten von Unterstützung angeboten:

Der erste Teil bietet allgemeine Anregung und Ratschläge für die Ziele und die Planung der Modernisierung. Anhand von Beispielen wird veranschaulicht, was möglich ist und worauf dabei zu achten ist.

Der zweite Teil dient der Ermittlung des Modernisierungsbedarfs. Hier geht es weniger um Veränderungswünsche als um Notwendigkeiten als Folge von Schäden oder Verschleiß. Die wichtigsten Teile des Hauses werden unter die Lupe genommen und auf ihre weitere Gebrauchstüchtigkeit untersucht. Die Ergebnisse dieser Bestandsaufnahme können in Checklisten zusammengestellt werden. Anhaltswerte für die die Bauteilmengen und die Kosten der erforderlichen Maßnahmen gestatten eine überschlägige Kalkulation.

Im dritten Teil des Buches finden sich die wichtisten Informationen zur Durchführung der Modernisierung. Formulare und Listen helfen, den Überblick zu erhalten und die Kostenentwicklung zu steuern.

Das Buch soll keinesfalls die Fachleute ersetzen, die man klugerweise hinzuziehen sollte. Vielmehr soll es dazu beitragen, den Hauseigentümer zum kompetenten Partner der Fachleute zu machen.

August 2004
Achim Linhardt

Noch ein praktischer Hinweis:
In den Teilen 2 und 3 sind Abschnitte, die praktische Anleitungen betreffen oder beinhalten mit ■ gekennzeichnet.

3

Der Eingang wurde modernisiert: Das einfache Vordach in Stahl trennt diesen Bereich formal ab und gibt damit Spielraum für die Neugestaltung. So können die Fenster, das Türelement und die Außenleuchte zeitgemäßen Vorbildern folgen. Auch die Trittstufe wurde durch einen aufgeständerten Gitterrost ersetzt.

5

Häuser dieser Art waren in den 20er-Jahren Mode. Mit einer Abwandlung des Mansarddaches wurde der Dachraum optimal genutzt. Die Außenwandteile der Dachgeschosse wurden (wie hier) mit einer meistens farbig abgesetzten Deckleistenschalung bekleidet. Die Fensterteilung entspricht dem damaligen Standard, dazu gehörten Oberlichter, die sich heute kaum noch ein Bauherr leistet. Farbig lackierte Klappläden machten das Fenster komplett. Außen eingebautes Holz wurde – abgesehen von traditionellen Bauformen auf dem Land – praktisch immer mit einem deckenden Anstrich versehen. Das sollte bei jeder Modernisierung solcher Häuser beachtet werden.

4

6

MODERNISIEREN – WAS IST DAS?

Der Begriff Modernisieren wird sehr vielschichtig verwendet. Der eine spricht von Modernisierung, wenn neue Tapeten und neue Bodenbeläge fällig sind, der andere meint damit den kompletten Umbau des Hauses. Genau besehen versteht man unter

- **Renovierung** die Schönheitsreparaturen, wie sie z.B. beim Umzug anstehen
- **Modernisieren** ein Haus heutigen Erfordernissen hinsichtlich Komfort und Technik anzupassen
- **Sanierung** die Erneuerung eines Hauses von Grund auf, wenn es in seiner Bausubstanz schwer beschädigt ist.

Die Grenzen zwischen diesen Maßnahmen sind fließend, eine scharfe Abgrenzung kaum möglich und für die Absichten dieses Buches auch nicht nötig. Hier soll „Modernisierung" alles umfassen, was getan werden kann, um bewohnte oder bewohnbare Häuser zu verändern und zu verbessern. Welche Maßnahmen die Modernisierung umfasst, hängt von den Absichten ab, die damit verfolgt werden, z.B.

- Aufteilung in Wohneigentum
- Vergrößerung der Nutzfläche
- Veränderung der Wohnungszuschnitte
- Verbesserung der Energiebilanz
- Erneuerung der Haustechnik
- Verschönerung des Gebäudes als Voraussetzung für seinen Verkauf
- Instandsetzung zur Werterhaltung.

Maßgebend für den Umfang der Modernisierung sind auch das Alter des Gebäudes, dessen Erhaltungszustand sowie die baurechtlichen Möglichkeiten, die das Grundstück bietet. Ist mit der vorhandenen Bebauung das zulässige Maß der baulichen Nutzung des Grundstücks noch nicht ausgeschöpft, kann bei Bedarf erweitert, angebaut, ausgebaut oder aufgestockt werden. Dann umfasst die Modernisierung zugleich einen Umbau, sie beinhaltet dann Maßnahmen, die dem Neubau entsprechen.

Regen, Schnee, Wind und Frost sind die Feinde jeden Hauses. Das wird mit der Zeit – zuerst auf der Wetterseite – sichtbar. Dabei hat sich die besonders widerstandsfähige Schieferbekleidung ganz gut gehalten, während der Putz bis aufs Mauerwerk abgewittert ist.

7

Anders als beim Neubau ist der Umfang der Modernisierung oft nicht mit Sicherheit zu bestimmen. Jedes Haus birgt seine Überraschungen, wenn es erst ein bestimmtes Alter erreicht hat und aktuelle Pläne nicht mehr vorhanden sind. Vieles, was unter Tapeten und Putz verborgen ist, wird erst mit dem Fortgang der Arbeiten sichtbar. Selbst stichprobenartige Untersuchungen des Wand- und Deckenaufbaus sind keine Garantie dafür, dass der analysierte Zustand dann auch durchweg angetroffen wird.

Modernisieren erfordert also ein ordentliches Maß an Beweglichkeit und schnelle Entscheidung, wenn die Handwerker wissen wollen, wie bei überraschendem Befund weitergearbeitet werden soll. So ist es nicht immer möglich, die Arbeiten auf das zu beschränken, was geplant ist. Oft genug zwingt Unvorhergesehenes (z.B. vorher nicht erkennbare Schäden) zu weitergehenden Maßnahmen und damit auch zu einer Erhöhung der veranschlagten Kosten.

„Gewusst wie" schont Konto und Nerven

Die erheblichen Erschwernisse bei bewohnten Häusern legen es nahe, Leerstände bei Mieter- oder Eigentumswechsel zur Modernisierung zu nutzen. Andernfalls bestimmt das Mietrecht und das Einvernehmen mit den Bewohnern, welche Modernisierungsmaßnahmen durchgeführt werden können und – wichtiger noch – wie das geschieht.

„Viele Wege führen nach Rom" und so bieten sich auch beim Modernisieren unterschiedliche Verfahren und Techniken an, einunddasselbe zu erreichen. So gibt es beim Einbau neuer Fenster oft die Möglichkeit, diese in die alten Blendrahmen einzusetzen. Das erspart den Ausbau der alten Fensterstöcke und damit Staub und Schmutz, das Beiputzen, die Ausbesserung oder Erneuerung der Tapeten oder der Anstriche. Ähnlich verhält es sich beim Einbau einer neuen Heizung, wenn man sich dafür entscheidet, die Rohre sichtbar auf der Wand oder in Sockelkanälen zu verlegen.

Während der Bauablauf bei leer stehenden Gebäuden gewerkeweise allein nach Wirtschaftlichkeit erfolgt, ist bei bewohnten Gebäuden die zügige Fertigstellung aller Arbeiten innerhalb einzelner Wohnungen vorrangig. Die Arbeit der Handwerker muss, nach Wohnungen unterteilt, sehr viel enger terminiert werden. Mieter können bei weitgehender Beeinträchtigung ihrer Wohnsituation durch die Modernisierung auf Mietminderung während dieser Zeit hinwirken. Deshalb ist es ratsam, die Bauleitung einem Fachmann zu überlassen.

In bewohnten Räumen empfiehlt es sich, die Modernisierung auf die Maßnahmen zu beschränken, die sinnvoll nur hausweise durchgeführt werden (Erneuerung der Fenster, Sanitärinstallationen, Einbau einer Zentralheizung etc.). Dabei kann man diese Arbeiten auf das beschränken, was für die spätere Einbeziehung der Wohnung nötig ist. So genügt es bei Installationen, nur die Steigleitungen durchgehend einzubauen und die vorhandenen Einrichtungen anzuschließen, um später dann Bäder und Küchen zu erneuern. Kurz: Modernisieren will gründlich und kompetent geplant sein. Das spart Kosten und Ärger.

Was ist mit den Mietern?

Der gute Zustand von Haus und Wohnung liegt im Interesse aller Bewohner. Nach den gesetzlichen Bestimmungen (Bürgerliches Gesetzbuch) müssen Mieter deshalb grundsätzlich Maßnahmen dulden, mit denen Schäden vorgebeugt wird oder die erforderlich sind, um Schäden oder Verschleiß zu beseitigen. Man spricht hier von Erhaltungsmaßnahmen.

Einschränkungen gibt es dagegen, wenn es sich um Maßnahmen handelt, mit denen der Gebrauchswert der Wohnung angehoben wird. Das ist immer der Fall, wenn Komfort und Qualität der Wohnung verbessert werden, z.B. durch eine Zentralheizung anstelle von Einzelöfen, Einbau eines neuzeitlichen Bades, Anbau von Wintergärten. Solche Maßnahmen müssen nur so weit geduldet werden, als sie keine unzumutbare Härte für die Betroffenen darstellen. Dabei ist die individuelle Lebenssituation der Mieter zu berücksichtigen, z.B. das Alter oder etwaige Behinderung.

Die Modernisierung muss auch dann nicht geduldet werden, wenn die Höhe der zukünftigen Miete die finanzielle Belastbarkeit des Mieters überschreiten würde. Der Mieter muss sich die modernisierte Wohnung noch leisten können.

Auch eine Minderung des Gebrauchswertes seiner Wohnung muss der Mieter nicht hinnehmen. Das wäre z.B. der Fall, wenn durch die Maßnahmen die Wohnfläche verkleinert oder der Balkon entfallen würde.

Schließlich muss die Modernisierung vom Mieter selbst durchgeführte Maßnahmen berücksichtigen: Hat er vor einem Jahr mit Zustimmung des Vermieters eine Etagenheizung eingebaut, so muss er nun den Anschluss an eine Zentralheizung nicht ohne weiteres hinnehmen.

Man sollte sich als Eigentümer nicht alleine auf das Mietrecht beziehen, sondern die geplanten Maßnahmen erläutern und soweit möglich mit den Interessen der Bewohner abstimmen. Damit vermeidet man Reklamationen und Einsprüche während der Modernisierung, was sich letztlich auch günstig auf die Kosten auswirkt.

Wichtig: Ist Ihr Haus (oder das ganze Gebiet) denkmalrechtlich geschützt, so müssen Sie die geplanten Maßnahmen mit der Denkmalbehörde abstimmen. Das kann sich auch auf Ausbauten wie Türen oder Treppenhäuser beziehen. Doch sollten es nicht die Verbote sein, die den Bestand schützen: Erkennen Sie Schönheit und Qualität bestimmter handwerklicher Arbeiten, dann werden Sie von sich aus manches tun, um diese Werte zu erhalten. Es wird auch den Wert des Hauses erhöhen.

WERTE ERHALTEN

Modernisieren beinhaltet immer ein Erneuern. Moderniseren heißt, Altes neuen Anforderungen anzupassen. Das kann auch das äußere Erscheinungsbild des Hauses betreffen. Es gibt viele Häuser, die das geradezu fordern, Häuser, bei denen das Äußere wie zufällig wirkt und eine Gestaltungsabsicht nicht erkennen lässt.

Es gibt aber auch viele Häuser, bei denen das anders ist. Häuser, die „etwas zu sagen" haben entweder weil es der Architekt und der Bauherr so wollten oder weil sie den Eindruck vermitteln, dass alles an ihnen „richtig" ist.

Jedes Haus ist Zeuge der Zeit, in der es gebaut wurde. Wer sich ein wenig damit beschäftigt, lernt Merkmale kennen, die typisch sind für den Geschmack der damaligen Architekten und Bauherren und typisch für die Art und Weise, in der die Handwerker damals gearbeitet haben. Es gibt Formen, Farben und Materialien, die für einige Jahre das Bauen bestimmt haben und dann wieder abgelöst wurden durch eine neue Mode oder neue Techniken. Meistens werden die für eine Zeit typischen Merkmale erst mit größerem zeitlichen Abstand deutlich.

Die Originalität eines Hauses ist ein Wert an sich, den man erhalten sollte. Ein Wert übrigens, der sich auch im Preis eines Hauses beim Verkauf widerspiegelt. Das ist genauso wie bei alten Autos. Da zählt nur der Originalzustand; wird der verändert, geht der Preis rapide nach unten.

Häuser im Originalzustand sind ein großer Gewinn für die Qualität unserer Wohnumwelt. Dahinter stecken die gleichen Ziele, die der Denkmalschutz verfolgt. Bei Baudenkmalen ist die Sache klar. Doch die Aufgabe, um die es dabei geht, beginnt weit vor dem Denkmalschutz. Anders ausgedrückt: Denkmalschutz greift dort ein, wo der Erhalt im allgemeinen öffentlichen Interesse liegt. Der Erhalt der großen Masse an schönen und interessanten Häusern dagegen ist in die Hände der Hauseigentümer gelegt.

Steht Ihr Haus unter **Denkmalschutz**, müssen Sie Ihre Pläne mit dem zuständigen Amt abstimmen. Möglicherweise gibt es Zuschüsse. Doch erwarten Sie nicht zuviel: Der durch die Auflagen bedingte Mehraufwand übersteigt diese Zuwendungen in der Regel beträchtlich.

Finanziell interessanter ist – abhängig vom Steuersatz – die Denkmalförderung in Form der Abschreibung der Renovierungskosten. Vor allem bei umfangreichen Maßnahmen sollten Sie sich aber die steuerliche Abzugsfähigkeit anhand der Pläne und der Kostenschätzung vom Finanzamt (schriftlich) bestätigen lassen. Der Bescheid wird negativ ausfallen, wenn das Finanzamt Ihre Maßnahme als „Neubau" einstuft.

Unter den entsprechenden Voraussetzungen kann Eigenheimzulage beansprucht werden. Dies ist nach Urteil des Bundesfinanzhofs auch zusätzlich zur steuerlichen Denkmalförderung zulässig.

8

Keine kleine Aufgabe, ein solches Haus wieder auf Glanz zu bringen, aber sicher eine lohnende.

9

10

11

Sie profitieren schließlich davon, wenn Ihr Haus eine gute Adresse ist. Dafür gibt es keine Zuschüsse und keine Steuererleichterungen. Es lohnt dennoch. Das beweisen die vielen aufwändig und mit Liebe zum Detail renovierten Häuser.

Es gibt diesbezüglich leider auch viele Sünden. Fast immer sind Unkenntnis und Unvermögen der Beteiligten die Ursachen. Der Hang zum Pflegeleichten und die Sonderangebote an Bauprodukten tun ein Übriges. Natürlich spielen dabei die Kosten auch eine wichtige Rolle. Heute ist Arbeitszeit teuer und Material (verhältnismäßig) billig. Früher war es eher umgekehrt und das sieht man den Häusern aus jener Zeit an. Deshalb lohnt sich häufig das Reparieren, z.B. bei Türen und Fenstern oder bei Bodenbelägen aus Holz oder Stein. Aber letztlich haben Schönheit und Attraktivität ihren Preis. Und wer das Besondere seines Hauses kennt und zu schätzen weiß, der ist auch bereit, diesen höheren Preis zu bezahlen.

Das Bemühen um den Erhalt des Vorhandenen ist hier überall sichtbar (Abb. 9 bis 11). Hier wurde nicht die einfachste oder die kostengünstigste Lösung gesucht. Der Eigentümer hat sich der Herausforderung des Hauses gestellt. Und die war nicht gering. Kompromisse – so es welche gibt – sind nicht erkennbar. Die neuen Fenster folgen der Form der Öffnung. Die Sohlbänke, als Ziegelrollschichten ausgeführt, blieben erhalten. Das gewaltige Dach mit einer Kaskade von Dachgauben ist ein Leckerbissen für den engagierten Dachdecker. Verblechung wurde wo immer möglich vermieden. Eine Seltenheit sind die mit Biberschwanz durchgedeckten Dachkehlen.

12

Ein einfaches Haus, wie es sie zu Tausenden gibt. Doch jedes Einzelne wird zum Prunkstück, wenn man es genau betrachtet und Sinn für die Ausgewogenheit und Schönheit der Details entwickelt. Solche Fassaden leben von den Kleinigkeiten. Ein neues Fenster oder gar der Einbau von Rollläden anstelle der Klappläden würde alles zerstören. Bemerkenswert auch die Ausgestaltung der etwas eingezogenen Haustüre. Nicht auszudenken, wenn hier eine „moderne" Haustüre eingebaut würde. Wozu auch!

13

14

GRUNDRISS – VERÄNDERUNG

Wohnvorstellungen und Wohngewohnheiten ändern sich mit der Zeit, so auch die Anforderungen an Größe, Zuschnitt und Zuordnung der Räume. Das ist gut zu erkennen, wenn man die Grundrisse von Wohnungen aus verschiedenen Zeiten vergleicht.

Nehmen wir die Balkone: Vor hundert Jahren wurden Küchenbalkone gebaut, die der Hausarbeit dienten. Hier wurden Kleider ausgebürstet, Schuhe geputzt und Speisen kalt gestellt. Der Balkon als erweiterter Wohnraum war nicht üblich. Auch die heutige Regel, Wohnräume zur Sonne auszurichten, ist noch nicht so alt. Früher orientierte man das Wohnzimmer zur Straße. Die Straßenseite war die attraktive Seite. Rückwärts lagen Küchen und Aborte, im Hinterhof gab es Ställe und Werkstätten mit Lärm und Geruchsbelästigung. Es war vor allem der Fortschritt bei den sanitären Anlagen, der die Voraussetzungen geschaffen hat, Wohnungen nach anderen Gesichtspunkten zu planen.

Die Veränderung von Grundrissen ist in der Regel nicht einfach. Will man keinen kompletten Umbau, muss man die wesentlichen Gegebenheiten der Wohnungseinteilung hinnehmen. Das gilt vor allem, wenn die Wohnung während der Modernisierung bewohnt bleibt. Dennoch gibt es auch unter diesen Einschränkungen Möglichkeiten, den Wohnungsgrundriss zu modernisieren. Auf den folgenden Seiten finden sich einige Beispiele, die Anregungen geben und Lösungsmöglichkeiten aufzeigen. Dass die nur selten einfach kopiert werden können, versteht sich von selbst.

Räume unterteilen

Große Räume sind repräsentativ und geben Bewegungsfreiheit. Doch in vielen Fällen ist ein zusätzlicher Raum wichtiger, z.B. wenn die Kinder größer werden, wenn Sie einen Angehörigen aufnehmen oder Raum für Gäste schaffen wollen.

Vorteilhaft ist es, wenn das Fenster für den neuen Raum bereits vorhanden ist. Zwar macht es technisch keine großen Probleme, ein Fenster nachträglich in die Wand zu brechen, doch wird damit oft die Fassade des Hauses so nachteilig verändert, dass davon Abstand zu nehmen ist. Das zweite Problem ist der störungsfreie Zugang. Nicht immer wird man damit zurechtkommen, wenn ein Raum „gefangen", also nur über einen anderen Raum zugänglich ist.

Der Einbau von Wänden und Türen ist einfach und hinsichtlich der Statik meistens unbedenklich, wenn leichte Trennwände in Trockenbauweise verwendet werden. Verläuft die neue Wand parallel zu den Balken einer Holzbalkendecke, so ist es meistens erforderlich, einen Balken zu verstärken oder einen zusätzlichen einzuziehen. Dieser Balken kann auch auf oder unter der Decke liegen.

Wanddurchbruch in tragender Wand *	
20 bis 25 cm dick, fertig verputzt	
1,5 m breit, türhoch	ca. 700 EUR/St.
2,0 m breit, türhoch	ca. 1.000 EUR/St.
3,0 m breit, 2,50 m hoch	ca. 2.000 EUR/St.
Wanddurchbruch in nichttragender Wand *	
12 bis 17 cm dick, fertig verputzt	
1,5 m breit, türhoch	ca. 350 EUR/St.
2,0 m breit, türhoch	ca. 450 EUR/St.
3,0 m breit, 2,50 m hoch	ca. 650 EUR/St.

* ohne Abfuhr des Abbruchmaterials

Räume verbinden

Entscheidend ist, ob trennende Wände tragend sind oder nicht. Dies muss der Fachmann beurteilen. Auch dünne Wände können für die Standsicherheit des Hauses wichtig sein. Im Zweifelsfall sollten Sie davon ausgehen. Sind Holzbalkendecken vorhanden, so kann aus der Balkenlage auf die Tragfunktion darunter liegender Wände geschlossen werden. Holzdielen liegen immer quer zu den Deckenbalken!
Der Ausbau tragender Wände ist nicht immer möglich, aber immer aufwandig. Das muss fachmännisch gemacht werden und hat seinen Preis. Je mehr von einer Wand stehen bleiben kann, umso besser. Genügt ein Durchgang mit 1,50 bis 2,00 m Breite, so lässt sich das durch Einziehen eines Sturzes erheblich leichter bewerkstelligen als die Wand insgesamt auszubauen. Einfacher wird es auch, wenn Stützen die Tragfunktion der Wand übernehmen können. Prüfen Sie also, ob sich Ihre Pläne auch auf diese Weise verwirklichen lassen.

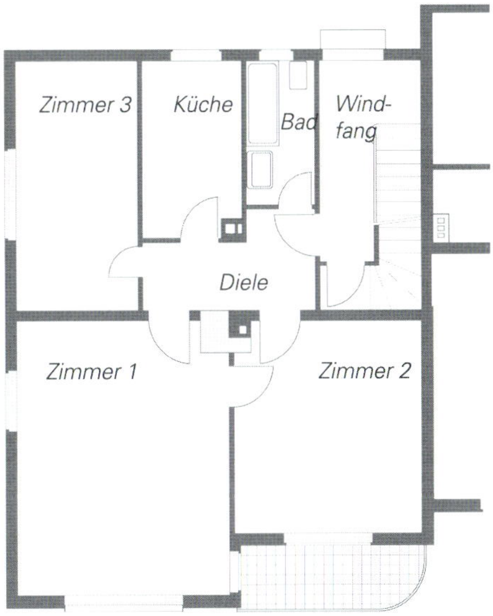

15

Und so wurde der Grundriss umgebaut:

1. Küche und Zimmer 3 werden zur neuen Küche mit Austritt zum Freisitz. Die nicht benötigte Fläche von Zimmer 3 wird zu Speisekammer und Garderobe

2. Das Bad wird zum Gäste-WC

3. Zimmer 1 und 2 werden zusammenfgefasst (Kachelofen wird ausgebaut, Türöffnung zu Zimmer 2 geschlossen)

4. Der Treppenabgang zum Keller wird verkleinert, die Wand zwischen Windfang und Diele entfernt.

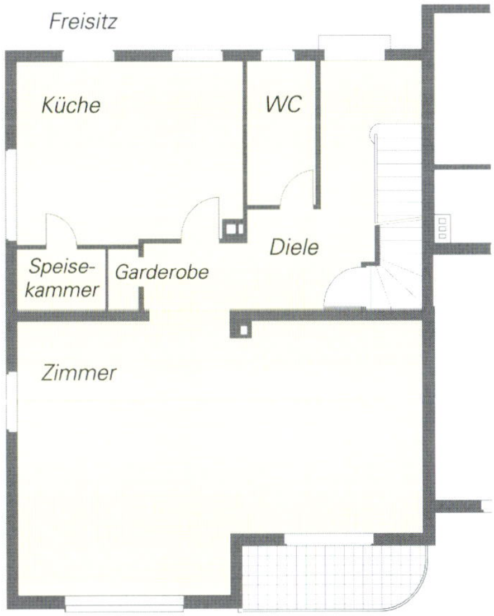

16

Umbau des Erdgeschosses einer Doppelhaushälfte der 50er-Jahre. Was damals als 3-Zimmer-Wohnung genügte, ermöglicht heute einen großzügigen Wohn- und Essbereich mit Küche und Gäste-WC. Vorteilhaft sind bei den Reihenhäusern aus diesen Jahren die großen Hausbreiten, die in den 60er- und 70er-Jahren auf rund 6 m schrumpften. Günstig für den Umbau die tragende Mittelwand, die es gestattet, alle parallel zur Haustrennwand verlaufenden Innenwände zu versetzen oder zu entfernen. Das Haus war während des Umbau bewohnt, die einzelnen Schritte wurden mit größeren zeitlichen Abständen realisiert.
Abschließend wurde ein Carport in Holz-Glas-Konstruktion angebaut und der Freisitz mit einer Pergola versehen.

17

Das im Inneren nach den auf der Vorseite abgebildeten Plänen umgebaute Haus wurde außen im ursprünglichen Zustand renoviert. Was vor 50 Jahren gebaut wurde, entfaltet in neuem Glanz nach wie vor seinen Reiz. Geblieben sind auch die Gitter an den Fenstern. Nach wie vor eine zuverlässige, wartungsfreie und preiswerte Sicherung des Hauses. Und wer es gewohnt ist, fühlt sich durchaus nicht wie „hinter Gittern".
Neu ist die Überdeckung des an die Küche anschließenden Freisitzes mit einer Pergola in Holzkonstruktion. Dahinter der ebenfalls neu angebaute Carport. Dessen Dachverglasung sichert die seitliche Belichtung des Freisitzes und bietet Schutz gegen Schlagregen.
Übrigens: der Einbau von Verglasungen „über Kopf" unterliegt technischen Vorschriften. Es muss Sicherheitsglas verwendet werden, der Glaser weiß das.

18

19

20

21

Dieses Reihenmittelhaus aus den 60er-Jahren wurde verkauft. Die etwas spartanische Fassade (Abb. 23) entsprach nicht den Vorstellungen der neuen Besitzerin. Zudem war das Erdgeschoss recht dürftig belichtet. Die Veränderung der Grundrisse (siehe Abbildungen 24 und 26) wurde durch größere Fenster und einen neuen Hauseingang unterstützt. Ein Glasvordach betont und schützt den Hauseingang. Die nebeneinander liegenden Häuser sind unter 45 Grad versetzt, sodass sich jede einzelne Fassade fast isoliert darstellt. Das hat die individuelle Veränderung der Fassade (auch baurechtlich) erleichtert.

22

23

Grundriss umorganisieren

Nicht selten bietet das Haus Möglichkeiten, die wegen spezieller Wohnvorstellungen und Gewohnheiten der Bauherren nicht genutzt wurden. In solchen Fällen kann ohne Veränderung der Fassaden und der Tragkonstruktionen durch eine andere Organisation der Grundrisse eine neue, attraktivere Wohnung geschaffen werden. Häufig geht es dabei um die Auflösung starrer Abtrennungen der Wohnbereiche zueinander, wie sie früher üblich waren. Auch ist einleuchtend, dass ein Haus, welches ursprünglich für eine fünfköpfige Familie gebaut wurde, große Spielräume für einen Zwei- oder Dreipersonenhaushalt bietet. Es gehört Ideenreichtum und Erfahrung dazu, ein Haus mit vertretbarem Aufwand umzuorganisieren. Lassen Sie sich hierbei helfen. Denn es geht manches, was Sie für unmöglich halten. Und manches, was Ihnen einfach erscheinen wird, ist nicht oder nur mit sehr großem Aufwand realisierbar.

Türe ausbauen und Öffnung schließen * mit Mauerwerk, fertig verputzt	
Wand ca. 15 cm dick	ca. 400 EUR/St.
Wand ca. 25 cm dick	ca. 500 EUR/St.
Trennwand (Gipskarton) mit Türe ca. 4 x 2,5 m, malerfertig (incl. Schalter, Steckdosen)	
10 cm dick, einfach beplankt	ca. 1.250 EUR/St.
13 cm dick, doppelt beplankt	ca. 1.550 EUR/St.
Balken ca. 4 m aufdoppeln, incl. Decke öffnen und schließen (Dielen)	ca. 400 EUR/St.
Fenster 1,2 x 1,6 m einbauen * incl. Wandöffnung (Dicke 35 cm), ohne Gerüst mit Fensterbänken, verputzt	ca. 1.750 EUR/St.

* ohne Abfuhr des Abbruchmaterials

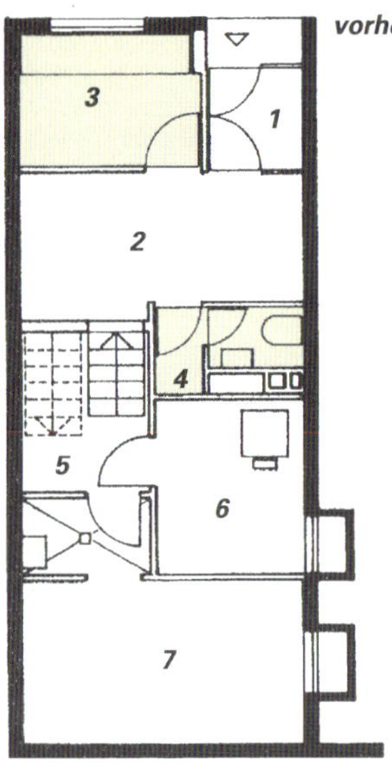

vorher

24

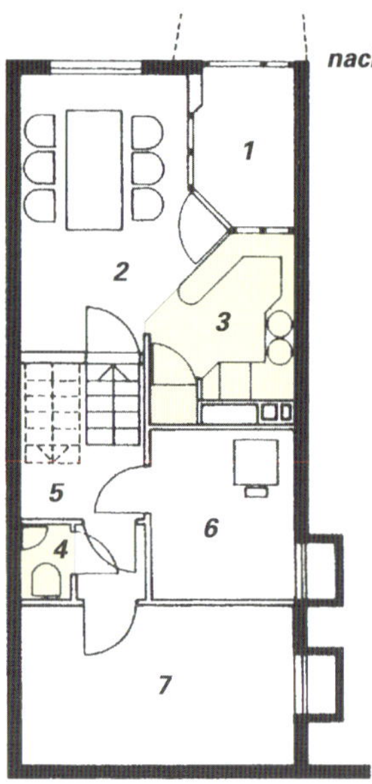

nachher

Die Eingangsebene dieses Split-Level-Reihenhauses (siehe links) war durch die Lage der Küche und kleinteilige Untergliederung dunkel und beengend. Mit der Verlegung des Gäste-WCs in die unterste Ebene (zum Keller hin) wurde Platz für die Küche geschaffen. Diese wurde zum Essplatz hin geöffnet. Zur Abtrennung von Windfang und Diele wurden lichtdurchlässige Holz-Glas-Wände eingebaut. Damit wurde eine großzügige, gut belichtete Innenzone geschaffen, die Durchblicke über die gesamte Haustiefe gestattet. Alle Trennwände waren nichttragend, konnten also problemlos ausgebaut werden.

Legende:

1 Windfang
2 Essdiele
3 Küche
4 Gäste-WC
5 Vorplatz
6 Heizung
7 Keller

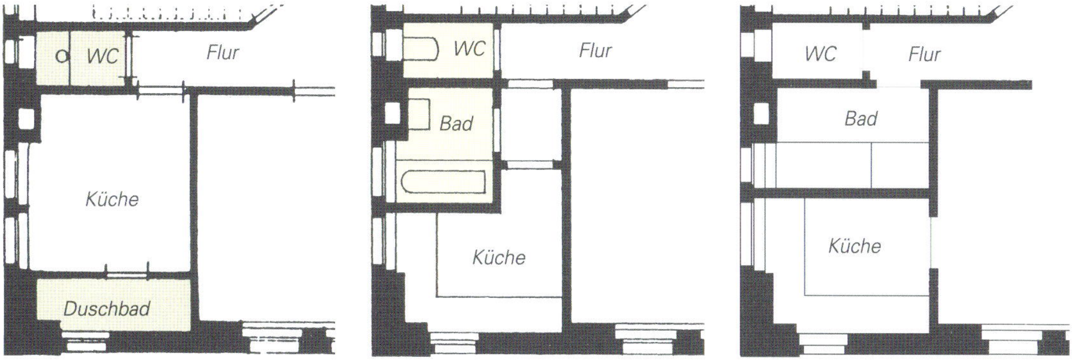

25

vorher **nachher so ...** **... oder so**

Einbau eines Bades ▲

Beispiel ist eine Altbauwohnung, wie sie um 1900 gebaut wurden. Die Wohnung war mit einem Trockenklosett innerhalb der Wohnung ausgestattet. Zwischenzeitlich wurden WCs eingebaut und von der Küche abgetrennte Duschbäder eingerichtet. Wenn der Grundriss nicht grundlegend verändert und auf kein Zimmer verzichtet werden soll, bieten sich die dargestellten Lösungen an. Die Trennung von Bad und WC bleibt erhalten. Zugunsten eines etwas großzügigeren Bades könnte diese Trennung auch aufgegeben werden, der Aufwand dafür wäre aber wegen der tragenden Wand beträchtlich.

Einbau einer Schlafgalerie ▼

In manchen Häusern gibt es Raum, den man erst aufspüren muss, wie in dem unten dargestellten Reihenhaus aus den 70er-Jahren: Die jeweils versetzten Halbgeschosse des Hauses schließen unter dem Dach mit dem Studio ab. Über dem Bad war ein unzugänglicher Luftraum vorhanden (Abb. links). Dieser wurde durch eine neu eingezogene Holzbalkendecke zum Bad abgetrennt, sodass zum Studio eine um etwa 70 cm angehobene Ebene entstand. Die Wand zum Studio wurde bis auf diese Höhe herausgebrochen. Die Giebelwand erhielt ein großzügiges Fenster. So entstand eine reizvolle Schlafgalerie, die über eine kleine Holztreppe aus dem Studio heraus erreicht wird (Abb. rechts).

vorher **nachher**

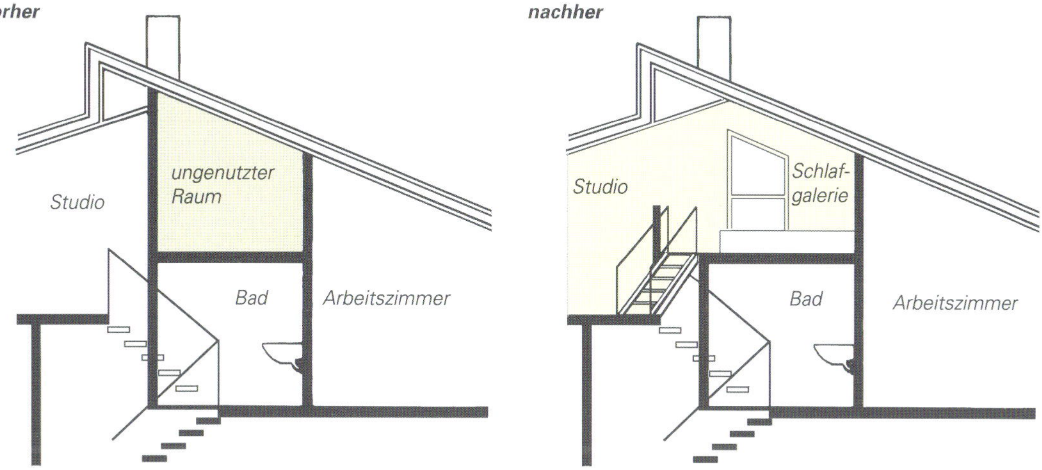

26

27

Keller sind häufig reichlich bemessen. Stimmt die Raumhöhe, hat man damit eine Raumreserve, die interessanter sein kann, als ein Dachraum. Was man daraus machen kann, zeigt der Umbau dieses Hauses aus den 60er-Jahren. Abb. 29 zeigt den Keller vor dem Umbau.

Die Erweiterung des Wohnraums im Erdgeschoss durch einen anliegenden Raum ermöglichte den Einbau einer Treppe in das Untergeschoss. Wichtig ist die Innenlage der Treppe, dadurch bleibt der Raum zur Fassade hin voll nutzbar. Im Untergeschoss trennt sie Wohnbereich und installierte Räume (Küche und Bad). Die Treppe ist so dimensioniert, dass der Zugang zu diesen Räume verbleibt (Abb. 31).

Mit der Öffnung der Fassade über die beiden Geschosse werden mehrere Ziele zugleich erreicht: Durch das Fassadenelement mit Glaslamellen und Luftraum über beide Geschosse erhalten die Räume optimale Belichtung. Die positive Energiebilanz der Verglasung verringert den Energieverlust der Fassade. Wichtiger noch ist die damit gewonnene Raumqualität. Innen und Außen werden in eine enge Beziehung gesetzt. Im Untergeschoss setzt sich der Raum im Freien in voller Breite fort. Der Übergang zu diesem Wohnhof ist zwar sichtbar markiert, wird aber als Einheit erlebt.

Voraussetzung dazu ist eine großzügige Abgrabung, die so ausgestaltet ist, dass sie nicht als Vertiefung, sondern als „normales" Gelände wahrgenommen wird (Abb. 28).

28

29

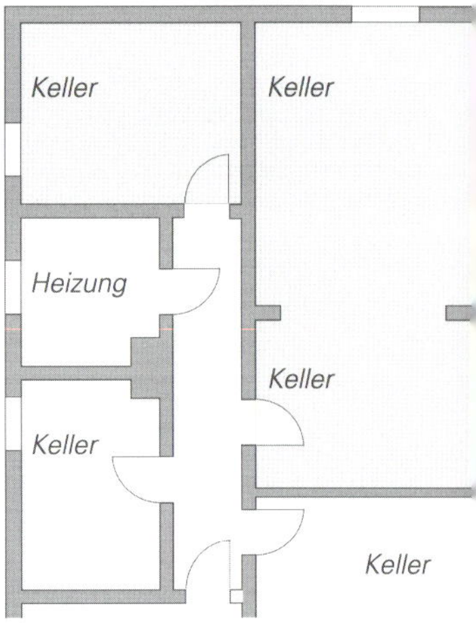

Kellergeschoss vor dem Umbau

30

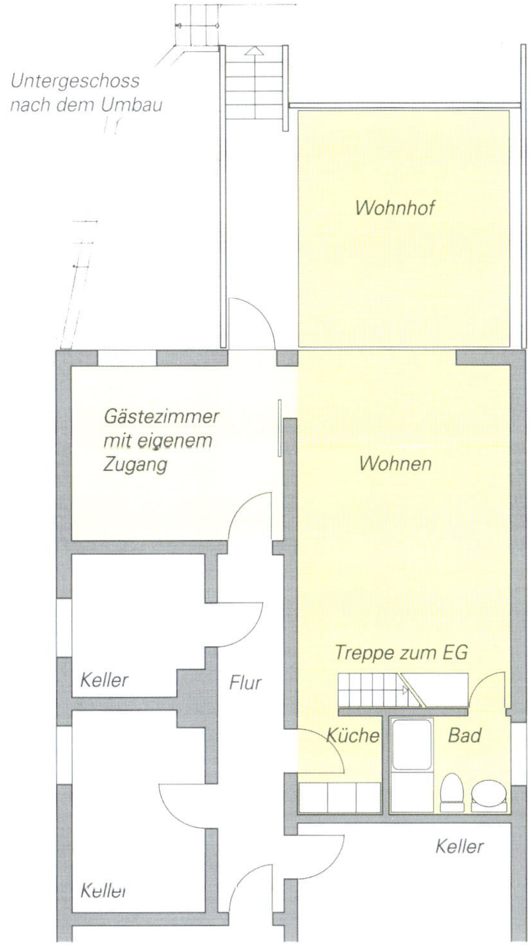

RAUMRESERVEN

Der als Speicher genutzte, nicht ausgebaute Dachraum war früher üblich. So gibt es auch heute noch sehr viele Häuser mit dieser Raumreserve. Der Ausbau von Dachräumen zu Wohnraum ist städtebaulich sinnvoll, da kein zusätzliches Bauland verbraucht wird. Deshalb gibt es hierzu auch öffentliche Förderprogramme.

Der Dachausbau lohnt in der Regel dann, wenn eine Raumhöhe von mehr als 2,10 m über eine Breite von mindestens 3 m gegeben ist. Dabei ist zu beachten, dass für Fußbodenaufbau und unterseitige Bekleidung der Dachschrägen Höhe verloren geht, je nach Konstruktion 10 bis 20 cm. Unabhängig davon fordern die Bauordnungen für Aufenthaltsräume eine Mindesthöhe von meistens 2,30 m. Ein bewohnbarer Bereich wie eine Galerie muss aber kein Aufenthaltsraum sein.

Die Treppe verbindet das Untergeschoss mit dem Erdgeschoss. Dies wird mit einem farbig gestalteten Glanzputz als Hintergrund der „Zeichnung" der Treppe betont. Links die Türe zum Bad, rechts der Zugang zur kleinen Küche. Die rechts sichtbare Türe führt in den verbliebenen Kellerbereich.

31

Treppeneinbau

Meistens sind Dachräume, die durch eine normal begehbare Treppe zugänglich sind, bereits für einen Ausbau vorgesehen und eventuell auch vorgerichtet (z.B. durch Anschlüsse für Heizung, Sanitäreinrichtungen oder elektrische Installationen). Ist nur eine Auszug- oder Leitertreppe vorhanden, ist zu prüfen, ob der Einbau einer Treppe überhaupt möglich ist.

Kann die Treppe über einer schon vorhandenen (z.B. vom Erd- zum Obergeschoss) eingebaut werden, so ist dies die Platz sparendste Lösung. Liegt die vorhandene Treppe an der Außenwand im Traufbereich des Daches, fehlt dort in der Regel die nötige Höhe für den Austritt der Treppe. Hier kann eine Dachgaube Abhilfe schaffen, das erhöht aber die Kosten beträchtlich (siehe Abb. 32).

Bei der Anordnung der Treppe innerhalb der Bereiche, in denen das Dachgeschoss ausreichend Höhe bietet, geht Wohnraum im darunter liegenden Geschoss verloren. Gelingt es aber, eine attraktive räumliche Beziehung zwischen dem Dachraum und dem darunter liegenden Raum herzustellen, wird man diesen Flächenverlust vermutlich gerne hinnehmen.

Dachausbau nach Baurecht

Der Ausbau von Dachräumen muss die Anforderungen der Bauordnung beachten. Daneben kann aber auch das Planungsrecht Einschränkungen beinhalten. Existiert ein Bebauungsplan, regelt dieser Art und Maß der baulichen Nutzung. Mit den im Dachraum neu geschaffenen Wohnflächen darf das insgesamt zulässige Maß der baulichen Nutzung eines Grundstückes nicht überschritten werden. Maßgeblich hierfür sind die Geschossflächen (nach der Baunutzungsverordnung) und die zulässige Geschosszahl. Im Allgemeinen darf die Geschossfläche des Dachgeschosses (Fläche mit Raumhöhe für Aufenthaltsräume nach Landesbauordnung) zwei Drittel der Fläche eines Normalgeschosses nicht überschreiten. Die Behörde wird dabei nicht allzu kleinlich urteilen, wesentliche Überschreitungen sind in der Regel jedoch nicht durchsetzbar.

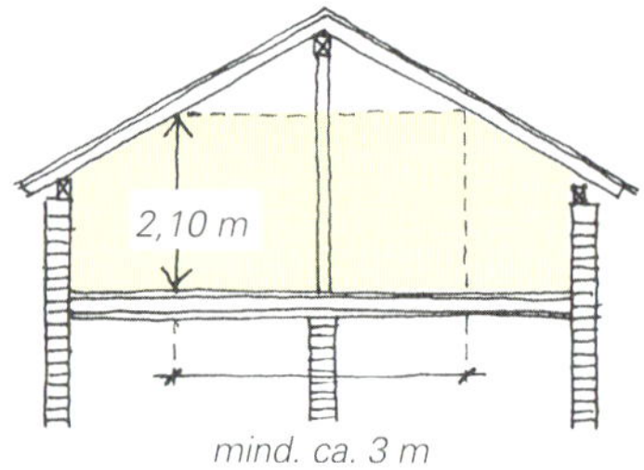

33

Eine lichte Raumhöhe von 2,10 m über eine Breite von etwa 3m. Das ist Voraussetzung für einen Dachausbau, wenn ein vernünftig nutzbarer Raum entstehen soll.

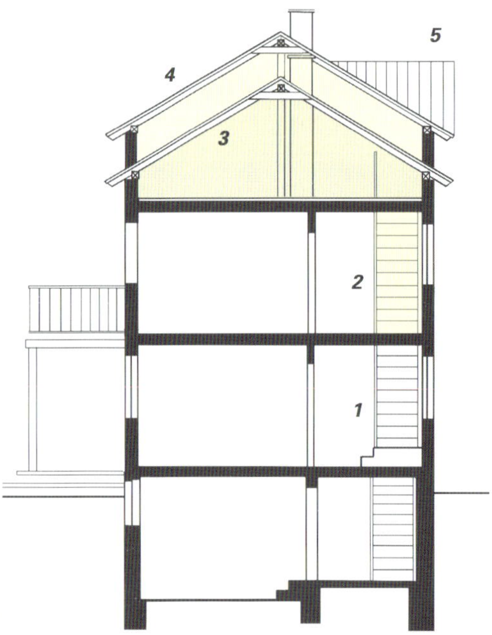

32

1 vorhandene Treppe
2 geplante Treppe
3 Dach vorhanden
4 Dach geplant
5 Gaube geplant

Ein zweigeschossiges Haus, gebaut zu einer Zeit, als die Grundstücke noch reichlich bemessen wurden. Heute, nachdem dichtere Bebauung üblich und zulässig ist, bietet sich oft die Chance, das vorhandene Haus zu vergrößern. Hier konnte entweder angebaut oder das Dachgeschoss durch Anheben der Traufe nutzbar gemacht werden. Für den platzsparenden Einbau der hierzu erforderlichen Treppe über der vorhandenen reichte die lichte Höhe auch des angehobenen Daches nicht aus. Mit dem Einbau einer Gaube über dem Treppenaustritt kann die nötige Höhe geschaffen werden. Zugleich kann der Dachraum großzügig belichtet werden.

34

35

Links: Mit einer einzelnen großzügigen Gaube wird mehr für die Raumqualität erreich, als mit mehren kleinen. Das gilt natürlich nur im Rahmen des Baurechts und soweit es der Gestalt des Hauses entspricht.
Rechts: Dachflächenfenster mit Aufkeilrahmen verbessern die Stehhöhe vor dem Fenster und damit den Ausblick.

Dachfenster oder Gauben?

Dachräume können ausschließlich durch Dachflächenfenster belichtet werden, doch sollten Sie wegen des Ausblickes und der Raumwirkung Fenster auch in die Giebelwände einbauen. Für Dachneigungen unter 35° gibt es Dachflächenfenster mit Aufkeilrahmen. Sie ermöglichen übliche Brüstungshöhe (Ausblick) und schaffen Raumhöhe (Abb. 35). Vor zu vielen Dachfenstern ist zu warnen: Die im Sommer hoch stehende Sonne heizt die Räume unerträglich auf. Sonnenschutzeinrichtungen sind nur außenseitig wirklich wirksam und deshalb recht teuer.

Der Einbau von Gauben bietet sich an, wenn nur ungenügende Raumhöhe zur Verfügung steht. Es ist dann aber meistens nicht mit ein oder zwei kleinen Gauben getan; entweder werden großzügige Gauben kreuzweise zum First eingebaut (eine Breite am Fuß von 2 bis 3 m ist erforderlich), oder es werden Gauben aneinander gereiht. Der Aufwand dafür ist erheblich. Es kann sich deshalb – wenn es das Baurecht zulässt – lohnen, das ganze Dach anzuheben, indem ein Kniestock (Drempel) eingebaut bzw. ein vorhandener erhöht wird. Die Kosten werden zwar die des Einbaus von Gauben übersteigen, dafür erhalten Sie aber ein Maximum an nutzbarer Fläche und die einfache Dachgeometrie.

Ob der Abbau und Wiederaufbau des Daches billiger kommt als das Anheben der vorhandenen Konstruktion, muss im Einzelfall kalkuliert werden. Grundsätzliche Probleme gibt es beim Anheben im Allgemeinen nicht.

Dachausbau nur nach Baurecht!

Für den Dachausbau in Mehrfamilienhäusern gelten zum Teil sehr strenge Vorschriften nach den Landesbauordnungen. Ein eigenmächtiger Ausbau ohne die Einschaltung eines Architekten (Bauantrag und Baugenehmigung sind erforderlich) ist sehr riskant. Wenn Anforderungen an den Brandschutz nicht erfüllt und notwendige Rettungswege nicht vorhanden sind, wird man Sie im Schadensfall in Haftung nehmen.

Dachflächenfenster einbauen ca. 1,3 m^2 groß	ca. 300 – 400 EUR/St.
Gaube einbauen (Fenster ca. 1,3 m^2 groß)	ca. 1.000 EUR/St.
Pfettendach anheben (ca. 80 m^2 Grundfläche)	ab ca. 7.500 EUR/St.
Holztreppe einbauen, gerade (ca. 14 Steigungen) komplett	ca. 1.750 EUR/St.
Quergiebel einbauen (Grundfläche ca. 3 x 4 m)	ab ca. 2.500 EUR/St.
Dachausbau ohne Veränderung des Daches, für Ausbau vorgerichtet	ca. 200 – 300 EUR/m^2
nicht vorgerichtet	ca. 300 – 400 EUR/m^2

RÜCKSICHT AUF DIE UMWELT

Haben Sie schon einmal darüber nachgedacht, aus welchen Materialmengen ein Haus besteht? Allein für den Rohbau kommen bei einem Reihenmittelhaus mit etwa 110 m^2 Wohnfläche über 100 m^3 Material zusammen. Das ist mehr als ein Sechstel des Gebäudevolumens. Welche Folgen die Herstellung, Bereitstellung und Verarbeitung dieser Materialien für die Umwelt und unsere Gesundheit haben, dafür haben sich in der Vergangenheit nur wenige Fachleute interessiert. So war es nicht verwunderlich, dass schädliche Baustoffe bis in unsere Wohnzimmer gelangt sind. Erst „Tropenholz", „Asbest" und „Formaldehyd" haben bewirkt, dass die Öffentlichkeit heute danach fragt, in welchen Baustoffen sie lebt.

Die damit ausgelöste Diskussion hat auch zu übertriebenen, ja oft hysterischen Reaktionen geführt, die die Betroffenen nur verunsicherten und Geschäften mit der Angst Tür und Tor öffneten. Notwendig ist nicht Panikmache, sondern fundierte Auseinandersetzung mit den Fakten.

Bauen mit dem Blick auf die Umwelt wird „ökologisches Bauen" genannt. Das erweckt den Eindruck als handele es sich dabei um eine besondere Art des Bauens, die auch eine besondere Gesinnung zur Umwelt und zum Leben in dieser Umwelt erfordere. Diese Sicht ist falsch und schädlich: Die Unterscheidung zwischen „ökologischem" und üblichem Bauen ist künstlich. Bauen wirkt immer sehr vielfältig auf die Umwelt. Es ist nur die Frage, inwieweit man dies beachtet und in das Planen und Handeln einbezieht. Dies nicht oder nicht genügend zu tun, können wir uns schon lange nicht mehr leisten.

Deshalb sollten beim Modernisieren (wie auch beim Neubau) folgende Ziele berücksichtigt werden:

- Minimierung des Bedarfs an Energie, Wasser, Luft, Rohstoffen etc.
- vernünftige Nutzung der natürlichen Systeme und regenerierbarer Ressourcen (Recycling, nachwachsende Rohstoffe)
- Vermeidung von Schadstoffen und schädlichen Wirkungen auf Boden, Wasser und Luft
- Erhaltung natürlicher Lebensräume für Tiere und Pflanzen
- Schonung der Landschaft.

Zwar ist der Handlungsspielraum hierzu beim Neubau erheblich größer als beim Modernisieren. Doch auch hier und selbst bei kleinen Baumaßnahmen kann ein Beitrag dazu geleistet werden. Das fängt an bei beim neuen Anstrichs für den Gartenzaun oder bei der Erneuerung von Bodenbelägen. Und das sind die Ansatzpunkte:

- die Wahl von Baustoffen und Produkten, deren Herstellung und Verwendung möglichst geringe nachteilige Folgen für die Umwelt haben
- die Verbesserung der Wärmedämmung
- die Verringerung der Energieverluste durch das Heizsystem und die Warmwasserbereitung
- die Verringerung des Trinkwasserbedarfs
- der Erhalt oder die Wiederherstellung von Lebensräumen für Pflanzen und Tiere.

Zum Beispiel Trockenmauern. Ohne Mörtel hergestellt schaffen sie als Stützmauern oder Einfriedungen Lebensraum für ganz bestimmte Pflanzen und Tiere, die sonst in der besiedelten Landschaft kaum eine Überlebenschance haben.

36

BAUSTOFFE – GESUNDHEITLICHE RISIKEN

Die kritische Auseinandersetzung mit schädigenden Einflüssen auf unser Leben hat auch vor den Baustoffen nicht Halt gemacht. Neben der notwendigen sachlichen Auseinandersetzung wurden damit aber auch Diskussionen ausgelöst, die hauptsächlich skrupellosen Geschäftemachern nützten. Das macht es notwendig einige Bemerkungen vorauszuschicken, die so ausgelöste Bedenken ausräumen können:

- **Radioaktivität:** Emissionen von natürlichen radioaktiven Stoffen aus dem Erdboden und aus Baustoffen gab es schon immer. Gesundheitliche Risiken bestehen im üblichen Wohnungsbau kaum. Erhöhte Belastungen durch alte Fliesenglasuren oder Schlacken (Deckenfüllung) sind bekannt. Besondere Risiken bestehen in Gebieten mit erhöhtem Vorkommen von Radionukliden (Radon) wie z.B. im Erzgebirge.
- **Elektrosmog**: Es gilt heute als gesichert, dass elektrische und magnetische Wechselfelder den menschlichen Organismus negativ beeinflussen können. Wie sich das auswirkt und wer davon unter welchen Umständen betroffen ist, darüber gehen die Ansichten noch weit auseinander. Es gibt auch noch keine Grenzwerte. Elektrische Wärmequellen, Geräte mit Trafo und Leuchtstoff- sowie Energiesparlampen werden als hochbelastend eingestuft. Die Belastung ist abhängig von der Betriebsdauer, sie nimmt ab mit dem Abstand zu den Verursachern. Wer vorbeugen will, kann eine Messung vornehmen lassen (nur durch ein qualifiziertes Ingenieurbüro).
- **Kleinionen**: Kopfschmerzen, Konzentrationsschwäche, Müdigkeit können Folge schlechter Luftverhältnisse sein. Ein bestimmter Anteil von Kleinionen gilt unter anderem als Qualitätsmerkmal gesunder Raumluft. Die nötige Luftqualität wird am einfachsten (und am billigsten) durch regelmäßige und ausreichende Lüftung gesichert. Spezielle Geräte sind hierzu nicht erforderlich.
- **Wasseradern** und Reizstreifen sind mit reproduzierbaren Messmethoden nicht nachweisbar. Ihre schädliche Wirkung auf die Gesundheit wird auffallend häufig im Zusammenhang mit Angeboten behauptet, die hier Abhilfe versprechen.

Ganz allgemein ist festzustellen, dass die meisten bei uns verwendeten Baustoffe aus Gemengen verschiedener Grundsubstanzen bestehen. Hiervon können – wie von fast allen anderen Stoffen – Emissionen ausgehen. Behauptungen, Baustoffe seien gesundheitsschädigend, nur weil sie toxisch wirkende Grundsubstanzen beinhalten oder Emissionen aufweisen, ohne dabei die Dosis zu berücksichtigen, also die auftretenden und wirksamen Konzentrationen, sind unbrauchbar und unseriös. Sie führen zu Verwirrung und Verängstigung des Laien.

Unter Beachtung dieser Zusammenhänge ist festzustellen, dass die Emissionen von traditionell bewährten Baustoffen gering und gesundheitlich unbedenklich sind. Das gilt besonders für die Baustoffe, aus denen unsere Wohnungen hauptsächlich bestehen wie Mauersteine, Mörtel, Beton, Holz, Stahl.

Es gibt aber auch hinsichtlich der Gesundheit bedenkliche Baustoffe, sowohl früher in unsere Häuser eingebaute als auch heute angebotene. Als besonders problematisch haben sich die auf der folgenden Seite behandelten Baustoffe bzw. Bauprodukte erwiesen.

Bei diesen Baustoffen ist besondere Vorsicht geboten

Asbest. Asbesthaltige Bauprodukte können durch freigesetzten Asbeststaub Staublunge und Krebs verursachen. Einen Grenzwert, bei dem ein Risiko auszuschließen ist, gibt es nicht. Asbest wurde deshalb als Bestandteil von Bauprodukten verboten und zwischenzeitlich ersetzt. Das betrifft hauptsächlich Faserzementprodukte, die inzwischen für den gesamten Hochbau auf asbestfreie Produkte umgestellt sind. Im Altbau sind asbesthaltige Baustoffe jedoch noch in großem Umfang zu finden, z.B. als Dacheindeckung, als Fassadenbekleidung, als Bestandteil von PVC-Böden und bituminösen Klebern sowie als Dämmstoff in Elektrospeicherheizgeräten. Das Ausbauen und das Entsorgen von asbesthaltigen Materialien und Produkten muss immer speziell dafür qualifizierten Fachbetrieben übertragen werden. Keinesfalls dürfen Sie hier selbst tätig werden. Hüten Sie sich vor allem vor Abbrucharbeiten, bei denen das Material zerstört oder zerkleinert werden muss.

Ortschäume werden aus flüssigen Grundsubstanzen auf der Baustelle (vor Ort) hergestellt. Sie schäumen nach Einbringen auf und härten – je nach Art – unterschiedlich lange aus. Gesundheitliche Risiken bestehen durch Emissionen etwaiger Treibmittel des aushärtenden oder ausgehärteten Schaums.

Polyurethan(PUR)-Schäume entstehen durch Reaktion von Polyisocyanaten und Polyolen unter Zusatz eines Treibmittels (z.B. Trichlorfluormethan aus der FCKW-Gruppe). Bei zu niedriger Reaktionstemperatur kann die chemische Reaktion unvollständig bleiben, was zu andauernden Ausgasungen führt.

Harnstoff-Formaldehyd-Schäume (UF-Schäume) entstehen aus der Reaktion einer wässrigen Harzlösung und einem Schäummittel auf der Basis wässriger Tenside. Während des langsamen Aushärtens wird das freie Formaldehyd größtenteils gebunden, ein Teil gast aus. Bei nicht genau abgestimmten Mengenverhältnissen oder falschen Stoffkombinationen kann der erhärtete Schaum größere Mengen Formaldehyd abgeben. Die Durchfeuchtung des Schaums z.B. durch unzureichende raumseitige Dampfdurchlässigkeit der gedämmten Bauteile, kann erhöhte Formaldehydabgabe bewirken.

Die gesundheitsschädigenden Wirkungen des Formaldehyds sind vom Einwirkungsweg und von der Dosis abhängig. Grenzwerte sind festgelegt. Die Einwirkung auf den Menschen sollte so gering wie möglich gehalten werden. Deshalb werden Ortschäume in drei Emissionsklassen eingestuft (ES 1 bis 3). Zusätzliche bauliche Maßnahmen sind für die Verarbeitung vorgeschrieben. Wer jedes Risiko ausschalten will, verzichtet auf die Verwendung solcher Ortschäume.

Spanplatten. Ihre Eigenschaften sind wesentlich durch das zur Verleimung verwendete Bindemittel bestimmt. Folgende viel verwendete Bindemittel enthalten freies Formaldehyd:

- Harnstoff-Formaldehyd-Harze, früher am meisten verwendet, geringe Stabilität, Formaldehydabgabe auch noch im eingebauten Zustand, vor allem bei hoher Feuchtigkeit und hoher Temperatur
- Melamin-Formaldehyd-Harze, stabiler als Harnstoff-Formaldehyd, die fertigen Platten geben ebenfalls Formaldehyd ab
- Phenol-Formaldehyd-Harze, hohe Stabilität und Beständigkeit gegen Luftfeuchte, keine nennenswerte Abgabe von Formaldehyd.

Die Emissionen können vermindert oder unterbunden werden, indem die Oberflächen abgesperrt werden, z.B. durch Beschichtungen, Furniere, Folien oder Anstriche. Da die Schnittkanten, bezogen auf die Fläche, eine bis zu 5fach höhere Emission aufweisen, sind Umleimer aufzubringen. Wässrige Leimfarben oder Kunststoffdispersionsfarben sperren nicht ausreichend ab.

Es gibt aber auch formaldehydfreie Spanplatten ohne nachweisbare Emissionen:

- Isocyanat-gebundene Spanplatten mit einem Holzanteil bis über 90 %
- zementgebundene Spanplatten mit einem Holzanteil unter 50 %
- Magnesitgebundene Spanplatten mit einem Holzanteil von ca. 70 %, geringe Festigkeit.

Bauspanplatten werden nach ihrer Formaldehydabgabe in die Emissionsklassen E1 bis E3 eingeteilt. Seit Einführung der Gefahrstoffverordnung (1986) dürfen nur noch Holzwerkstoffe der Emissionsklasse E1 in den Verkehr gebracht werden. Da sich die Emissionsklassen auf das Einzelprodukt beziehen, kann der Grenzwert von 0,1 ppm* (Raumluft) überschritten werden.

* ppm = parts per million (0,0001 %)

GRÜNE DÄCHER UND FASSADEN

Man kann eine Fassade bewachsen lassen nur weil es einem gefällt oder weil man Spalierbirnen oder Wein ernten möchte. Die Begrünung von Fassaden kann aber auch als eine Art bauliche Maßnahme gesehen werden. Ein dichter grüner Pelz schützt Fassaden sehr wirkungsvoll vor starker Sonne, Schlagregen und Wind. Das Laub bildet ein Luftpolster, das im Winter die Auskühlung und im Sommer die Aufheizung dämpft. Das Laub schluckt Staub und Schall, speichert Feuchtigkeit und gibt schließlich der Natur ein Stück Lebensraum zurück, der durch den Bau genommen wurde.

Es ist erwiesen, dass entgegen landläufiger Meinung Putz und Anstrich der Wand nicht geschädigt, sondern vielmehr geschont werden. Es kann sich deshalb rundum lohnen, die Pflanzen an die Wand zu holen. Besonders zu empfehlen ist das, wenn nach Putzausbesserungen eine Wand zwar bautechnisch intakt, durch die Flickarbeiten aber unansehnlich ist. Das braucht jedoch Zeit. Ein paar Jahre bleibt Ihnen der Anblick der noch unschönen Wand nicht oder zumindest nicht ganz erspart.

Für welche Pflanze Sie sich entscheiden, ist von der Lage der Fassade und von den Witterungsbedingungen abhängig. Wichtig ist, ob eine immergrüne oder eine laubwerfende Pflanze bevorzugt wird. An Südfassaden wird man sich eher für laubwerfende Pflanzen (z.B. Wein) entscheiden, weil dadurch die Erwärmung der Wand durch die Sonne in der kühleren Jahreszeit erhalten bleibt. An der Nord- oder Wetterseite bietet eine immergrüne Pflanze wie Efeu ganzjährigen Schutz vor Niederschlag, Frost und Wind.

Auch die Blütenpracht und die Früchte der Pflanzen werden die Auswahl bestimmen. Haben Sie es nicht eilig mit der Begrünung, kommt auch Spalierobst in Frage. Hier ist Beratung sehr zu empfehlen, vor allem wegen des jährlich notwendigen Schnitts der Pflanzen. Was zusammen gedeiht, erfahren Sie im Fachhandel oder bei der Gärtnerei.

Nicht zuletzt wird eine Pflanze nach dem Aufwand gewählt, der nötig ist, ihr die Wand hochzuhelfen: Efeu oder Wilder Wein klettern ohne fremde Hilfe mit ihren Wurzeln. Wein-, Wald- und Doldenrebe brauchen ein Rankgerüst. Günstig sind gitterartige Konstruktionen, z.B. Baustahlgewebe. Auch Schlinger wie Knöterich, Geißblatt oder Blauregen sind auf Hilfe angewiesen: Senkrecht angebrachte Latten oder Drähte sind geeignet. Rosen dagegen bevorzugen horizontale Latten. Vor allem bei mehrgeschossigen Wänden ist auf solide Verdübelung und Befestigung der Rank- und Kletterhilfen zu achten. Die Last eines dichten, vom Regen durchnässten Fassadenbewuchses ist beträchtlich.

Bei der Suche nach geeigneten Pflanzen lohnt ein Blick über den Zaun. Was in der Nachbarschaft gedeiht, wird auch an Ihrem Haus nicht enttäuschen. Rechnen Sie mit etwa drei Pflanzen pro laufendem Meter Wand.

Wichtig: Nur schadensfreie Wände eignen sich für Bewuchs. Anderenfalls dringen die Pflanzen mit den Wurzeln in Risse und Fugen ein und richten erhebliche Zerstörung an. Von Dachrinnen und den Dachflächen sind Pflanzen fernzuhalten. Sie schieben Triebe und Wurzeln zwischen Bleche, Dachziegel oder -platten. Wasserschäden über kurz oder lang sind dann unausweichlich.

Kletterhilfen komplett, gedübelt	
- Spanndrähte, ca 3m/m^2	ca. 10 EUR/m^2
- Baustahlgewebe	ca. 18 EUR/m^2
- Dachlatten, ca. 3m/m^2	ca. 13 EUR/m^2
- Lattengerüst, Abstand ca. 30 cm	ca. 20 EUR/m^2
Pflanzen für Fassadenbegrünung (Höhe)	
3 St./lfm Wand, ohne Versetzen	
- Efeu, ca. 100 cm	ca. 38 EUR/lfm
- Wilder Wein, ca. 100 cm	ca. 30 EUR/lfm
- Geißblatt, ca. 100 cm	ca. 28 EUR/lfm

37

Auch ausgefallene Dachformen können bepflanzt werden. Besonders vorteilhaft ist hier die im Vergleich zur Blecheindeckung sehr geringe Aufheizung der Dachhaut. Während das Blech Temperaturen von über 70°C erreicht, wird die Pflanzschicht dieser extensiven Begrünung, durch die Verdunstung gespeicherter Feuchtigkeit gekühlt, 30°C kaum überschreiten. Die Pflege solcher Bepflanzungen kann einer Fachfirma übertragen werden. Wer selbst aufs Dach steigt, muss auf seine Sicherheit achten. Es ist ratsam, hierzu bereits bei der Herstellung der Dachbegrünung Vorkehrungen zu treffen und geeignete Befestigungen für Sicherungsmittel wie Seile einzubauen. (Foto ZinCo)

38

Der Natur die Fläche zurückzugeben, die ihr durch die Bebauung genommen wurde, das ist ein Motiv für die Dachbegrünung, das hier besonders gut zum Ausdruck kommt. Dazu trägt wesentlich bei, dass sich die intensive Bepflanzung des Daches der Pflanzenwelt der Umgebung sehr stark annähern kann. Das Dach ist in die Umgebung integriert. (Foto ZinCo)

39

Begrüntes Schrägdach auf einem Wohnhaus bei Vaihingen/Enz. Bei Dachneigungen ab etwa 20° bis 35° muss der Dachaufbau gegen Abrutschen gesichert werden. Hierfür werden Systeme von Kunststoffkasetten (z.B. Georaster) angeboten. hier bepflanzt mit Sedum-Flachballenpflanzen und Kleinstauden. Bepflanzung und Pflanzschicht sind aufeinander abgestimmt. (Foto ZinCo)

Mit grünen Dächern wird der Natur ein Stück des überbauten Bodens zurückgegeben. Kein voller Ersatz natürlich, aber viel mehr als nur Alibi. Grüne Dächer sind nicht nur hinsichtlich ihrer ökologischen Wirkungen interessant. Auch bautechnisch und bauphysikalisch sind Dachbegrünungen eine rundum gute Alternative zu sonstigen Dacheindeckungen. Die damit gewonnene langfristige Sicherheit der Eindeckung macht die Begrünung auch wirtschaftlich lohnend.

Dachbegrünungen schonen die Dachabdichtung besser als viele andere Flachdachaufbauten. Ihre Eigenschaft Feuchtigkeit zu speichern, wirkt temperaturausgleichend und verhindert extreme Sprünge von über 50 °C, wie sie z.B. ein Kiesdach bei einem Sommergewitter mitmachen muss. Der Schutz vor UV-Strahlung wird von einer Pflanzschicht sicher gewährleistet. Und beim Begehen wird der Druck gleichmäßiger verteilt als bei Kieseindeckungen. Diese positiven Auswirkungen verlängern die Lebensdauer der Abdichtung von üblichen 20 auf 40 Jahre und mehr. Die Sache ist also auch wirtschaftlich interessant.

40

Garagendächer von oben betrachtet sind selten ein schöner Anblick. Das lässt sich mit einer intensiven Begrünung ändern. Anlass dazu kann die anstehende Sanierung des in die Jahre gekommenen Daches sein. Hierzu gibt es spezielle Systeme, die – meistens mit erheblichen Kostenvorteilen – einfach auf das vorhandene Dach aufgebaut werden. Und wird, wie schon an vielen Orten praktiziert, die Abwassergebühr nach der versiegelten Fläche ermittelt, dann gibt´s über die Jahre sogar etwas von dem investierten Kapital zurück. (Foto ZinCo)

Dachlast

Wird ein Kiesdach durch eine Bepflanzung ersetzt, verändert sich bei einer Pflanzschicht von bis zu 10 cm Dicke die Dachlast nur unerheblich. Werden höhere Pflanzschichten aufgebracht oder wird ein Dach ohne Auflast (z.B. bei beschieferten Abdichtungen oder Blecheindeckungen) bepflanzt, dann ist die erhöhte Dachlast zu berücksichtigen. Hier muss vor der Entscheidung für eine Dachbegrünung geklärt werden, ob die vorhandene Dachkonstruktion die damit verursachte Mehrbelastung trägt oder ob zusätzlich konstruktive Vorkehrungen zu treffen sind.

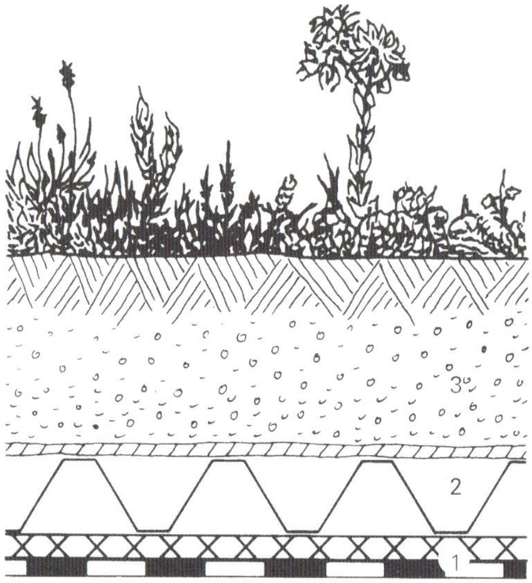

1 Wurzelschutzbahn auf Vlies über Abdichtung
2 Dränschicht (hier Dränplatten) auf Vlies
3 Pflanzschicht (Substrat) auf Vlies

41

Der Aufbau eines Gründaches ist prinzipiell immer der gleiche: Auf die Dachabdichtung wird – zwischen zwei Vliese eingebettet – eine Wurzelschutzbahn aufgelegt. Die einzelnen Bahnen müssen verschweißt sein. Bei Flachdächern kommt nun eine Dränschicht, z.B. aus Kies oder Blähton; spezielle Dränmatten oder -platten aus Kunststoff sind im Allgemeinen nicht erforderlich. Auf eine weitere Lage Vlies wird die Pflanzschicht aufgebracht. Gartenerde ist ungeeignet. Man verwendet für die jeweils beabsichtigte Bepflanzung ein spezielles Substrat. Dessen Nährstoffgehalt, Wasseraufnahmefähigkeit und Gewicht ist auf die besonderen Bedingungen des Standortes „Dach" eingestellt. Für eine einfache Vegetation reicht bereits eine Schichtdicke von 5 cm. Man unterscheidet zwischen extensiver Vegetation bei Schichtdicken bis etwa 15 cm und intensiver Vegetation mit Schichtdicken ab etwa 20 cm. Für einen begehbaren Rasen ist eine Schichtdicke von etwa 30 cm erforderlich.

Ein wichtiges Kriterium der Entscheidung ist die Pflege und die Bewässerung der Begrünung. Wer keine Gartenarbeit auf dem Dach will, sollte eine Ausführung wählen, die ohne häufige Pflege und ohne zusätzliche Bewässerung auskommt.

Grundsätzlich können bis zu einer Dachneigung von etwa 30° nahezu alle Dächer begrünt werden. Bei Neigungen ab ca. 10° sind zusätzliche Krallmatten, ab etwa 20° querliegende Kanthölzer erforderlich, um ein Abrutschen der Pflanzschicht zu verhindern.

Die nachträgliche Begrünung von Dachflächen bestehender Gebäude ist vor allem dann zu erwägen, wenn Dächer schadhaft und erneuerungsbedürftig sind. Es gibt bei genauer Betrachtung so manche Dachfläche, bei der die anstehende Neueindeckung auch als Gründach möglich ist. Vor allem in die Jahre gekommene Flachdächer bieten sich hierzu an. Flachdachanbauten und -garagen sind für den ersten Versuch besonders geeignet (→ Abb. 40).

Preise für Flachdach (Fläche 60 – 80 m²)

Ausbau vorhandenen Altbelag inkl. Abfuhr und Entsorgung	ca. 20 EUR/m²
Abdichtung erneuern komplett Fläche	ca. 33 EUR/m²
Abdichtung Zulage Anschlüsse (Dachränder, Wandanschlüsse etc.)	ca. 28 EUR/lfm
Aufbau für Begrünung komplett ab Oberkante Abdichtung	ab ca. 30 EUR/m²

NUTZUNG VON SOLARENERGIE

Die mit der Sonneneinstrahlung gelieferte Energie kann ohne besondere technische Systeme die Energiebilanz eines Gebäudes verbessern. Bei der Planung neuer Gebäude wird das durch die Orientierung, die Lage und Größe der Fenster und durch gezielte Anordnung der beheizten und unbeheizten Räume erreicht. Bei bestehenden Gebäuden ist daran nur noch wenig zu ändern. Der Handlungsspielraum beschränkt sich im Wesentlichen auf folgende Maßnahmen:

- Vergrößerung der Fensterflächen oder Einbau zusätzlicher Fenster
- Schaffung zusätzlicher speicherfähiger Flächen (z.B. Fußböden aus Stein, Holz auf Estrich)
- Einbau reaktionsschneller Heizungsanlagen, die sofort auf Wärmegewinne durch Sonneneinstrahlung reagieren (raumweise Steuerung)
- Erhalt oder Erstellung verglaster Vorbauten oder Zonen nach Süden, die bei Sonneneinstrahlung Wärme speichern und an die dahinter liegenden Räume abgeben (so genannte Wintergärten).

Mit unbeheizten, verglasten Vorbauten kann ein Klimapuffer zu den beheizten Räumen geschaffen werden. Ihre Wirkung auf den Energiehaushalt ist vielschichtig. Sie schützen vor Wind, speichern bei richtiger Ausführung die Wärme sonniger Stunden und verringern den Wärmedurchgang von innen nach außen.

Anders sieht es bei beheizten Wintergärten aus. Sie vergrößern selbstverständlich das zu beheizende Volumen des Hauses. Auch die bei Südlage und Wärmeschutzverglasung zu erzielenden Wärmegewinne können nicht verhindern, dass der Wärmebedarf insgesamt höher wird. Solche Wintergärten werden als Erweiterung des Wohnraums verstanden und entsprechend ausgebaut und genutzt. Den hohen Anforderungen entspricht auch ihr Preis, der leicht 2000 bis 2500 EUR je Quadratmeter nutzbarer Fläche erreicht, nahezu doppelt so viel wie für sonstige Wohnflächen zu bezahlen ist.

Aktive Nutzung

Die von der Sonne beständig gelieferte Energiemenge könnte alle Energieprobleme lösen, doch stehen wir hinsichtlich der Speicherung, Umwandlung und Verteilung noch am Anfang der technischen Entwicklung. Erst seit wenigen Jahren hat die ernsthafte Förderung dieser Technologie einen Entwicklungsschub ausgelöst, der sich in den kommenden Jahren in höheren Wirkungsgraden und günstigeren Preisen auswirken wird.

Für die Modernisierung sind vor allem die Solarthermie und die Fotovoltaik interessant. Für diese Techniken gibt es ein breites Angebot an Systemen, die ohne große Schwierigkeiten nachträglich eingebaut werden können.

Solarthermie

Unter Solarthermie verteht man die Umwandlung von Licht in Wärme. Solarthermische Anlagen arbeiten nach folgendem Prinzip:

Ein Sonnenkollektor wandelt das auftreffende Sonnenlicht über einen dunkel beschichteten Absorber in Wärme um. Ein im Absorber befindliches Rohrsystem enthält eine Flüssigkeit, die die Wärme aufnimmt und mittels einer Pumpe in einen Warmwasserspeicher transportiert. Dort wird die Wärme über Heizschlangen an das Brauchwasser abgegeben. Die nun abgekühlte Trägerflüssigkeit fließt in den Kollektor zurück, der Kreislauf startet von Neuem.

Es gibt eine große Zahl unterschiedlicher Systeme. Der Wirkungsgrad der Anlagen steigt mit dem Aufwand, der in die Kollektortechnik gesteckt wird. Hoher Wirkungsgrad ermöglicht kleinere Anlagen. Welche Anlage für den nachträglichen Einbau in Frage kommt, hängt auch von der Art und der Orientierung des Daches ab. Die optimale Ausrichtung ist auf Flachdächern möglich.

Unter dem Gesichtspunkt der Energieeinsparung lohnen Kollektoranlagen immer. Anders sieht es mit der Wirtschaftlichkeit aus. Die Anlagen rechnen sich nur, wenn öffentliche Förderprogramme des Bundes und der Länder (örtlich auch der Kommunen) in Anspruch genommen werden können. Da sich diese aber von Jahr zu Jahr ändern, muss im konkreten Fall nachgefragt werden, z.B. bei den Banken und Sparkassen. Für die Förderung des Bundes ist die Kreditanstalt für Wiederaufbau zuständig. Aktuelle Programme sind unter www.kfw.de einzusehen oder (bundesweit zum Ortstarif) unter 01801/335577 zu erfragen.

42

Aufgeständerte, das heißt über der Dacheindeckung montierte Fotovoltaikanlage. Die Größe der Anlage liegt etwa bei 2 bis 3 Wp. Diese Anlagen können selbstverständlich das Bild der Dachlandschaft stören, vor allem dort, wo es sich um historisch gewachsene oder nach Gestaltungsregeln entstandene Gebiete handelt. Die Bauaufsichtsbehörden beurteilen dies zunehmend großzügig. Es ist aber auch zu erwarten, dass die Hersteller das Thema vermehrt aufgreifen und Produkte entwickeln, die diesbezüglich „verträglicher" sind. So gibt es Fotovoltaik-Module in Ziegel oder Dachplattenform, doch ist die Entwicklung hier unverkennbar noch nicht sehr weit.

Fotovoltaik

Der Begriff Fotovoltaik bezeichnet die direkte Umwandlung von Sonnenlicht in elektrische Energie. Der Vorgang ist kompliziert und findet im atomaren Bereich der verwendeten Materialien (bisher vorwiegend Silizium) statt. Die Bauelemente, in denen dieser Prozess abläuft, werden Solarzellen genannt. Je nach Anwendung werden diese Zellen zu Modulen unterschiedlicher Größe und Leistung zusammengebaut. Für den Einsatz auf Gebäuden sind Module von 0,5 bis etwa 2,5 m^2 gebräuchlich. Ihre Leistung liegt zwischen 80 und 135 Wp/m^2. Die Leistungsangabe Watt peak (Wp) bezieht sich auf normierte Bedingungen und ist als Vergleichsgröße geeignet. Welche Leistung im eingebauten Zustand erreicht wird, hängt aber von vielen örtlichen Randbedingungen ab.

Je nach Wirkungsgrad sind zwischen 8 und 10 m^2 Modulfläche je kWp nötig. Für Eigenheime sind Anlagen um etwa 4 kWp üblich. Die dafür erforderliche Modulfläche von rund 40 m^2 ist meistens ohne weiteres auf dem Dach oder auf dem Grundstück unterzubringen. Flachdächer sind ideal, da hier die Module nach dem Sonnenstand ausgerichtet werden können. Beim geneigten Dach ist die Montage der Module über der Eindeckung (aufgeständerte Anlagen) die einfachste, kostengünstigste Lösung. Der Einbau in die Eindeckung (integrierte Anlagen) ist aus formalen Gründen zu bevorzugen, der Mehrpreis ist aber beachtlich, soweit nicht ohnehin eine Neueindeckung ansteht. Örtlich werden integrierte Anlagen mit Zuschüssen besonders gefördert.

Geeignet sind praktisch alle unverschatteten Dächer mit Neigungen bis 45°, die gegen Osten, Süden oder Westen gerichtet sind, Dächer nach Süden bis etwa 60° Neigung.

Im Mittel kann mit einem Ertrag um 850 kWh je kWp gerechnet werden. Maßgeblich für den Ertrag ist die Globalstrahlung, das ist der Anteil der Sonnenstahlung, die letztlich nutzbar ist. Für Deutschland beträgt die jährliche Globalstrahlung zwischen 800 und 1240 kWh/m^2. Damit sind die Grenzen für den Ertrag von Fotovoltaikanlagen hierzulande abgesteckt.

Die mit der Anlage gewonnene elektrische Energie kann direkt zur Eigenversorgung eingesetzt werden (Inselanlagen). Üblich und empfehlenswert ist die Einspeisung ins öffentliche Stromnetz. Die Versorgungsunternehmen müssen dafür eine in der Höhe festgelegte Einspeisevergütung entrichten. Diese beträgt derzeit 45,7 Cent/kWh, bei Anlagen auf Gebäuden 57.4 Cent/kWh. Diese Vergütung deckt über einen Zeitraum von 20 Jahren die Investition für die Anlage ab. Dabei ist es steuerlich von Vorteil, die Anlage gewerblich zu betreiben.

Zusätzlich zur Einspeisevergütung werden Fotovoltaikanlagen durch Finanzierungshilfen gefördert. Die für die Förderung des Bundes zuständige Kreditanstalt für Wiederaufbau (KfW) bietet in verschiedenen Förderprogrammen sehr günstige Kredite an, die den Einbau einer Fotovoltaikanlage wirtschaftlich akzeptabel machen. Information unter www.kfw.de oder (bundesweit zum Ortstarif) unter 01801/335577.

Wintergarten

Beheizbare Wintergärten wie sie zur Erweiterung von Wohnräumen nach wie vor Mode sind, sparen keine Energie, sondern erhöhen den Verbrauch. Hier geht es um „echte" Wintergärten im Sinne der Energieeinsparverordnung, also um verglaste, unbeheizte Vorbauten, die nach folgenden Grundregeln geplant und ausgeführt werden:

- die Fassade, vor die gebaut wird, ist wärmetechnisch so auszuführen, wie das ohne Vorbau erforderlich ist
- es wird keine Heizung eingebaut
- Glasflächen stehen steiler als 60°
- das Dach wird als normale, gedämmte Dachkonstruktion ausgeführt, verglaste Dächer sind wegen der Aufheizung im Sommer eher von Nachteil (wegen der Belichtung aber oft nötig)
- ausreichende Entlüftung und beweglicher Sonnenschutz sind unerlässlich
- die speicherfähigen Massen wie Fußboden, Wände, Brüstungen sollten ein Vielfaches der Glasflächen ausmachen (3- bis- 5fach).

So ausgeführt können Glasvorbauten die Wärmeverluste der Fassade um 30 bis 50 Prozent verringern. Der Faktor der Minderung beträgt bei

- Einfachglas 0,7
- Doppel-/Isolierverglasung 0,6
- Wärmeschutzglas 0,5

Werden für den Wintergarten neue Fenster geplant, so muss nachgerechnet werden, ob sich eine wärmedämmende Verglasung lohnt. Immer lohnt es sich, für den Bau des Wintergartens alte Fenster zu verwenden.

Der Wintergarten macht aus der Terrasse ein Zimmer im Garten. Unbeheizt, mit außenliegendem Sonnenschutz und Plattenbelag bildet er den Übergang zwischen Innen und Außen. (Foto: WintergartenTeam) 43

Werden Wohnräume über den Wintergarten belüftet (z.B. bei Reihenhäusern) gibt es Probleme mit Schwitzwasser: Beim Eintritt der warmen Wohnraumluft in den kalten Vorbau kondensiert der in der Luft befindliche Wasserdampf, die kalten Scheiben beschlagen, es fällt Schwitzwasser an. Dagegen hilft großzügige Belüftung des Wintergartens, die Sie quasi automatisch bekommen, wenn der Vorbau erst gar nicht völlig dicht ausgeführt wird. Den erforderlichen freien Querschnitt für die Entlüftung sollten Sie berechnen lassen.

Besser ist es, solche Wohnräume über eine Belüftungsanlage mit Frischluft zu versorgen, eventuell auch in Verbindung mit Wärmerückgewinnung. Ob und wie sich das verwirklichen lässt, muss mit dem Fachingenieur geklärt werden.

Für Glasdächer ist ein beweglicher Sonnenschutz einzuplanen. Unterseitig angebrachte Systeme wirken durch Verschattung, indem sie die Aufheizung der Speicherflächen (Bodenbelag) vermindern und durch Reflexion der Strahlung an ihrer Oberfläche. Hierfür gibt es speziell beschichtete Materialien. Außen liegende Systeme sind erheblich wirksamer, wegen der Sicherung gegen Sturm aber auch wesentlich teurer.

Für den Boden sind Stein-, Klinker- oder Betonplatten im Kiesbett zu empfehlen. Sie können Wärme speichern und vertragen auslaufendes Gießwasser. Auch Frostschäden brauchen Sie nicht zu befürchten. Stichwort Frost: Ein so ausgeführter Wintergarten ist nicht frostfrei. Empfindliche Pflanzen können hier nicht überwintern.

Die Landesbauordnungen begünstigen verglaste Vorbauten, indem Überschreitungen von Baugrenzen oder die Überbauung von Abstandsflächen toleriert werden. Dies ist für den konkreten Fall mit der zuständigen Bauordnungsbehörde abzuklären.

Verglaster Vorbau, Grundfläche ca. 4,0 x 2,5 m

Holzkonstruktion, Einfachglas	ab ca. 1.000 EUR/m²
Stahl, verzinkt, Einfachglas	ab ca. 1.150 EUR/m²
Aluminiumkonstruktion, Isolierglas	ab ca. 1.500 EUR/m²

Preise pro Quadratmeter Grundfläche
ohne Fundamente, Bodenbelag, Sonnenschutz

EINSPARUNG VON PRIMÄRENERGIE

Die Erschöpfung der nicht erneuerbaren Primärenergiereserven ist absehbar. Bei einem Pro-Kopf-Verbrauch, der in den Industrieländern bis um das Fünfzigfache höher liegt als in den Entwicklungsländern, ist ein erhebliches Ansteigen des Gesamtverbrauchs unvermeidlich und bereits in vollem Gang. Der Umstieg auf umweltfreundliche und praktisch unerschöpfliche Energien wie Wind oder Fotovoltaik hat eben erst begonnen und es wird Jahrzehnte dauern, bis damit nennenswerte Anteile des Gesamtenergiebedarfs gedeckt werden.

Das allein ist Grund genug, alle Möglichkeiten zur Verringerung des Primärenergiebedarfs zu nutzen. Zur Lebensnotwendigkeit wird das Energiesparen jedoch angesichts der katastrophalen Folgen der anwachsenden Kohlendioxydschicht für die Atmosphäre und das globale Klima. Dagegen hilft nur, die Verbrennung fossiler Energieträger radikal einzuschränken. Etwa ein Fünftel des Energieverbrauchs der Bundesrepublik geht auf das Konto „Heizen". Die Modernisierung kann deshalb einen beachtlichen Beitrag zur Verminderung der Immissionen leisten. Die wichtigste, weil lohnendste Maßnahme ist die Verbesserung der Wärmedämmung. An zweiter Stelle steht dann die Verbesserung der Heizungs- und Warmwasseranlagen.

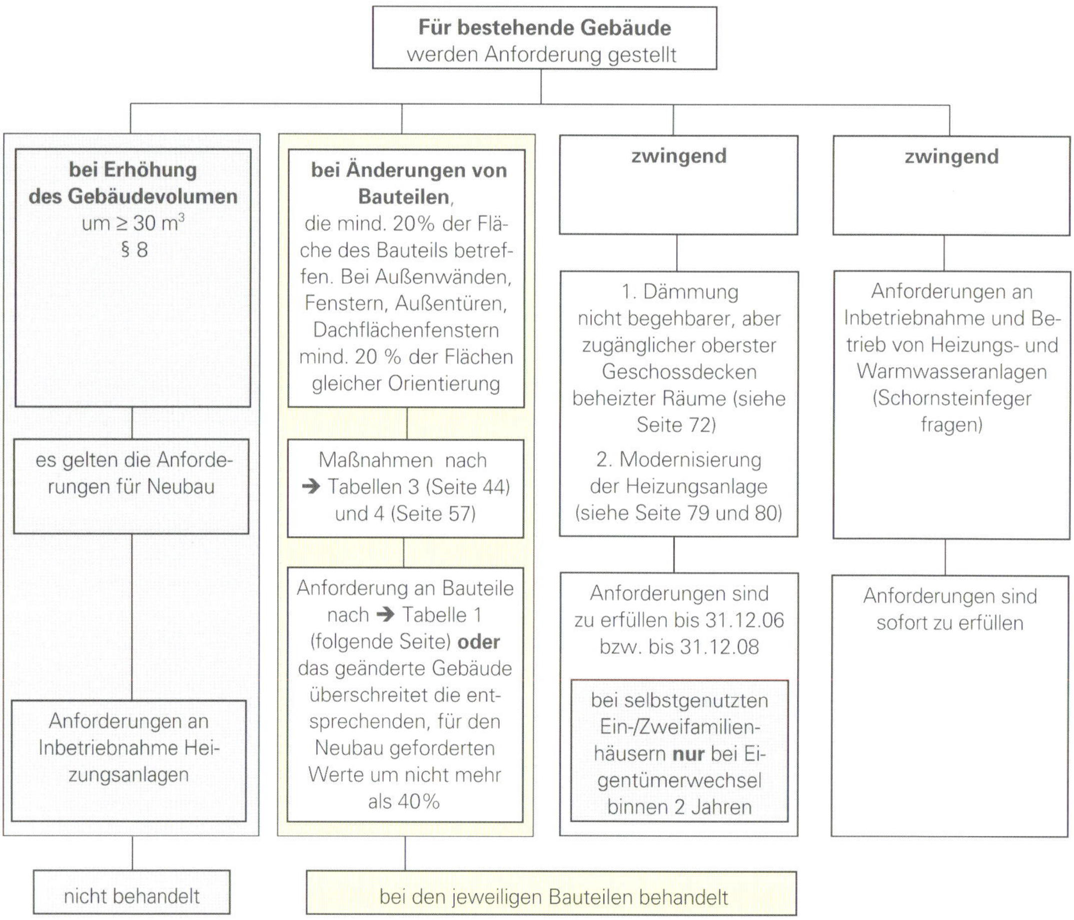

Energiesparen durch Wärmedämmung

Die Wärmedämmung alter Gebäude – und das gilt bis hin zu den Bauten der Siebziger Jahre – ist gemessen am heutigen Neubaustandard schlecht. Auch eine Wärmedämmung nach der Wärmeschutzverordnung von 1982 ist nach heutigen Anforderungen nicht ausreichend. Seit Februar 2002 gilt die Energieeinsparverordnung mit weiter angehobenen Anforderungen. Und besonders wichtig: Sie gilt auch für bestehende Gebäude: Wer um- oder anbaut oder bei einer Modernisierung Bauteile verändert, die den Heizwärmebedarf des Gebäudes beeinflussen, muss (unter bestimmten Bedingungen) Anforderungen an die Wärmedämmung dieser Bauteile erfüllen. Betroffen sind im Einzelnen:

- Außenwände
- Fenster, Dachflächenfenster und Außentüren
- Dächer (Steil- und Flachdächer)
- Geschossdecken über dem Keller und unter Dachräumen.

Wann und wie die Verordnung anzuwenden ist, wird in den Kapiteln zu den betreffenden Bauteilen erläutert.

Einen Überblick über die Anforderungen bietet nachstehende Tabelle.

Die Energieeinsparverordnung muss immer angewendet werden, wenn das beheizte Gebäudevolumen um mindestens 30 m^3 erweitert wird. Es gelten dann für die neuen Räume die Anforderungen wie bei der Errichtung neuer Gebäude entsprechend. Dabei ist das Zusammenwirken aller wichtigen Bauteile zu berücksichtigen. Es sind differenzierte Berechnungen anzustellen. Hier ist also der Architekt oder der Fachingenieur gefragt.

Aber: Wärmedämmung kostet Geld und es ist besser, in vernünftigen Maßen Energie zu sparen, als wegen der hohen Kosten der Maßnahmen auf diese ganz zu verzichten. Je mehr, desto besser ist falsch. Es geht beim Modernisieren nicht nur um Energiesparen. Sind die finaziellen Mittel begrenzt (und wo sind sie das nicht?), muss ein ausgewogener Kompromiss gefunden werden, der alle Ziele der Modernisierung angemessen berücksichtigt. So gesehen ist es sicher auch nicht sinnvoll, eine intakte Dämmung von z.B. 4 cm Dicke durch eine neue Dämmung von 6 oder 8 cm zu ersetzen.

Verbesserung oder Erneuerung der Heizung

Alte Heizungsanlagen haben schlechte Wirkungsgrade. Die Heizungstechnik hat große Fortschritte gemacht, ein neuer Kessel wird sich schnell bezahlt machen. Geht es ans Erneuern, sollten Sie sich die Zeit nehmen und sich eingehend über Alternativen zur konventionellen Öl- oder Gasheizung informieren. Wenn es nicht nur darum geht, die kostengünstigste Lösung zu realisieren, findet sich ein großes Spektrum von Alternativen, die die Umwelt weniger belasten. So kann eine Zentralheizung sehr gut mit Holz (z.B. in Form von Pellets) betrieben werden. Das Thema sprengt den Rahmen dieses Buches. Was den weiteren Beitrieb vorhandener Zentralheizung betrifft, finden sich weitere Hinweise im Kapitel „Heizung" (Seite 79).

Tabelle 1: Übersicht zu den Anforderungen der Energieeinsparverordnung an bestehende Gebäude bei Veränderungen und Erweiterung

Bauteile der Hülle des beheizten Gebäudevolumens	**Maximale U-Werte** [W/m^2K] **bei**	
	erstmaligem Einbau, Ersatz oder Erneuerung	**Erweiterung oder Anbau***
Außenwände je nach Maßnahme	0,45 bis 0,35	0,30
Fenster, Fenstertüren	1,80	1,70
Dachfenster	1,70	1,70
Verglasungen	1,70	1,50
Decken unter nicht ausgebauten Dachräumen; Decken und Dachschrägen nach oben gegen die Außenluft	0,30	0,30
Flachdächer	0,25	0,30
Decken, Wände gegen unbeheizte Räume und gegen Erdreich je nach Maßnahme	0,50 bis 0,40	0,40

* mit mindestens 30 m^3 beheiztem Gebäudevolumen

TEIL 2 – BESTANDSAUFNAHME

Die Zeit nagt an jedem Haus. Man sagt beim Neubau: Wenn der Maler das Haus verlässt, beginnt der Verfall. Das ist sehr überspitzt, im Prinzip aber richtig. Alle Baustoffe und -materialien altern und haben begrenzte Lebensdauer. Zum Teil sind diese sehr unterschiedlich (→ Tabelle 2), und leider ist wie so oft auch am Bau das schwächste Glied entscheidend.

Ein Beispiel: Außenputze können 30 Jahre und länger halten. Eine durchgerostete Dachrinne kann diesen Putz aber in wenigen Jahren zerstören. Die Lebensdauer des Putzes ist dann kaum größer als die der Dachrinne. Es ist deshalb unerlässlich, jeden Schaden, der andere, an sich intakte Bauteile in Mitleidenschaft zieht, so schnell wie möglich zu beheben.

Viele Eigentümer handeln danach, oft sieht es aber anders aus: Aus Zeit- oder Geldmangel oder aber, weil das Haus verkauft werden soll und deshalb nicht mehr investiert wird, kommt ein Schaden zum andern, sodass es schließlich mit einzelnen Instandsetzungsmaßnahmen nicht mehr getan ist. Zugleich veraltet die technische Ausstattung des Hauses. In solchen Fällen ist eine umfassende Modernisierung erforderlich, da der ohnehin große Aufwand sich nur rechnet, wenn dadurch der Wert der Immobilie auch entsprechend angehoben wird. Dies setzt zeitgemäßen Wohnstandard vor allem im Heizungs- und Sanitärbereich voraus.

Die den folgenden Bauteilkapiteln zugeordneten Checklisten (→ Seiten 86 bis 95) können helfen, Ihren Modernisierungsbedarf anhand einer gründlichen Bestandsaufnahme festzustellen. Mit den Tabellen und Schätzformeln der beiden folgenden Seiten sind hierzu die ungefähren Bauteilmengen zu ermitteln. Es ist nicht immer leicht festzustellen, was in Ordnung ist und was nicht. Teil 2 dieses Buches kann Ihnen hierbei helfen. Für ausgewählte Problembereiche werden häufige Mängel und Schadensbilder dargestellt und erläutert, was dagegen getan werden kann.

Falls Sie sich die Mühe machen wollen, können Sie auch die ungefähren Kosten der Einzelmaßnahmen ermitteln. Hierzu verwenden Sie die ebenfalls in Teil 2 enthaltenen Preisangaben sowie zur überschlägigen Berechnung der Massen die Tabellen und Schätzformeln der Seiten 84 und 85. Die so ermittelten Kosten vermitteln eine Vorstellung von der Größenordnung der zu erwartenden Kosten.

Darüber hinaus ermöglichen es diese Berechnungen, alternative Maßnahmen hinsichtlich ihrer Kosten zu vergleichen.

Tabelle 2: Ungefähre Lebensdauern von Bauteile und Materialien

So lange sollte es halten (in Jahren) *
(Auswahl von Bauteilen, Materialien)

Dacheindeckung	
• Schiefer	50 – 60
• Tonziegel	40 – 60
• Betondachsteine	35 – 50
• Asbestzement	35 – 45
• Zinkblech	30 – 50
• Titanzink	40 – 60
• Kupferblech	40 – 60
• Pappe, zweilagig	20 – 30
Dachrinnen, Regenrohre	
• aus Kupfer	40 – 50
• aus Zink	30 – 40
• aus Stahl, verzinkt	20 – 30
Fassade	
• Außenwandputz	30 – 50
• Fenster, Hartholz	50 – 60
• Fenster, Nadelholz	35 – 50
• Anstriche Fenster	10 – 15
Bodenbeläge	
• Parkett, Dielen, Hartholz	40 – 60
• Dielen, Nadelholz	30 – 40
• keramische Beläge	30 – 50
• Kunststoff, Linoleum	15 – 30
• Textilbeläge	7 – 15
Elektroinstallationen	
• Leitungen	30 – 50
• Schalter, Steckdosen	20 – 40
• Heißwasser-/Heizgeräte	10 – 20
Sanitäreinrichtungen	
• Kupferrohr, Kaltwasser	30 – 50
• Stahlrohr, Kaltwasser	30 – 40
• Bleirohr, Kaltwasser	30 – 40
• Sanitärkeramik	30 – 40
• Armaturen	10 – 20
Heizungsinstallationen	
• Heizkörper, Guss	30 – 50
• Heizkörper, Stahl	25 – 40
• Heizkessel	15 – 30
• Brenner, Öl	10 – 15
• Öltank, Stahl	20 – 30

* Anhaltswerte,.auch größere Abweichungen sind fallweise möglich.

DÄCHER

Dächer schützen das Haus vor Regen und Schnee, also vor Durchfeuchtung und damit Fäulnis, Frost- und anderen Folgeschäden. Mängel des Daches führen langfristig immer zu Schäden an der Bausubstanz. Sie sind deshalb möglichst bald zu beheben, solange das noch verhältnismäßig einfach und billig ist.

Am häufigsten sind Schäden an der Eindeckung, der so genannten Dachhaut und an der Dachentwässerung. Undichtigkeiten können aber auch von Mängeln an der Unterkonstruktion oder dem Tragwerk des Daches herrühren. Das gilt für geneigte wie Flachdächer gleichermaßen.

Schwachpunkte jeden Daches sind Durchdringungen wie Kamine, Entlüftungsrohre und Dachflächenfenster.

Die Überprüfung der Dachkonstruktion ist einfach, wenn der Dachraum nicht ausgebaut ist. Dann sind fast alle Stellen des Daches offen zugänglich, notfalls können einige Ziegel entfernt werden, wenn man einen Blick auf die Dachhaut werfen will. Schwieriger ist es bei ausgebauten Dachräumen. Hier werden Schäden, die nicht an der Oberfläche der Dachhaut erkennbar sind, erst dann bemerkt, wenn die Dachuntersicht Wasserflecken zeigt.

Vorsicht: Turnen Sie nicht ungesichert auf dem Dach herum. Auch der Fachmann geht nicht ohne vorschriftsmäßige Absicherung aufs Dach. Verlassen Sie sich auch nicht auf Leiterhaken (zum Einhängen von Dachleitern auf der Dachhaut), deren sicheren Sitz Sie nicht überprüfen können.

44

Sieht aus wie aus dem 18. Jahrhundert, stammt aber aus den 30er-Jahren. Damals haben sich Architekten bewusst gegen die Moderne gewandt, indem sie auf die Vergangenheit zurück gegriffen haben. Das einfache Haus bezieht seine Qualität aus sauberer handwerklicher Durchbildung. Die nötige Sanierung folgte dem Vorbild. Bemerkenswert ist das geschlossene Dach mit der Fledermausgaube. Diese – heute kaum mehr anzutreffen – gestattet das Durchdecken mit Ziegel ohne die Verwendung von Blech.

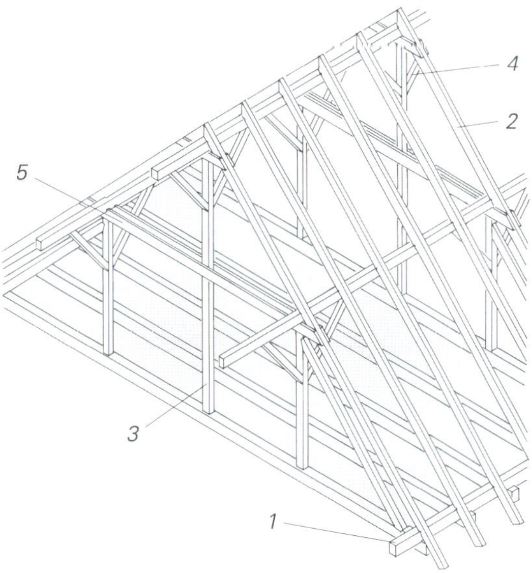

1 Pfette
2 Sparren
3 Stütze
4 Kopfbänder
5 Doppelzange

45

46 *Durch Fäulnis völlig zerstörter Holzbalken. Hier ist eine gründliche Kontrolle aller gefährdeten Stellen nötig.*

Die Tragkonstruktion geneigter Dächer besteht bei Wohnhäusern fast immer aus Holz. Das hat den Nachteil, dass es durch Fäulnis, Schädlingsbefall und Brand zerstört werden kann, aber auch den Vorteil, dass es relativ leicht und preiswert zu reparieren ist. Die Tragfähigkeit eines Dachstuhls ist gefährdet, wenn

- Teile der Konstruktion fehlen oder
- Holz von Fäulnis oder Insekten befallen ist.

In fortgeschrittenem Stadium stellen sich Verformungen und in der Folge Undichtigkeiten ein. So weit darf es nicht kommen.

■ **Fehlende Konstruktionsteile:** Oft wurden bei früheren Umbaute „unnötige" oder störende Teile der Dachstuhlkonstruktion entfernt oder nicht wieder eingebaut. Das gilt vor allem für die Kopfbänder an Stützen, zuweilen auch für die Stützen selbst. Man erkennt das durch sichtbare Spuren der ehemaligen Verbindung des fehlenden Bauteils (z.B. Zapflöcher) oder durch „Lücken" in der sonst regelmäßigen Konstruktion. Sind diese Veränderungen schon alt, ohne dass sich Schäden gezeigt haben, so wird man es dabei belassen, soweit nicht durch eine neue Nutzung (z.B. Dachausbau) zusätzliche Lasten auftreten. Im Zweifel sollten Sie einen Fachmann entscheiden lassen, ob die Ergänzung des Tragwerks nötig ist.

Holzfäulnis (Pilzbefall)

Fäulnispilze gedeihen in dauerfeuchtem Holz, also dann, wenn eine Austrocknung wegen Undichtigkeit oder unzureichender Belüftung nicht mehr stattfindet. Die kritischen Stellen liegen vor allem im Bereich der Traufe, unter den Anschlüssen von Dachöffnungen, da, wo Holz an Mauerwerk oder Putz anschließt (Dachfuß und Giebel) und unter Verblechungen. Überprüfen Sie den Zustand des Holztragwerks stichprobenartig auch an verdeckten Stellen, ehe Sie aufwändige Modernisierungs- oder Ausbauarbeiten beginnen. Entdecken Sie beschädigtes Holz, lassen Sie es vom Fachmann beurteilen: Nur er kann die Folgen und den Umfang der erforderlichen Reparaturen abzuschätzen.

Holzbefall durch Insekten

Häufiger als Pilzbefall ist im Dachraum der Befall durch Insekten, die ihre Eier im Holz ablegen und deren Larven sich dann in Gängen durch das Holz fressen. Am meisten verbreitet ist der *Hausbock*. Während Befall durch Pilze in der Regel auf Mängel an der Konstruktion oder an deren Erhaltungszustand zurückgeht, tritt der Hausbock bei völlig intakten Dachkonstruktionen besonders in warmen Dachräumen auf. Der Befall ist an der Oberfläche schwer zu erkennen. Unter Umständen sind Fluglöcher vorhanden, die etwa 3 bis 4 mm groß und von ovaler bis länglicher Form sind. Weiches Holz ist ein Indiz für Befall. Zur Prüfung ritzen Sie das Holz mit einem Messer quer zur Faser. Rieselt Holzmehl aus

47 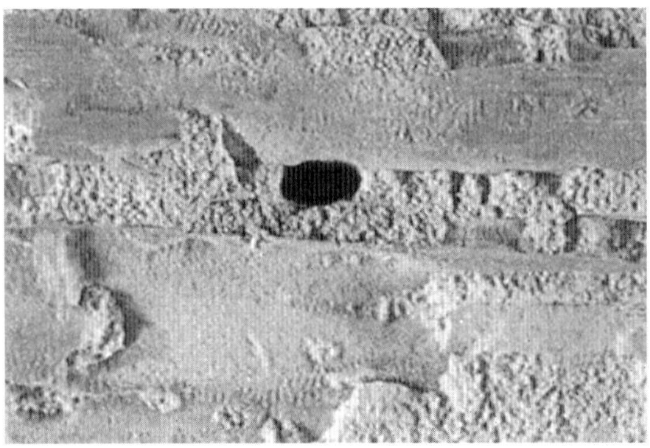

Hausbockbefall, erkennbar nach Abbeilen: Dicht unter der Oberfläche verlaufen Fraßgänge mit hellem Fraßmehl, Fluglöcher oval (5 bis 10 mm).

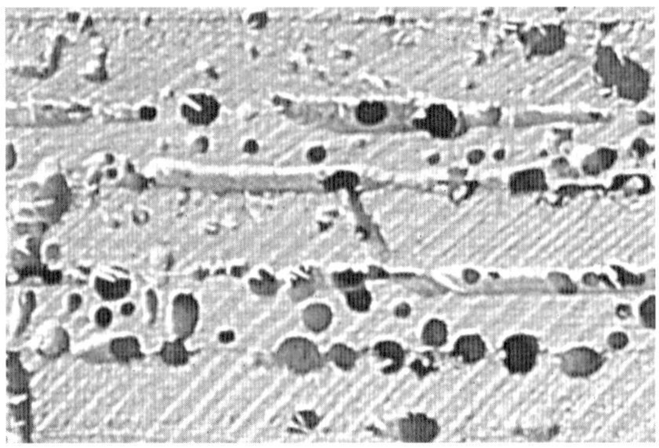 48

Hier ist der Wurm drin: Befall durch den Gewöhnlichen Nagekäfer (Holzwurm), Fraßgänge laufen kreuz und quer, zahlreiche Fluglöcher (1 bis 2 mm).

der verletzten Stelle, so ist von akutem Befall auszugehen.

Seltener ist im Dach der „*Holzwurm*" (*Nagekäfer*), der Wärme und Besonnung meidet. Befall ist vor allem an den 1 bis 3 mm großen, kreisrunden Fluglöchern zu erkennen. Der Holzwurm kann in allen Holzkonstruktionen, Holzeinbauten und Möbeln vorkommen. Gefährdet sind Nadel- wie Laubhölzer. Fluglöcher und (nicht frische) Fraßmehlhäufchen können auch von Holzbefall herrühren, der bereits erloschen ist. Dies festzustellen und den Umfang akuten Befalls zu ermitteln sollten Sie einem Fachmann (Kammerjäger) überlassen. Er sollte auch die geeigneten Maßnahmen zur Bekämpfung vorschlagen. Vor allem in Holzausbauten tritt der *Splintholzkäfer* auf. *Holzwespen* durchfressen auch Abdichtungen, Folien und Bleche (Fluglöcher rund, 4 bis 7 mm).

■ **Sichtkontrolle auf Holzschäden:** Im Bereich des Fußpunktes der Sparren, des Auflagers von Pfetten auf Giebelwänden und an ähnlichen Stellen Verkleidungen, Fußböden etc. vorsichtig entfernen (Zerstörung ist dabei nicht zu vermeiden), im Zweifel vom Fachmann beurteilen lassen. Finden sich Fäulnis oder Anzeichen von Pilzbefall, klären, ob es sich um einen Einzelfall handelt (wenn z.B. eine lokale Ursache dafür gefunden wird). Andernfalls müssen alle entsprechenden Stellen freigelegt werden.

Reparatur tragender Hölzer

■ **Reparatur kleiner Holzschäden:** Zerstörtes Holz bis zum gesunden Querschnitt ausbeilen und so aussägen, dass neues Holzteil eingepasst werden kann. Dies wird mit Schlossschrauben kraftschlüssig verbunden. Falls erforderlich, ist die Schwachstelle mit Holz- oder Stahllaschen zu verstärken. Entferntes Holz kann auch durch Reaktionsharz ersetzt werden.

■ **Balkenköpfe reparieren:** Zerstörte Holzteile absägen, durch neue Teile gleichen Querschnitts zimmermannsmäßig ergänzen und zur tragfähigen Verbindung beidseitig mit Holzlaschen verschrauben (Bemessung der Laschen durch Fachmann vornehmen lassen). Auf diese Weise können Stützen, Sparren, Pfetten, im Prinzip alle tragenden Holzteile wieder funktionsfähig gemacht werden. Zur Verstärkung können auch Stahllaschen, -winkel, -bänder und -profile verwendet werden.

■ **Sanierung mit Reaktionsharzen:** Bei geringer Schädigung können Balkenköpfe mit schräg eingesetzten und mit Reaktionsharz vergossenen Bewehrungsstäben repariert werden. Sparren- und Stützenfußpunkte können mit bewehrten Reaktionsharzprothesen saniert werden ❀

■ **Erneuerung von Bauteilen:** Ist die Erneuerung eines Bauteils unvermeidlich, sollten dabei Material und Dimensionierung grundsätzlich beibehalten werden. Der Austausch z.B. durch Stahl ist nur dann vertretbar, wenn durch die Modernisierung zusätzliche Anforderungen an das erneuerte Bauteil (höhere oder andere Belastung) gestellt werden. Auch die konstruktive Verbindung sollte nicht verändert werden. Zimmermannsmäßige Holzverbindungen werden nur im Ausnahmefall durch Nagelbleche und ähnliche Verbindungen ersetzt.

Die Dacheindeckung schützt gegen die Witterung. Doch im Lauf der Zeit zerstören Niederschlag, Frost und Hitze jedes Material.

Wasserflecken zeugen von Schäden der Dacheindeckung oder der Blechanschlüsse. Sind diese Flecken dauerhaft trocken, so sind sie zwar unschön, aber sonst unbedenklich. ▾

❀ Holzprothesen und Holzverfestigung mit Reaktionsharzen machen aus Holz Sondermüll. Diese Verfahren sind aus ökologischer Sicht bedenklich. Sie sollten deshalb nur letztes Mittel sein, wenn Alternativen nicht bestehen oder unangemessen hohen Aufwand erfordern.

Balkenkopf reparieren (durch Anlaschen)	ab ca. 100 EUR/St.
Balken (Sparren etc.) erneuern	ab ca. 50 EUR/lfm
Stütze auswechseln	ab ca. 150 EUR/St.
Abspriеßen (über 2 Geschosse)	100 – 125 EUR/lfm

Für die Sanierung von Tragwerksschäden unbedingt ein verbindliches Angebot einholen!

49

50 

Diese Ziegel stammen noch aus der Bauzeit und sind augenscheinlich in gutem Zustand. Sind die Nasen noch in Ordnung, genügt die Erneuerung einzelner Ziegel oder eine Reparatur.

Eindeckungen mit Ziegeln und Betondachsteinen halten 30 bis 50 Jahre, zum Teil auch länger. Alte handgestrichene Ziegel sind meistens haltbarer als neue Maschinenfabrikate; es ist deshalb falsch, Ziegel allein wegen ihres Alters zu erneuern. Solange Ziegel intakt sind, können Sie auch verwendet werden.

Wird im Folgenden von „Ziegeln" gesprochen, so gilt das entsprechend auch für Betondachsteine.

Ein gut belüfteter Dachaufbau (z.B. bei zum Dachraum offenen Konstruktionen) kann auch 50-jährig völlig intakt sein. Konnten aber über Jahre Schwitzwasser und Feuchtigkeit eindringen und nicht schnell genug abtrocknen, so sind morsche Dachlatten und mürbe Ziegel unvermeidlich. Äußere Anzeichen fortgeschrittener Schädigung sind gebrochene, „abgeplatzte" oder fehlende Ziegel oder Wasserflecken an Dachuntersichten. Lösen sich bei Sturm einzelne Ziegel, so ist es höchste Zeit zu handeln.

Schwierig ist die Kontrolle bei ausgebauten oder gedämmten Dächern, bei denen die Eindeckung nicht von unten zugänglich ist. Sie können in diesem Fall nur von Dachöffnungen aus die umgebenden Flächen untersuchen, indem Sie diese teilweise abdecken. Falls für andere Arbeiten eingerüstet wird, sollte dies zur Kontrolle des Daches genutzt werden. Der Mehraufwand beim Gerüstbau lohnt sich.

■ **Erneuern einzelner Ziegel:** Gebrochene Ziegel und solche mit Absprengungen, Rissen oder defekten Nasen werden erneuert. Das lohnt nur, wenn es sich um vereinzelte Schäden handelt (bis etwa 1% der gesamten Deckung).

■ **Durchreparieren:** Bei umfangreicheren Schäden wird die gesamte Deckfläche überprüft und ausgebessert. Das bedeutet erheblich größeren Aufwand, da hierfür die gesamte Dachfläche mit Schutzgerüsten zu versehen ist. Es ist deshalb sorgsam abzuwägen, ob diese Maßnahme ausreicht, oder ob nicht besser umgedeckt wird.

■ **Umdecken:** Sind mehr als etwa 20 % der Ziegel zu erneuern, lohnt das Umdecken. Schadhafte Ziegel werden erneuert, unbeschädigte wieder verlegt. Da jeder Ziegel abgenommen und überprüft wird, ist die Eindeckung nach dem Umdecken sozusagen „so gut wie neu". Beim Umdecken wird das Dach bunt.

■ **Lattung reparieren oder erneuern:** Ausbesserung der Eindeckung lohnt nur, wenn auch die Lattung (oder die Schalung) in Ordnung ist. Schäden werden meistens durch eindringende Nässe verursacht. Einzelne schadhafte Latten (Bretter) können ausgewechselt werden, bei umfangreicheren Schäden müssen Lattung oder Schalung neu aufgebracht werden. Bei allgemein schlechtem Zustand des Daches muss überprüft werden, ob die Lattung noch fest sitzt; bei Nagelfäule (das Holz ist um den Nagel herum gefault) muss die Lattung ausgetauscht werden.

Sichtkontrolle: Lattung und Nasen der Ziegel sind in Ordnung

einzelne Pfannen austauschen	ca.	15 EUR/m²
Eindeckung durchreparieren	ca.	20 EUR/m²
kleine Flächen ausbessern (verlegte Fläche)		
Betondachsteine	ca.	80 EUR/m²
Tonziegel, -pfannen	ca.	90 EUR/m²
Biberschwanzdeckung	ca.	110 EUR/m²
Dach umdecken mit neuer Lattung	ca.	55 EUR/m²
(jeweils ohne Gerüstkosten)		

Wo Schiefer vorkommt, ist es regional das die Dachlandschaft bestimmende Material (links). Es sind meistens die Kosten, die hier auf formal vergleichbare Dachplatten z.B. aus Faserzement ausweichen lassen (rechts).

53

52

Eindeckungen mit Schiefer oder Platten sind auf mit Dachpappe abgedeckte Holzschalungen genagelt. Ein solches „Unterdach" ist zwar teurer als eine Lattung, bietet aber auch erhöhte Sicherheit gegen eindringendes Wasser oder Flugschnee. Schieferdächer sind langlebig; manches Dach überdauert 80 und mehr Jahre. So sind Schieferdächer trotz des höheren Preises langfristig gesehen wirtschaftlich.

Die Qualität des verwendeten Materials (es gibt auch bei Schiefer Qualitätsunterschiede) und die fachgerechte Behandlung und Bearbeitung des Rohmaterials sind entscheidend für die Widerstandsfähigkeit gegen die Witterungseinflüsse. Schiefer zeigt Verschleißerscheinungen in Form von sich lösenden Schichten oder durch Bruch. Bei steilen Dächern rutschen gebrochene Steine aus dem Gebinde heraus und fallen früher oder später vom Dach. Bei flacheren Dächern werden Bruchsteine unter Umständen erst bemerkt, wenn Wasser zur Dachuntersicht durchgedrungen ist. Beschädigte Platten müssen möglichst bald ausgewechselt werden, um rasch um sich greifende Folgeschäden zu vermeiden.

Eine Schiefer- oder Plattendeckung ist nur so gut wie ihre Befestigung. Ist diese durch Korrosion angegriffen oder teilweise zerstört, ist eine Neueindeckung unvermeidlich. Höchste Zeit ist es, wenn sich einzelne Platten lösen, ohne dass die Platten selbst die dafür ursächlichen Verwitterungerscheinungen aufweisen. Umdecken ist nicht möglich, deshalb ist der rechtzeitige Austausch defekter Platten für die Lebensdauer der Eindeckung entscheidend.

Faserzementplatten werden häufig als preisgünstige Materialalternative zu Schiefer verwendet. Solche Materialwechsel sind zu vermeiden. Das gilt aber auch umgekehrt: Ist die Plattendeckung die ursprüngliche Eindeckung, so sollte man ebenfalls dabei bleiben. Die früher angebotenen Platten sind in der Regel asbesthaltig. Im eingebauten Zustand gilt dies als unbedenklich. Ihr Ausbau birgt aber ein hohes gesundheitliches Risiko und ist deshalb Fachfirmen zu überlassen, die auch die ordnungsgemäße Entsorgung gewährleisten. Heutige Faserzementprodukte sind asbestfrei. Für Faserzementplatten können Sie mit einer Lebensdauer von 30 bis 40 Jahren rechnen (→ Abb. 53).

Vor allem auf dem Land gibt es viele Häuser, die in regionaler Tradition errichtet ihre Schönheit aus den Materialien und deren handwerklicher Bearbeitung beziehen. Hier sind Materialwechsel fast immer störend und wertmindernd.

Hinweis: Arbeiten an Schieferdächern sollten immer vom Fachmann ausgeführt werden. Ein Schaden infolge einer unsachgemäßen Reparatur kommt allemal teurer als die Kosten für den Handwerker zur rechten Zeit.

Schieferdeckung ausbessern	
kleinflächig	ca. 250 EUR/m^2
Teilflächen erneuern	ca. 175 EUR/m^2
Schieferdeckung erneuern	ca. 125 EUR/m^2
neue Schalung	ca. 30 EUR/m^2
neue Eindeckung mit Faserzementplatten	ca. 85 EUR/m^2

(jeweils ohne Gerüstkosten)

54

55

links: Stehfalzeindeckung mit Titanzink
rechts: Die ursprüngliche Eindeckung mit Blech (wie im Vordergrund) wurde durch eine Pappeeindeckung ersetzt.

Bei allen Eindeckungsarten wird an kritischen Stellen wie z.B. bei Kehlen, Kamin- oder Wandanschlüssen Blech verwendet. Blech ist sozusagen das Allheilmittel der Dachdeckung.

Eindeckungen mit Blech werden deshalb vor allem bei besonders ausgesetzter Lage, bei komplizierten Dachformen und bei geringer Dachneigung bevorzugt. Als Materialien werden hauptsächlich Titanzink und Kupfer, zunehmend auch Aluminium verwendet, bei besonders komplizierten Formen und Anschlüssen Blei.

Blecheindeckungen werden nach der Art der Verbindung der Bleche unterschieden. Am meisten verbreitet sind Stehfalzkonstruktionen (→ Abb. 54), die regional in vielen Abwandlungen anzutreffen sind. Die Eindeckung mit Blech erfordert qualifizierte handwerkliche Arbeit und hat ihren dem Aufwand angemessenen Preis. Mancher Eigentümer hat deshalb in der Vergangenheit eine Blecheindeckung durch eine Pappe-Eindeckung ersetzt (→ Abb. 55). Diese war erheblich billiger, hat aber auch eine wesentlich geringere Lebensdauer und ist deshalb nicht unbedingt wirtschaftlich. Eine solche Lösung kommt deshalb nur infrage, wenn es darum geht, entweder zu geringsten Kosten oder aber überhaupt nicht zu erneuern. Denn ein dichtes Pappedach ist allemal besser als ein undichtes Blechdach.

Schäden treten zuerst an den Blechverbindungen auf, seltener in den Flächen. Gerissene oder durchkorrodierte Falze, gebrochene Lötstellen, abgelöste Anschlüsse an aufsteigende Wände oder Brüstungen sind die häufigsten Ursachen von Undichtigkeiten. Diese sind praktisch nur durch die dann folgenden Wasserflecken an den Untersichten der Dächer oder Decken erkennbar. Bei solchen Schäden müssen Sie immer davon ausgehen, dass die Holz-Unterkonstruktion ebenfalls angegriffen oder bereits zerstört ist. Denn bis sich Undichtigkeiten an der Unterseite zeigt, kann schon viel Wasser ins Dach eingedrungen sein.

Reparaturen an Blecheindeckungen müssen in gleichem Material und in gleicher Technik ausgeführt werden. Die Abdichtung mit bituminösen Dichtmitteln ist nur ein Notbehelf, z.B. um etwas Zeit zu gewinnen, wenn umfangreichere Maßnahmen bevorstehen.

Hinweis: Es gibt Dacheindeckungen ganz ohne Blech (z.B. mit Biberschwanz oder Schiefer). Das setzt voraus, dass die Dachgeometrie und die Dachkonstruktion dafür geplant sind. Diese Eindeckungen erfordern handwerkliches Können und sind (auch wegen der Kosten) die große Ausnahme (siehe Abb. 10 und 44).

Blecheindeckung ausbessern (Zink, Kupfer)	
kleinflächig reparieren	ca. 55 EUR/m2
Teilflächen erneuern (Zink)	ca. 210 EUR/m²
Teilflächen erneuern (Kupfer)	ca. 250 EUR/m²
Blecheindeckung erneuern (ohne Schalung)	
Zink	ca. 140 EUR/m²
Kupfer	ca. 205 EUR/m²
neue Unterkonstruktion (Schalung)	ca. 30 EUR/m²
Dachrinnen reinigen, Abfall entsorgen	ca. 3 EUR/lfm
Stahlblechrinnen ausbessern, ausstreichen	ca. 13 EUR/lfm
Dachrinnen erneuern, Titanzink	ca. 53 EUR/lfm
Kupfer	ca. 70 EUR/lfm
Fallrohre erneuern, Titanzink	ca. 38 EUR/lfm
Kupfer	ca. 53 EUR/lfm

(Preise inkl. Ausbau und Entsorgung, ohne Gerüst)

56

57

links: Bleiben Abdichtungen mit Bitumenbahnen ohne eine Schutzschicht, z.B. aus Kies, so setzt das ihre Lebensdauer beträchtlich herab. Schäden sind schon nach wenigen Jahren zu erwarten.
rechts: Ist ein Terrassenbelag erst einmal so verbraucht, hilft nur noch der komplette Ausbau, eine neue Abdichtung und ein neuer Nutzbelag. Dieser am besten in Kies oder auf Stelzlager. Wenn es dann Probleme mit der Abdichtung gibt, muss der Nutzbelag nicht zerstört werden.

Flachdächer, Terrassen und Balkone sind als Sonderfall zu betrachten. Flachdächer gelten als riskant und schadensanfällig. Korrekt ausgeführt sind sie jedoch durchaus sicher. Sie bedürfen aber mehr noch als das geneigte Dach der regelmäßigen sorgfältigen Überprüfung. Schäden treten vor allem an den Anschlüssen auf, wo die abdichtenden Schichten seitlich hochgeführt werden und wo Kamine oder Rohre die Dachhaut durchdringen. Durch Ausdehnung bei Hitze und Schrumpfung bei Kälte können die Dichtungsbahnen mit der Zeit reißen oder brechen. Hiervor schützten Kiesabdeckungen, Beläge oder Begrünung (› Abb. 56).

Die Unterkonstruktion besteht überwiegend aus Holz, zum Teil auch aus Beton. Schäden zeigen sich als Wasserflecken an der darunter liegenden Decke. Bei Betondecken kann aus der Lage eines Fleckes an der Untersicht nur grob auf die Lage des Schadens geschlossen werden, denn eingedrungenes Wasser fließt zur tiefsten Stelle der Oberfläche und dringt erst dort in die Decke ein.

Terrassen über Wohngeschossen sind Flachdächer. Für sie gelten die gleichen Prinzipien. Der wesentliche Unterschied besteht in der Nutzbarkeit, die besondere Beläge erfordert. Unproblematisch sind „offene" Beläge, also Platten oder Roste, die in Kies oder aufgestelzt lagern. Hier kann die Dachhaut kontrolliert und ohne Zerstörung des Oberbelags ausgebessert werden. Häufiger sind allerdings verfugte Fliesen- oder Plattenbeläge, die eine geschlossene Schicht bilden. Solange dieser Belag dicht ist, schützt er die Abdichtung sehr gut. Kann durch gebrochene Platten oder gerissene Fugen (hier genügen schon Haarrisse) Wasser unter die Platten eindringen, so gibt es Auffrierungen. Die Zerstörung des gesamten Belags ist dann nur eine Frage der Zeit. Dies muss nicht, kann aber auch zur Beschädigung der Dachabdichtung führen.

Flachdächer wurden früher überwiegend mit Zink- oder Kupferblech eingedeckt. Durch die geringe Neigung dringen an undichten Stellen sofort große Wassermengen in die Unterkonstruktion (zumeist Holzschalungen) ein und führen zu Verrottung.

Flachdächer (ca. 70 bis 100 m^2):	
Abdichtung reparieren, bituminös	ca. 15 EUR/m^2
Kiesschüttung erneuern	ca. 8 EUR/m^2
Altbeläge ausbauen, inkl. Entsorgung	ca. 20 EUR/m^2
Abdichtung erneuern, 2-lagig	ca. 28 EUR/m^2
Dachterrassen, Balkone (4 bis 10 m^2):	
Altbeläge ausbauen, inkl. Entsorgung	ca. 38 EUR/m^2
Abdichtung erneuern, 3-lagig	ca. 50 – 75 EUR/m^2
Betonplatten in Kies	ca. 50 EUR/m^2
Granitplatten auf Stelzlager	ca. 125 EUR/m^2

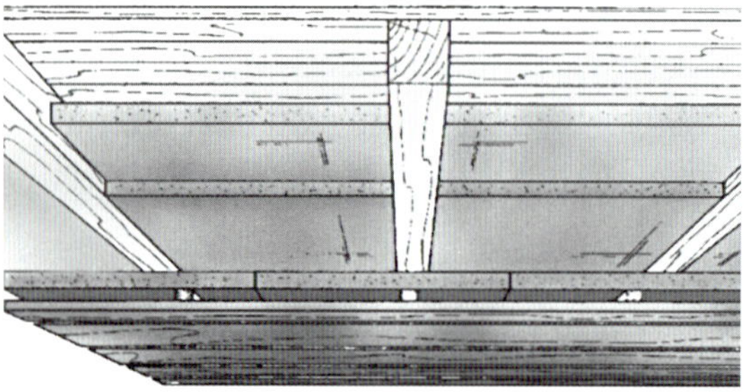

Dämmung zwischen und unter Sparren, System GUTEX

58

Wird Dachraum ausgebaut und zukünftig beheizt, muss das Dach nach der Energieeinsparverordnung so gedämmt werden, dass der U-Wert 0,30 W/m²K nicht überschreitet. Dazu sind je nach Wärmeleitfähigkeitsgruppe (WLG) des Materials Schichtdicken von 8 bis 12 cm erforderlich. Üblich sind Dämmstoffe der WLG von 035 bis 055 (muss ausgewiesen sein). Der Wert 055 bedingt eine um 60% dickere Dämmung als der Wert 035.

■ **Zwischensparrendämmung ohne Änderung der Eindeckung:** Im Normalfall ist mit dem Dachausbau keine Veränderung der Dacheindeckung verbunden. Die Eindeckung kann unverändert bleiben, wenn sie mit Unterspannbahn oder Unterdach (Schalung) ausgeführt ist. In diesen Fällen wird die Wärmedämmung nur von innen angebracht. Zur oberseitigen Belüftung der Dämmung ist ein Abstand von etwa 5 cm zur Unterspannbahn (Schalung) einzuhalten. Deshalb reicht die Sparrenhöhe u.U. für die nötige Dämmschichtdicke nicht aus. Die Anforderung der Energieeinsparverordnung gilt in diesen Fällen als erfüllt, wenn die konstruktiv größtmögliche Dämmschichtdicke eingebaut wird. Sie sollten dann Dämmstoffe der WLG 040 oder besser verwenden.

■ **Untersparrendämmung:** Eine Alternative zur Zwischensparrendämmung ist der Einbau der Dämmschichten unter den Sparren. Konstruktiv und in der Ausführung einfach verringert diese Lösung den nutzbaren Raum, besonders bei geringen Dachneigungen. Diese Konstruktion kommt deshalb nur infrage, wenn es nicht eng zugeht. Die oft propagierte Kombination von Zwischen- und Untersparrendämmung ist wegen des „doppelten" Aufwands nur dann zu empfehlen, wenn eine vorhandene Zwischensparrendämmung weiter verwendet werden kann (siehe unten).

Erheblich aufwändiger wird es auch, wenn die gesamte Sparrenhöhe für Dämmung genutzt werden soll oder Dämmschichten auf den Sparren vorgesehen sind (z.B. um die Sparren unterseitig sichtbar zu belassen). Dann muss die Eindeckung weg und mit veränderter Konstruktion wieder aufgebracht werden. Dies ist auch dann unumgänglich, wenn die vorhandene Eindeckung eine Belüftung der Wärmedämmung nicht ermöglicht (z.B. bei Lattung direkt auf Sparren).

Werden Dächer mit unbelüfteter Wärmedämmung (Warmdach) ausgeführt, bietet das die Möglichkeit, die volle Sparrenhöhe für die Dämmung zu nutzen. Es erfordert aber den ober- und unterseitigen Einbau unterschiedlich dampfdichter Schichten, die den Durchgang von Wasserdampf durch die Dämmung regeln. Dies ist bei der Nutzung vorhandener Eindeckungen kaum zu gewährleisten, erfordert also einen Neuaufbau der Eindeckung.

■ **Verbesserung der Wärmedämmung:** Ist eine intakte Wärmedämmung mit einem U-Wert von max. 0,5 W/m²K vorhanden (z.B. 6 cm Mineralwolle), dann sollten Sie diese unverändert lassen. Eine ausreichende Verbesserung wird dann durch die unterseitige Bekleidung der Sparren mit Verbundplatten erzielt. Diese Platten bestehen aus einem Trägermaterial und einer Dämmschicht, meistens Hartschaum. Hier genügen bereits Schichtdicken von 2 bis 3 cm.

Tabelle 3: Anforderungen der Energieeinsparverordnung bei Dächern

Werden folgende Änderungen vorgenommen und betreffen diese mehr als 20 % der gesamten Dachflächen, dann darf der U-Wert dieser Flächen nach Beendigung der Maßnahme nicht größer sein, als **0,30** W/m²K bei Steildächern bzw. **0,25** W/m²K bei Flachdächern.

- Erstmaliger Einbau von Steildachflächen, z.B. wenn eine Loggia geschlossen und überdacht wird
- Teilweise oder komplette Erneuerung von Steildachflächen, z.B. Ersatz für schadhafte Bauteilflächen
- Erneuerung der Dachhaut oder Dacheindeckung, Erneuerung oder erstmaliger Einbau außenseitiger Schalungen oder Bekleidungen.
- Einbau oder Erneuerung von Dämmschichten, z.B. bei unzureichend gedämmten Dächern im Zuge des Dachausbaus.
- nur Steildächer: Einbau oder Erneuerung von Bekleidungen an der Innenseite von Steildächern, z.B. wenn Dachraum ausgebaut, die Dachkonstruktion aber nicht geöffnet werden soll.

FASSADE UND AUSSENWAND

59 

Der Siedlungsbau der Zeit nach dem 1. Weltkrieg verband soziales Engagement mit hohem architektonischen Anspruch. Die Fassaden solcher Siedlungen machen das auch heute noch überzeugend klar.

Die Fassade ist Ausdruck der gestalterischen Vorstellungen der Erbauer und ihrer Zeit. Bei guten Bauten steht sie in Bezug zum Umfeld und zum räumlichen und konstruktiven Entwurf. Deshalb sind Fassaden nicht als „Kleider" zu verstehen, die nach Mode und Geschmack ausgetauscht werden können. Daran ist zu denken, wenn Schäden oder Mängel wie schlechte Wärmedämmung Maßnahmen erfordern. Meistens ist die Instandsetzung des Vorhandenen die beste Lösung. Die Zahl der Häuser, die durch „Überstreifen" unpassender Verkleidungen verdorben wurden, ist schon groß genug. Zu unterscheiden sind Fassaden

- mit Verputz oder Beschichtung
- mit Bekleidungen aus Schindeln oder Platten
- in Sichtmauerwerk oder -beton
- Natursteinfassaden und
- Fachwerkfassaden.

Jede dieser Fassaden hat typische Schadensbilder und entsprechend unterschiedlichen Instandsetzungsbedarf. Vorsprünge, Gesimse, Fenster-, Türgewände sind Schwachstellen, die besonders sorgfältig zu kontrollieren sind → Seite 55.

Besondere Bedeutung kommt der Verbesserung der Wärmedämmung der Außenwände zu. Die Dämmung von außen gilt wärmetechnisch als die beste Lösung, kommt aber bei Sichtmauerwerk und sichtbarem Fachwerk nur selten infrage → Seite 57.

Setzungsrisse in hundertjährigem Ziegelsichtmauerwerk. Die Bewegungen sind lange abgeschlossen

60

Risse in der Fassade

Fassaden sind entweder als gesonderte Schichten (Putz, Schindeln, Anstrich etc.) auf die Außenwand aufgebracht oder sie sind mit dieser identisch (bei Sichtmauerwerk, Sichtbeton). Neben Schäden der Fassade selbst sind deshalb auch bestimmte Mängel der Außenwand und des Tragwerks an der Fassade erkennbar, häufig als Risse. Aus deren Lage und Verlauf kann der Fachmann erkennen, worauf der Schaden zurückzuführen ist. Baustatische Risse werden verursacht durch

- Mängel der Fundamente
- Schrumpfen oder Schwinden des Baugrunds, z.B. bei Absinken des Grundwassers
- unterschiedliche Setzung des Untergrunds, z.B. bei unterschiedlicher Belastung des Baugrunds
- Erschütterungen durch Schwerverkehr
- zu große Bewegungen von Bauteilen bei fehlerhafter Bemessung.

Der Fachmann muss klären, ob eine Rissbildung abgeschlossen ist, ob Eingriffe erforderlich sind, oder ob der Abschluss der Prozesse, die die Rissbildung verursachen, abgewartet werden muss. Wenn die Standsicherheit des Bauwerks nicht beeinträchtigt ist, wird man sich bei abgeschlossenen Bewegungen wegen der oft hohen Kosten weitergehender Maßnahmen damit begnügen, die Risse zu schließen (→ Seite 46).

61 *Der klaffende Riss im Sockel setzt sich im Sichtmauerwerk fort. Das Auswaschen der Fugen hat die Steine verschmutzt.*

Risse können auch durch konstruktive Mängel entstehen, die sich in zu großen Bauteilbewegungen bei Feuchtigkeits- und Temperaturschwankungen auswirken. Gefährdet sind die „Nahtstellen" von Materialien, vor allem bei

- unterschiedlicher Wärmedehnung, z.B. zwischen Mauerwerk und Beton
- unterschiedlichem Quellverhalten bei Feuchtigkeitsaufnahme, z.B. Holzwolleplatten und Ziegel
- schlechter Haftung von Verbindungsmitteln, z.B. bei Mörtelfugen (Steinfugenrisse).

Offene Risse müssen bald geschlossen werden, denn sie sind immer eine ideale Angriffsstelle für Wasser, Frost und aggressive Verschmutzungen.

■ **Schließen von Rissen:** Risse, die durch einmalige Bewegungen entstanden sind, werden mit Spezialmörtel geschlossen. Sind Temperaturschwankungen oder Feuchtigkeitsaufnahme und -abgabe die Ursache, so kann man versuchen, durch Einpressen von Kunstharzen eine kraftschlüssige Verbindung herzustellen, um so die erneute Rissbildung zu verhindern. Ist das nicht erfolgversprechend, bleibt nur die dauerelastische Verfugung. Diese muss von Zeit zu Zeit erneuert werden. Wird die Rissstelle durch Putz oder Beschichtungen überdeckt, muss eine Armierung aus Draht- oder Glasfasergewebe eingebaut werden (→ Seite 52). Überlassen Sie diese Arbeiten dem Fachmann; Kenntnis der Materialien und der Verarbeitungsvorschriften sind für den Erfolg entscheidend.

Sichtmauerwerk

– meistens aus Ziegeln oder Kalksandstein hergestellt – ist der Witterung unmittelbar ausgesetzt. Hier bestimmen die Steinqualität, die konstruktive Ausbildung und die Ausführung der Fugen die Lebensdauer und die Schadensanfälligkeit.

Verwitterte Steinoberflächen

Bei altem Sichtmauerwerk wurden oft nicht frostfeste Steine verwendet. Diese wittern an der Oberfläche ab, werden porös und weich. Der Prozeß wird durch verschmutzte Luft und saure Niederschläge stark beschleunigt.

■ **Steine ausbessern erneuern:** Bei Schäden an vereinzelten Steinen verwitterte Teile abschlagen, mit Gesteinsmehl (für betreffende Steine) ausbessern, anschließend Verfugung ausbessern (→ Seite 47). Sind passende Steine verfügbar, können beschädigte Steine auch ausgewechselt werden.

■ **Verputzen:** Kommt bei großflächigen Steinschäden eine Erneuerung der Steine aus Kostengründen nicht infrage, muss die zerstörte Oberfläche abgeschlagen und anschließend verputzt oder verkleidet werden. Dies ist nur vertretbar, wenn die Fassade dadurch nicht verunstaltet wird.

■ **Schutzbeschichtung:** Vorbeugend kann die Fassade mit wasserabweisenden, farblosen Mitteln imprägniert (hydrophobiert) werden. ❀ Möglich ist auch ein farbiger Anstrich auf mineralischer Basis (z.B. Silikatfarbe), dabei sollte die gestalterische Wirkung des Sichtmauerwerks nicht verdorben werden.

❀ Imprägnierungen sind nur bei porösen Steinen sinnvoll. Die wirksamsten Mittel (Siliconharze, Silane und Siloxane) sind lösungsmittelhaltig und teilweise toxisch. Aus ökologischer Sicht sollte auf ihre Anwendung verzichtet werden. Im Einzelfall kann die Imprägnierung dennoch ratsam sein, z.B. wenn dadurch hohe Energieverluste infolge ständiger Durchfeuchtung der Wand vermieden werden und andere Maßnahmen ausgeschlossen sind.

Steinabsprengungen an Klinkerfassade.

62

Oberflächenrisse sanieren	ca. 8 – 12 EUR/lfm
durchgehende Risse sanieren (je nach Breite)	ca. 18 – 33 EUR/lfm

Für die Sanierung von Tragwerksschäden unbedingt ein verbindliches Angebot einholen!

63 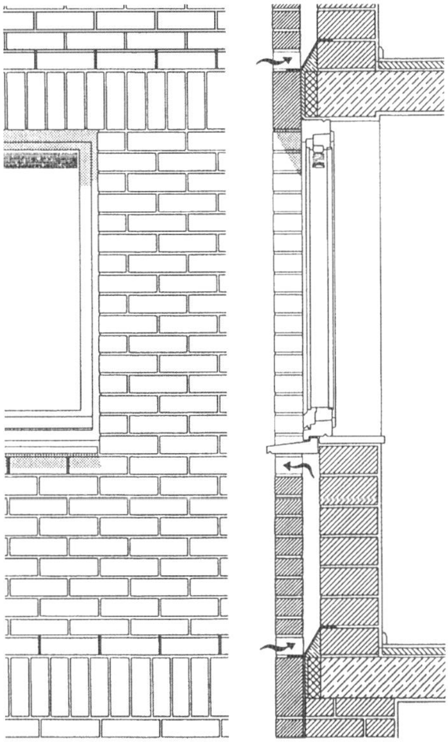

Sichtmauerwerk-Fassaden wie diese sind nicht nur aus ästhetischen sondern auch aus bauphysikalischen Gründen für eine Außendämmung nicht geeignet. Die Hinterlüftung ist unverzichtbar für den Feuchtehaushalt der Wand. Auch ein Verfüllen des Luftzwischenraums mit Dämmstoff ist problematisch, hierzu müsste auch eine innenseitige Dampfregulierung eingebaut werden. Unterm Strich eine sehr fragwürdige Lösung. Besser lässt man die Finger davon.

Steinabsprengungen

Frostfeste Steine verwittern kaum, können aber reißen. In die Risse eindringendes Wasser und Frost, Kalkeinschlüsse oder sonstige Steinmängel führen zu Absprengungen. Sichtmauerwerkfassaden sind im Verbund oder als gesonderte Verblendschale erstellt. Diese ist mit einer vermörtelten Schalenfuge oder frei stehend mit Drahtankern (früher nicht rostfrei) mit der Tragwand verbunden.

■ **Verankerung kontrollieren:** Bei Steinreparaturen an frei stehenden Verblendschalen so weit möglich Verankerung kontrollieren. Bei Korrosion von Fachmann überprüfen lassen; es ist die Standsicherheit gefährdet! Fortgeschrittene Steinschäden oder verbreitete Korrosion der Drahtanker kann den Abbruch und Neuaufbau der Verblendschale erfordern. Dann muss u.U. auch die Wärmedämmung zwischen Tragwand und Verblendschale verbessert werden (→ Seite 67).

Ausgewaschene Fugen

Hauptschadensursache bei Sichtmauern sind offene Fugen, durch die Wasser zwischen die Steine eindringen und bei Frost zu Absprengungen führen kann. Weiteres Auswaschen der Fugen ist die Folge. Fortschreitend gefährdet dies die Standsicherheit. Die gleiche Wirkung haben Verwitterung und Alterung des Fugenmörtels: Trag- und Haftfähigkeit gehen verloren. Zerstörter Mörtel sandet ab, ist weich und lässt sich auskratzen.

■ **Fugen kontrollieren:** Sichtkontrolle (Fernglas benutzen), Mörtelfugen stellenweise mit einem spitzen Werkzeug ankratzen. Ist der Mörtel sandig und weich, so müssen diese Stellen ausgebessert werden. Tritt dies an vielen Stellen auf, sollte die gesamte Wand neu verfugt werden.

■ **Verfugung ausbessern, nachverfugen:** Auskratzen des zerstörten Mörtels (Kalkmörtel etwa 2,5 cm, Zementmörtel etwa 1,5 cm tief). Das Nachverfugen ist Sache des Fachmanns. Heute verwendete Mörtel haben oft einen höheren Zementanteil (dunkelgrau, relativ glatt) als die früher üblichen Kalkmörtel (hell, sandig). Der Fugenmörtel muss auf das Mauerwerk abgestimmt sein. Vor allem bei zu hohem Zementanteil besteht die Gefahr von Fugen- oder Steinrissen. Auch gehört Erfahrung dazu, mit geeigneten Beimischungen die richtige Mörtelfarbe zu „treffen" und die Steine nicht zu verschmutzen. Das neue Fugenbild (z.B. konkav) muss dem vorhandenen entsprechen.

Kalksandsteinmauerwerk mit ausgewaschenen Fugen und durch Verwitterung zerstörtes Sandsteingesims.

 64

Weiche Steinoberfläche abschlagen, säubern	ca. 25 – 33 EUR/m²
Steinoberfläche mit Steinmehl sanieren	ca. 45 – 50 EUR/m²
einzelne Steine erneuern	ca. 30 – 40 EUR/St
Verfugung ausbessern	ca. 13 – 18 EUR/lfm
Nachverfugen mit Auskratzen	ca. 18 – 23 EUR/lfm

65

66

oben: Verschmutzungen, Abwitterungen, Abplatzungen und abgelöste Steinoberflächen. Hier kommt viel zusammen, doch alles ist reparabel.
unten: Steinausbesserung und Steinergänzung. Die Farbe des Steinmehls wurde auf die Farbe des neuen Steins abgestimmt. Eine Reinigung der alten Steine wird den Farbunterschied mindern, aber nicht aufheben.

Naturstein war früher auch im Wohnungsbau ein verbreiteter Baustoff. Er wurde sowohl bei Sichtmauerwerk als auch bei Putzfassaden vor allem für Sockel, Fenster- und Türgewände, Fensterbänke, Gesimse und Stürze verwendet.

Die Widerstandsfähigkeit von Natursteinen hängt von der Art des Steins, seinen – je nach Lagerstätte unterschiedlichen – Bestandteilen und der Oberflächenbearbeitung ab. Die im Wohnungsbau am häufigsten eingesetzten Kalk- und Sandsteine sind nicht so unverwüstlich, wie man sich dies landläufig vorstellt. Sie wurden deshalb früher üblicherweise durch mineralische Anstriche vor Wasseraufnahme und dadurch ausgelöste Abwitterung geschützt. Die heutige Vorstellung, nach der Naturstein „natürlich" erscheinen muss, trägt dazu bei, dass Natursteinfassaden den Schadstoffen stärker ausgesetzt sind, als das sein müsste.

Steinschäden, Abwitterung

Die Verwitterung von Natursteinen hat sich früher über hunderte von Jahren nur wenig bemerkbar gemacht. Der heutige hohe Schadstoffgehalt der Luft hat diesen Prozess dramatisch beschleunigt. Durch das Regenwasser dringen die Schadstoffe in die porösen Steine ein und lösen chemische Reaktionen aus, die den Stein zerstören. Schmutzablagerungen begünstigen diese. Anzeichen dafür sind Abplatzungen, Absanden und Ausblühungen (→ Abb. 65).

■ **Reinigung Steinoberflächen:** Die Oberfläche der Steine darf dabei nicht zerstört werden (nicht Sandstrahlen, keine Stahlbürste). Durch längere Berieselung wird der Schmutz angeweicht, anschließend durch Dampfstrahlen oder mit heißem Wasser abgelöst. Hartnäckigen Schmutz kann der Fachmann durch Feinsandstrahlen entfernen. ❀

■ **Steine ausbessern:** Verwitterte und schadhafte Teile abschlagen, mit Steinmehlmörtel (Steinart und Farbe nach Bestand) ergänzen, eventuell durch (rostfreie) Dübel oder Armierung sichern. Kleinere Steinschäden nur an wasserabführenden Bauteilen (z.B. an Gesimsen, Fensterbänken) ausbessern, ansonsten belassen.

■ **Steinergänzung:** Stärker geschädigte und fehlende Steine werden durch entsprechend bearbeitete neue Werksteine ersetzt (→ Abb. 66) und – falls erforderlich – verdübelt (Messing- oder Edelstahldübel, kein Eisen!). Anschließend wird verfugt (→ Seite 49).

■ **Umwandlung zur Putzfassade:** Ist die Natursteinoberflächen bereits in einem sehr schlechten Zustand, kann es sich wegen der hohen Kosten einer Steinsanierung empfehlen, die schadhaften Schichten abzuschlagen und die Fassade zu verputzen. Die Steindicke sollte dann generell um die Putzdicke verringert werden, um saubere Putzanschlüsse an Fenstergewände, Gesimse etc. zu ermöglichen. Schäden, die die Tragfähigkeit der Wand beeinträchtigen, sind vorher zu beheben.

❀ *Chemische Zusätze zur Reinigung von Naturstein sind zu vermeiden, meistens sind solche Mittel auch nicht erforderlich!*

Natursteinfassade abwaschen	ca. 8 EUR/m²
Dampfstrahlen	ca. 13 EUR/m²
Steinoberfläche mit Steinmehl sanieren	ca. 40 – 50 EUR/m²
Steinverfestigung	ab ca. 18 EUR/m²
Hydrophobieren, imprägnieren	ca. 8 EUR/m²

Offene Fugen

Wie bei Sichtmauerwerk sind offene Fugen auch bei Naturstein ein risikoreicher Schaden. Wo Wasser eintritt, tut der Frost sein Werk. Weiteres Auswaschen der Fugen gefährdet die Standsicherheit. Hierzu trägt auch die Verwitterung des Fugenmörtels bei, der dabei seine Trag- und Haftfähigkeit verliert. Zerstörter Mörtel sandet, ist weich und lässt sich auskratzen.

Bei Naturstein gehen die Auswirkungen offener Fugen noch weiter: Anders als bei Vormauersteinen dringt Wasser in den Naturstein selbst ein und bewirkt seine Verwitterung aus den Fugen heraus. Die Schadensbehebung geht schnell über die Sanierung der Fugen hinaus. Regelmäßige Kontrolle und frühzeitige Ausbesserung lohnen sich (→ Seite 47).

■ **Tragfähigkeit wieder herstellen:** Ist die Standsicherheit beeinträchtigt, muss der Architekt entscheiden, ob eine Sanierung möglich ist oder ob die betreffende Wand abzutragen und neu aufzumauern ist. Das ist z.B. der Fall, wenn sich die Steinlage gemauerter Bögen verändert hat. In bestimmten Fällen kann die Tragfähigkeit der Wandteile mit Spezialmörtel (Quellmörtel) wiederhergestellt werden.

❀ *Die Behandlung von Natursteinen mit Chemikalien ist nur in Sonderfällen angebracht. Der Schutz der Oberfläche vor Wasser und vor Schmutz ist konstruktiv oder durch Anstriche zu gewährleisten. Die Herstellung und Verarbeitung der hauptsächlich eingesetzten Silicone und Kunstharze ist unter Umweltgesichtspunkten nicht unbedenklich. Mit Steinverfestiger behandelte Steine werden beim Abbruch Sondermüll.*

■ **Fugen ausbessern, nachfugen:** Auskratzen des zerstörten Fugenmörtels (etwa 3 cm tief), Reinigung und Vornässen der offenen Fugen. Als Fugenmörtel ist ein hydraulischer Kalkmörtel (mit Trasszusatz) ohne Farbzusätze zu verwenden (keinen Gesteinsmehlmörtel). Die richtige Mischung ist Voraussetzung für den Erfolg und fordert den Fachmann.

Verkrustungen, Ausblühungen

Krusten bilden sich durch Auslaugung von kalkhaltigen Steinen. Die weißen oder auch grau bis schwarzen festen Schichten halten Feuchtigkeit und beschleunigen die Steinzerstörung.

Ausblühungen (meist weiß oder bräunlich) entstehen durch an die Oberfläche wandernde Salze. Auch sie wirken hygroskopisch, binden also Wasser. Ursache für beide Schadensbilder ist die Einwirkung von agressiver Feuchtigkeit (saurer Regen, CO_2). Die betroffenen Bauteile sind trocken zu reinigen.

Anstrichmängel

Luftverschmutzung und saure Niederschläge erfordern heute mehr noch als früher den Schutz von Naturstein durch geeignete Anstriche. Anstrichmängel sind häufig: mangelhafte Vorbehandlung, Verarbeitungsfehler und ungeeignete Anstrichstoffe sind die Hauptursachen. Verwitterte Steinoberflächen sind als Untergrund ungeeignet, der Anstrich löst sich mit dem (z.B. sandenden) Gestein ab. Dichte Anstrichstoffe blättern auch bei intaktem Untergrund infolge des Wasserdampfdurchgangs von innen nach außen ab.

■ **Anstrich von Naturstein:** Voraussetzung sind Reinigung und Instandsetzung der betreffenden Fassaden. Alle wasserabführenden Teile müssen

67

Sich ablösender Anstrich auf Naturstein. Das Schadensbild lässt darauf schließen, dass eine zu dichte Beschichtung gewählt wurde. Ursache kann auch schadhafter (feuchter) Untergrund sein.

in Ordnung gebracht und Feuchteschäden beseitigt sein. Der Stein wird mit Wasserglas vorbehandelt und mit Mineralfarbe (Steinfarbe) gestrichen, für die Fugen ist Mauerkalkfarbe zu verwenden. Steinanstrich erfordert große Sorgfalt und Materialkenntnis.

■ **Hydrophobieren:** Nur bei stark der Witterung ausgesetzten Fassaden, wenn kein Anstrich vorgesehen ist. Geeignet sind Siliconharze. Wegen der erforderlichen Materialkenntnisse und der oft gesundheitsgefährdenden Lösungsmittel nur von Fachfirmen ausführen lassen (→ Seite 46). ❀

■ **Steinverfestigung:** Die Steine werden mit Chemikalien behandelt, die in das Material eindringen und eine feste Verbindung eingehen. Nur in Ausnahmefällen! Bei unsachgemäßer Anwendung (zu geringe Eindringtiefe) besteht die Gefahr von Schichtablösungen. Fragen Sie nach Nebenwirkungen und nach Garantien für den Erfolg. ❀

Wichtig: Die Sanierung von Natursteinmauerwerk sollte immer vom Fachmann ausgeführt werden.

FASSADE – FACHWERK, PUTZ, ANSTRICH

Fachwerkhäuser sind Skelettbauten. Das Tragwerk besteht – wie aus der Fassade ablesbar – aus Hölzern. Die von diesen Traghölzern gebildeten Zwischenräume, die Gefache, sind (ohne Tragfunktion) mit unterschiedlichen Wandbaustoffen ausgefüllt. In Norddeutschland wird hierfür hauptsächlich Sichtmauerwerk aus Ziegeln oder Klinkern verwendet. In Mittel- und Süddeutschland herrschen verputzte Gefache vor. Die dort früher üblichen Strohlehmfüllungen wurden mit der Zeit durch Mauerwerk (Ziegel, Bims) abgelöst. Erst in jüngerer Zeit ist Strohlehm als Wandbaustoff wieder „zu Ehren" gekommen.

Fachwerkbauten sind im Vergleich zu Massivbauten wenig starr: Holzverbindungen sind sozusagen gelenkig, zudem quillt und schwindet Holz mit wechselnder Luftfeuchtigkeit. Besondere Aufmerksamkeit kommt deshalb der Fuge zwischen Tragwerk und Gefach zu.

Nur etwas für Liebhaber! Ein solches Haus zu sanieren und heutigen Wohnvorstellungen anzupassen ist meistens teurer als der Abruch und ein Neubau. Nur: es gibt nicht so viele Neubauten, die den Abbruch des Alten wert sind. 68

■ **Lehmgefache:** Es gibt heute wieder Betriebe, die Lehm fachgerecht verarbeiten. Instandsetzungsarbeiten können Sie aber auch selbst ausführen, wenn Sie sich gründliche Kenntnisse aneignen. Werden Gefache neu eingebaut, so ist die durch die Trocknung entstehende umlaufende Fuge zum Holz erst mit dem Außenputz zu verfüllen. Hierfür sind reine Kalkmörtel zu verwenden, über deren Zusammensetzung ein Fachmann entscheiden sollte. Werden vorhandene Lehmgefache neu verputzt, dann sind die Anschlussfugen einige Zentimeter tief freizulegen, damit der Putz zwischen Holz und Lehm eingebracht werden kann. Der Putz wird einlagig bis etwa 7 mm dick ausgeführt und schließt bündig mit den Hölzern ab, damit das Regenwasser glatt abläuft. Der noch feuchte Putz wird mit witterungsbeständiger Kalkfarbe mehrlagig überstrichen. Materialwahl und Verarbeitung erfordern Erfahrung.

■ **Ausgemauerte Gefache:** Werden Fassaden neu ausgemauert, ist das Mauerwerk so weit zurückzusetzen, dass der später aufzubringende Außenputz bündig mit den Hölzern abschließt. Rechnen Sie für einen zweilagigen Kalkputz mit 2,5 cm. Auch hier ist die umlaufende Fuge freizuhalten, bzw. bei vorhandenen Ausmauerungen auszukratzen (ca. 3 cm) und mit dem Außenputzmörtel zu verfüllen. Häufig sind Gefache bündig ausgemauert, sodass der Putz vor die Hölzer übersteht und den Niederschlägen eine große Angriffsflächen bietet. Hier ist die Einbindung des Außenputzes in die Anschlussfuge zum Holz besonders wichtig.

Fachwerk (Nadelholz, Eiche + 20 %) instandsetzen	
ohne Putz, Verfugung, Gerüst	
Ziegelausfachung	ca. 130 – 160 EUR/m^2
Lehmausfachung	ca. 150 – 200 EUR/m^2
Ausfachungen erneuern,	
inkl. Abfuhr und Deponie, ohne Gerüst	
Ziegelsichtmauerwerk mit Sichtverfugung	ca. 125 – 150 EUR/m^2
Lehmausfachung mit Kalkputz	ca. 180 – 225 EUR/m^2

Putz und Anstrich schützen Mauerwerk, das nach Steinmaterial und Ausführungsart nicht geeignet ist, den Witterungseinflüssen standzuhalten. Früher wurden Kalk- und Trasskalkputze verwendet. Diese können durchaus 60 bis 80 Jahre – an geschützten Fassaden noch länger – halten, wenn sie durch geeignete Anstriche geschützt sind und wenn keine sonstigen Schäden einwirken. Anstriche „verbrauchen" sich und müssen je nach Art und Beanspruchung (Wetterseite, Grad der Verschmutzung) erneuert werden, ehe der darunter befindliche Putz zu verwittern beginnt. Umgekehrt zeichnen sich die meisten Putzschäden auch im Anstrich ab. Voraussetzung für einen haltbaren und funktionsfähigen Anstrich ist ein geeigneter Untergrund, in diesem Fall also ein intakter Putz.

Putzschäden

Es gibt sehr viele Schadensursachen, die mit der Zusammensetzung und der Verarbeitung des Putzes zusammenhängen. Eine verlässliche Beurteilung solcher Schäden ist nur dem

69
70

Zerstörter Putz im Spritzbereich des Sockelgesimses und Putzablösung wegen Wassereintritt ins Mauerwerk am Anschluss des Sohlbleches.

Putzablösung im Bereich der Deckenbalken. Eine Überbrückung von Holz und Mauerwerk durch einen Putzträger hätte dies verhindern können.

Fachmann möglich. In vielen Fällen kann der Laie aber erkennen, dass ein Schaden vorliegt. Falls Sie einen Handwerker für einen neuen Fassadenanstrich beauftragen, so ist er verpflichtet, den Untergrund auf seine Eignung zu überprüfen. Schäden, die einen Anstrich nutzlos machen, müssen Ihnen angezeigt werden.

Hohlstellen, Putzablösungen

Diese Schadensformen sind Hinweise auf zerstörte Putzhaftung am Untergrund. Die Hauptursache sind – abgesehen von nicht sachgemäßer Verarbeitung schon beim Aufbringen – Veränderungen des Putzes durch Feuchtigkeitseinwirkung. Bei augenscheinlich intakter Putzoberfläche kann auf Feuchtigkeit von innen, vor allem aus dem Mauerwerk geschlossen werden. Zu Ablösungen kommt es auch, wenn schlecht haftende Materialien wie Stahl oder Holz ohne Putzträger überputzt werden. Hohlstellen wird man nur zufällig entdecken; gibt es Anzeichen dafür, empfiehlt sich die systematische Kontrolle.

■ **Putzhaftung kontrollieren:** Putzoberfläche systematisch mit einem dicken Draht (z.B. Schweißdraht) oder einem Aluminiumrohr abfahren; Hohlräume sind an Klangänderungen erkennbar. Auch beim Abklopfen (Oberfläche schonen!) können Klangunterschiede festgestellt werden.

■ **Putz ausbessern:** Erst wenn die Ursache der Putzzerstörung gefunden und behoben ist, lohnt es sich, den Putz auszubessern. Sind nur einzelne Stellen beschädigt, genügt es, die Putzfläche auszubessern. Auf alte Mauern gehört Kalkputz. Zusammensetzung und Festigkeit sollen dem Vorgefundenen entsprechen. Zement wird nicht zugesetzt. Der alte Putz muss abgeschlagen werden, Stahl, Holz und sonstige vom Mauerwerk abweichende Untergründe werden mit Putzträgern überdeckt. Die Wahl des Putzmörtels und die Verarbeitung sollte der Fachmann vornehmen. ❀

❀ Fertigputze (oder Werkmörtel) sind bequem, in der Regel jedoch mit Zusätzen versehen, die bestimmte Qualitäten verbessern sollen. Darauf sollte man verzichten. Besser ist es, den Putzmörtel nach der Zusammensetzung des vorhandenen Putzes durch den Fachmann herstellen zu lassen.

Wenn wir von Fachwerkhäusern sprechen, meinen wir damit Häuser mit sichtbarem Fachwerk. Es gibt aber sehr viele Gebäude in Fachwerkkonstruktion, die ursprünglich oder später vollständig verputzt wurden. Das geschah entweder wegen der Kosten oder aus Brandschutzgründen. Oder Putzfassaden waren einfach in Mode. Der Fachmann kann ohne weiteres feststellen, ob das Fachwerk ursprünglich für Verputz oder in Sichtkonstruktion erstellt wurde. Eine „Rückkehr" zur sichtbaren Konstruktion ist sehr aufwändig und letztlich auch eine Frage des Geschmacks.

❀ *Kunstharzputze sind widerstandsfähiger als mineralische Putze. Doch wirken sie stärker dampfbremsend, was den Feuchtigkeitshaushalt der Wand nachteilig verändern kann. Sie beinhalten Stoffe (u.a. dispergierende Kunstharz-Bindemittel) und belasten deshalb die Umwelt stärker als rein mineralische Putze (vor allem als Bauschutt).*

■ **Putz erneuern:** Vor dem Aufbringen des neuen Putzes sind alle Anschlüsse auf Schäden durchzusehen, falls erforderlich zu reparieren oder zu erneuern. Dabei sollte man großzügig sein und solche Bauteile vorsorglich austauschen, bei denen eine Erneuerung ein paar Jahre später erheblich aufwändiger würde. Damit erspart man sich auch unschöne Putzausbesserungen. Mauerwerk, Putz und Anstrich sind als Einheit zu verstehen; deshalb soll der neue Putz dem alten entsprechen. Verwenden Sie einen Kalkputz ohne Zementanteile. Ausnahmen nur dann, wenn der Fachmann dafür besondere Gründe darlegt. Warum sollte man von einer Putzart abgehen, die das Haus vielleicht schon 50 Jahre gut geschützt hat? ❀

Hinweis: Bei Erneuerung des Außenputzes an Wänden mit einem U-Wert > 0,9 W/m²K fordert die Energieeinsparverordnung die Verbesserung der Wärmedämmung auf einen U-Wert von max. 0,35 W/m²K. Das erfordert eine Dämmschicht von mindestens 6 cm. Sie können das vermeiden, wenn Sie den Putz nur ausbessern.

Putzrisse

Putzrisse, die durch Mängel des Tragwerks entstehen (baudynamische Risse) werden an anderer Stelle behandelt. Fugenrisse infolge mangelhafter Verfugung oder Schrumpfung von (vorwiegend großen) Mauersteinen sind Bauschäden, die bereits nach wenigen Jahren auftreten und nicht zum Alterungsprozess eines Hause gehören. Putzrisse treten auch an nicht ausreichend überbrückten Nahtstellen von Baustoffen auf, die sich bei Temperatur- und Feuchtigkeitsschwankungen unterschiedlich stark bewegen. Näheres zur Sanierung solcher Risse → Seite 46.

Netzrisse (hauptsächlich bei Kalkmörtelputz) werden durch Spannungen verursacht, die innerhalb der Putzlagen durch Trocknungsvorgänge und Temperatureinwirkung entstehen. In der Regel treten auch diese Schäden schon frühzeitig auf, abhängig von den unterschiedlichen Witterungseinflüssen der Fassaden. Netzrisse können haarfein sein und werden deshalb vom Laien leicht übersehen. Erst Folgeschäden, die durch die erhöhte Wasseraufnahme der Risse eintreten, werden dann bemerkt.

■ **Putzrisse feststellen und prüfen:** Fugenrisse durchtrennen den Putz vollständig und verlaufen grob nach den Mauerwerksfugen. Man kann das überprüfen, indem man den Putz entlang eines Risses abschlägt. Netzrisse sind Oberflächenrisse. Sie werden zumeist sichtbar, wenn man annässt. Durch die höhere Wasseraufnahme der Fugen bilden sich diese dunkler ab als die Putzfläche.

■ **Fugenrisse sanieren:** Ist gerissener Putz ansonsten intakt, kann man versuchen, Fugenrisse durch ein mit Spachtelung und Gewebe armiertes Anstrichsystem dauerhaft zu schließen. Es ist aber auch dann nicht auszuschließen, dass sich die Risse wieder bilden. Will man sichergehen, muss der Altputz abgeschlagen, die Verfugung des Mauerwerks verbessert und neu verputzt werden.

■ **Netzrisse sanieren:** Netzrisse von Kalkmörtelputz können mit einem Silikatfarbenanstrich überdeckt werden, sofern nicht ein hierfür ungeeigneter Altanstrich (z.B. Dispersion) vorhanden ist. Möglich ist auch ein leicht armierter Anstrich. Beratung durch den Fachmann ist erforderlich.

Netzrisse im Anstrich und im Putz (Kalkmörtelputz).

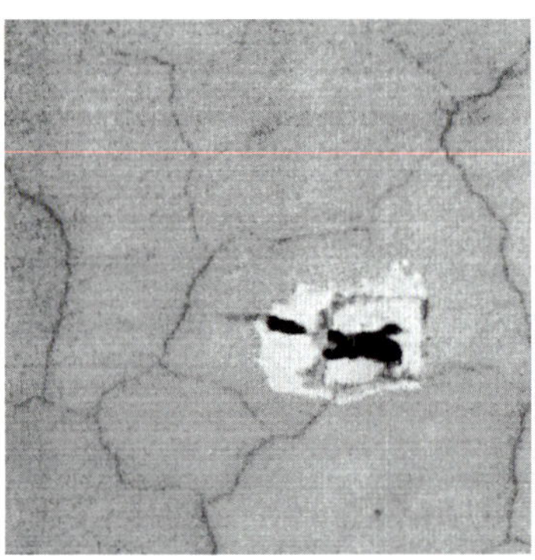

71

Riss über Anschlussfuge zwischen Ziegelmauerwerk und Beton.

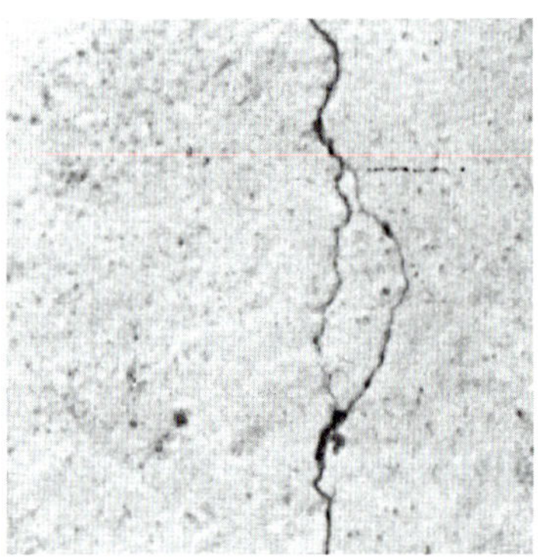

72

Durch Alterung und Wassereinwirkung zerstörter Putz. Deutlich erkennbar der Bereich, in dem Dachüberstand und Fensterbänke die Schlagregeneinwirkung vermindern.

73

Absandender Putz

Wird das Bindemittel des Putzes durch ständige Feuchtigkeitseinwirkung ausgeschwemmt oder durch Schadstoffe chemisch verändert, so verliert der Putz seine Festigkeit, er sandet ab. Erkennbar an abgelöstem Anstrich, mehr oder weniger ausgewaschenen Putzstellen, bei fortgeschrittener Zerstörung Abplatzungen. Ursache ist zumeist zu große Wasseraufnahme u.a. durch zerstörte Anstriche, defekte oder falsche Wasserabführung, z.B. bei der Dachentwässerung oder an vorspringenden Bauteilen. Besonders gefährdet ist der Sockelbereich an Stellen, die bei Regen ständigem Spritzen ausgesetzt sind. Sandet ein Außenputz, der schon 40 Jahre oder älter ist, an vielen Stellen ab, dann ist – soweit eine andere Ursachen nicht zu erkennen ist – davon auszugehen, dass der Putz verbraucht ist und grundlegend saniert oder ersetzt werden muss.

- **Prüfung auf Absanden:** Mit dem Finger die Putzoberfläche unter leichtem Druck abfahren oder mit einem Werkzeug vorsichtig ankratzen.
- **Absandenden Putz ausbessern:** Löst sich Sand nur an der Oberfläche ab und ist der Putz darunter noch fest, dann kann es genügen, die angegriffene Putzoberfläche abzutragen (Abbürsten) und einen neuen Anstrich aufzubringen.

Putzschäden wie Absanden, Ablösen, Risse können ihre Ursache auch in ungünstiger Materialzusammensetzung oder mangelhafter Verarbeitung haben. Hierauf wäre zu schließen, wenn Hinweise auf feuchtes Mauerwerk oder die Einwirkung von Schäden anderer Bauteile fehlen. Vor allem bei neu verputzten Fassaden ist hieran zu denken. Zur Beurteilung solcher Fälle ist ein Gutachter hinzuzuziehen.

Der vorstehende Deckenbalken in der Fassade verursacht Spritzwasserschäden am darüber liegenden Außenputz. Ist der Balken abgefast, kann das Elektrokabel Hauptursache für Spritzwasser sein. Stehende Wasserreste sorgen für zusätzliche Durchfeuchtung.

74

Preise einschließlich aller Vorarbeiten, Abfuhr und Deponie, aber ohne Gerüst

Putzausbesserung	
kleinflächig	ab ca. 50 EUR/m²
großflächig	ca. 15 – 25 EUR/m²
Altputz abschlagen, entsorgen	ca. 10 – 18 EUR/m²
Fassade neu verputzen	
ohne Entfernung Altputz	ca. 33 – 43 EUR/m²
Gerüst incl. 4 Wochen Standzeit	ca. 5 – 9 EUR/m²

75

76

77

Hier hat sich ein Dispersionsanstrich gelöst. Ursache ist die Durchfeuchtung des Untergrunds infolge mangelhafter Wärmedämmung im Bereich des Fenstersturzes.

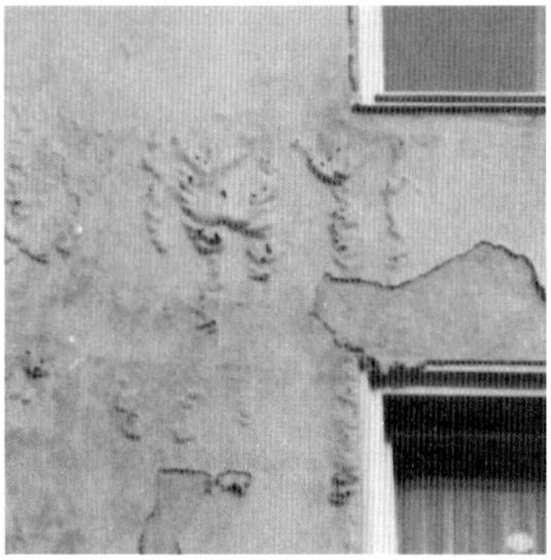

Blasenbildung und Ablösung eines Dispersionsanstrichs wegen Hinterwanderung durch Wasser.

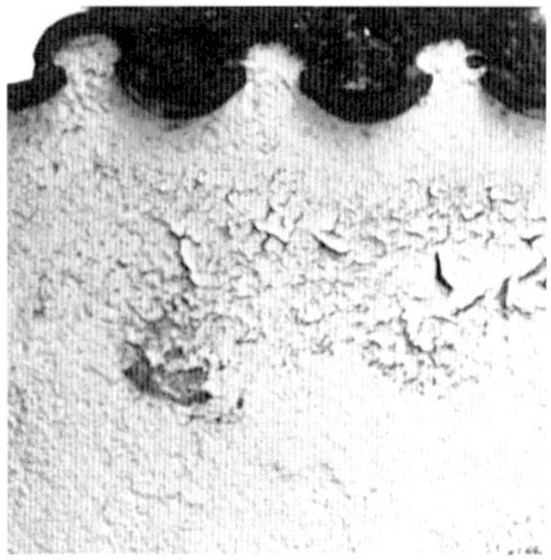

Ablösung des Anstrichs durch Wassereinwirkung infolge zu geringen Überstands der Dacheindeckung.

Die Abbildungen 71, 72, 75-77 entstammen dem Buch „Beschichtungs- und Anstrichschäden bei Alt- und Neubauten" von A. Brasholz (Bauverlag GmbH)

Schadensbild: Anstrichmängel

Anstrichmängel sind für den Laien oft nicht erkennbar. Einfach ist das noch, wenn sich Blasen bilden oder das Ablösen des Anstrichs offensichtlich ist. Schwieriger wird es dagegen bei kreidenden, d.h. wie Kreide abzureibenden Anstrichen oder wenn der Anstrich durch feinste Risse zerstört ist. Mangelhafter Anstrich führt auf Dauer zu einer Schädigung des Putzes. Bestehen Anzeichen für Anstrichmängel, ist eine genaue Prüfung durch den Fachmann erforderlich. Eine Erneuerung des Anstrichs ist selbstverständlich nur auf intaktem Putz sinnvoll. Auch hierzu sollte der Fachmann zur Beratung zugezogen werden.

■ **Kreidende Altanstriche:** Abriebfestigkeit wird durch SO_2-Einwirkung beeinträchtigt. Silikatfarben können durch einen Imprägnierungsanstrich fixiert werden. Kalk- oder Weißzementfarben müssen abgebürstet werden (Messingbürste), anschließend ist ein Neuanstrich im gleichen Anstrichsystem möglich (ein Voranstrich ist erforderlich).

■ **Ablösung von Dispersionsanstrichen:** Häufig als Folge von eingedrungener Feuchtigkeit und Frost an Außenwandstellen, die innenseitig unbeheizt sind (Dachräume, aber auch Rollladenkästen (→ Abb. 75). Der Schaden ist eine Folge der Dampfdruckverhältnisse bei Dispersionsfarben. An solchen Stellen deshalb besser die dampfdurchlässigeren Mineralfarben verwenden.

■ **Blasenbildung:** Eine andere Ursache der Ablösung von Dispersionsbeschichtungen ist die Hinterwanderung des Anstrichs durch Wasser, das entweder durch konstruktive Mängel (z.B. an Fensterbrüstungen, Maueranschlüssen etc.) oder durch den Anstrich selbst eindringt. Es bilden sich charakteristische Blasen (→ Abb. 76). Der Altanstrich ist vollständig zu entfernen.

■ **Salzausblühungen:** Durch ständige Wassereinwirkung und das Nebeneinander verschiedener Materialien entstehen Salze, die mit der Verdunstung an die Oberfläche gelangen. Weiteres Eindringen von Wasser unterbinden, Salze trocken abbürsten.

Preise einschließlich Vorarbeiten, ohne Gerüst

Fassade abwaschen . . . . ca. 8 EUR/m²

Fassadenanstrich (Silikatfarbe) erneuern
incl. Vorarbeiten . . . . ca. 15 – 23 EUR/m²

Schwachstellen der Fassade sind Öffnungen sowie Vorsprünge: Hier ist die einwandfreie Ableitung des Regen- und Schmelzwassers besonders wichtig. Stehende Wasserreste und unkontrolliert über die Fassade ablaufendes Wasser zerstören auf Dauer Putz, Verfugung und Stein. An verschmutzten Stellen konzentrieren sich die im Regenwasser gelösten Schadstoffe, was die Zerstörung beschleunigt. Verwitterung zeigt sich deshalb zuerst an waagrechten Bauteilen wie Fensterbänken oder Gesimsen.

Blechabdeckungen

Vorspringende Fassadenteile werden, wenn sie selbst nicht ausreichend widerstandsfähig sind, verkleidet oder abgedeckt. Hierzu werden Bleche vorwiegend aus Zink, Kupfer oder Blei verwendet. Gerissene Bleche, offene Falze und undichte Anschlüsse an die über der Abdeckung aufsteigende Wand lassen Wasser eindringen und führen zur Zerstörung der Bauteile.

Bei unbeschichtetem Aluminium besteht die Gefahr der Korrosion durch aus dem Putz oder Mörtel ausgewaschene Stoffe (bei Feuchteschäden).

■ Gefährdete Stellen kontrollieren: Fensterstürze, Fenstergewände und Fensterbänke (Sohlbänke) auf Schmutzablagerungen (so genannte Schmutzfahnen) absuchen. Sie markieren die Stellen, an denen Wasser über die Fassade abläuft. Reinigen.

■ Blechabdeckungen erneuern: Reparaturen sind nur bei geringen Schäden lohnend, sonst ist die Erneuerung wirtschaftlicher. Diese Arbeiten sind aufwändig, es lohnt nicht, am Material zu sparen. Im Allgemeinen wird Kupfer oder Titanzink, bei komplizierten Formen Blei verwendet. Auf die korrekte Ausführung der Anschlüsse achten.

78

Solcher Schmuck ist verbreitet an Häusern der Gründerzeit bis hin zum Jugendstil. Will man ihn erhalten, ist es unerlässlich, regelmäßig zu kontrollieren und auch kleine Schäden sofort zu beheben. Das hat seinen Preis, trägt aber bei zur „guten Adresse".

■ Fugen abdichten (Dichtmassen): Anschlüsse und Fugen werden heute oft mit dauerplastischen Massen abgedichtet. Diese Materialien verspröden langfristig und verlieren dadurch ihre Dichtwirkung. Damit werden Problempunkte geschaffen, die immer wieder der Kontrolle und Nachbehandlung bedürfen. Gibt es Alternativen, sollten Sie diese bevorzugen.

■ Anstriche erneuern: Fensterbänke aus lackiertem Blech müssen zwar regelmäßig neu gestrichen werden. Da die Fensterbänke im Allgemeinen gut zugänglich sind, ist dieser Aufwand erheblich geringer als der Austausch gegen Materialien, die keiner Oberflächenbehandlung bedürfen.

Schadenspunkt Fensterbänke

Zur Behebung von Schäden an Fensterbänken aus Naturstein oder Sichtmauerwerk (z.B. Ziegelrollschichten) gilt das zu den entsprechenden Fassaden Gesagte. Hier ist auf dichte Fugen zu achten, besonders bei Rollschichten. Bei Fensterbänken aus Blechen oder Metallprofilen sind die seitlichen Anschlüsse problematisch: seitlich ungenügend eingebunden reißen sie, wenn sie nicht mehrteilig konstruiert sind, infolge der temperaturabhängigen Längenänderung in der Regel aus. Auch bei Sichtmauerwerk wird oft auf eine ausreichend tiefe Einbindung verzichtet. In beiden Fällen kann hier Wasser eindringen und zu Feuchteschäden führen.

Bei Erneuerung sollte das ursprüngliche Material beibehalten werden, sofern eine neue Lösung nicht technisch besser ist und das Erscheinungsbild der Fassade nicht beeinträchtigt.

Mit Spritzwasserschäden hat es hier wohl angefangen. Sieht schlimm aus, ist aber ohne weiteres mit neuem Blech, Putz und Anstrich zu renovieren.

79

80 

Abgewitterter Sandsteinsockel. Die aggressivem Wasser (hier auch Spritzwasser mit Tausalz vom Gehweg) besonders ausgesetzten horizontalen Flächen sind bereits völlig zerstört. Darüber ist der Stein intakt, darunter ebenfalls in der Oberfläche stark geschädigt. Ein regelmäßiger Schutzanstrich hätte hier manches verhindert.

Sockel nennt man den unmittelbar über der Erdoberfläche liegenden Teil der Außen- oder Kellerwände. Der Sockelbereich muss nicht erkennbar abgesetzt und in besonderer Weise ausgeführt sein; vor allem bei alten Bauten gehen die Wände aus dem Erdreich oft unmittelbar in das Außenmauerwerk über. Aus konstruktiven oder gestalterischen Gründen ist der Sockel aber auch häufig verkleidet, in anderem Material ausgeführt oder auf andere Weise formal abgesetzt. Im Sockelbereich sind Schäden fast immer auf Feuchtigkeit zurückzuführen. Mögliche Ursachen sind

- in der Wand aufsteigende Feuchtigkeit bei fehlender horizontaler Abdichtung
- eindringendes Oberflächenwasser bei unzureichender vertikaler Abdichtung
- im Erdreich angestautes Wasser bei mangelhafter oder fehlender Dränage
- Spritzwasser.

Feuchteschäden zeigen sich in gleicher Weise wie bei den entsprechend ausgeführten Fassaden.

Häufig sind Sockel – oft nachträglich – mit keramischen Platten verkleidet. Auch hier weisen Ausblühungen (zuerst in den Fugen) auf feuchtes Mauerwerk hin; in der Folge können sich Platten ablösen.

Um reine Spritzwasserschäden handelt es sich in der Regel, wenn eine Putzoberfläche trotz erkennbarer Schäden trocken ist. Solche Schäden sind meist nur oberflächlich und durch geeignete Beläge der angrenzenden Erdoberfläche zu vermeiden.

Weitere von außen erkennbare Ursachen für Schäden im Sockelbereich sind undichte oder gar fehlende Dachrinnen, verstopfte Regeneinläufe und defekte Fallrohre sowie Schäden an Gesimsen oder Sockelabdeckungen. Die Ursachen weitergehender Schäden kann nur der Fachmanns feststellen. Oft wirkt mehreres zusammen.

Ist der Umfang der Schäden erkennbar gering, sollten Sie diese nicht überbewerten. Oft sind mangelnde Pflege, versäumte einfache Bauunterhaltsmaßnahmen und nicht zuletzt unzureichende Belüftung Ursache von Feuchtigkeitsschäden. Der Laie kann sich meist nicht vorstellen, welche Wassermenge durch gute Belüftung „abtransportiert" wird. Es empfiehlt sich deshalb zunächst ein bis zwei Jahre lang alle einfachen Unterhalts- und Pflegemaßnahmen sorgfältig durchzuführen, um festzustellen ob und in welchem Umfang die Schäden auf andere Ursachen zurückzuführen sind.

Kellerlichtschächte müssen regelmäßig kontrolliert werden. Sind Abläufe durch Schmutz oder Laub zugesetzt, können Wasserschäden an den Fenstern und in der Wand auftreten. Laub verhindert zudem das Abtrocknen, sodass Dauerfeuchte ebenfalls zu Schäden führen kann. Stellen Sie an den darunter liegenden Kellerwänden keine Mängel fest, so ist davon auszugehen, dass es mit der Reinigung der Schächte getan ist (→ auch Seite 75).

Hier kommt einiges zusammen. Entsprechend vielfältig sind die offensichtlichen Mängel. Besonders gut zu erkennen sind die Folgen des Spritzwassers an der Wand oberhalb der Treppenstufen.

 81

Die seit 2002 gültige Energieeinsparverordnung (EnEV) macht die Verbesserung der Wärmedämmung auch an bestehenden Gebäuden zur Pflicht. Immer dann, wenn an der Außenhülle des Gebäudes Veränderungen in größerem Umfang vorgenommen werden, stellt die Verordnung konkrete Anforderungen an die Wärmedämmung der veränderten Bauteile (siehe Tabelle unten). Prüfen Sie, ob Ihre geplanten Maßnahmen mit Anforderungen der EnEV an die Wärmedämmung verbunden sind.

Seit der sparsame Umgang mit Energie ein Thema ist (das sind nun schon rund 30 Jahre), haben viele Hauseigentümer die Wärmedämmung ihrer Häuser verbessert. Häufig geschah das mit einem Wärmedämmverbundsystem (früher als „Thermohaut" bezeichnet), einer außen aufgebrachten Dämmschicht (meistens Hartschaum) mit armiertem Putz.

Vor der Entscheidung für eine zusätzliche Dämmung muss der bereits vorhandene Wärmeschutz ermittelt und hinsichtlich der Verbesserungsmöglichkeiten beurteilt werden. Frühere Verbesserungen der Wärmedämmung entsprechen oft nicht ganz den heutigen Anforderungen. Hier muss man reiflich überlegen, ob der Mehraufwand das Ergebnis rechtfertigt. Erscheint Ihnen das fraglich, dann sollten Sie die geplanten Maßnahmen so abändern, dass die Anforderungen der EnEV nicht wirksam werden.

Es ist einleuchtend, dass eine durch viele Fenster aufgelöste Fassade aufwändig zu dämmen ist und wegen der geringen Fläche weniger zu den Wärmeverlusten beiträgt als eine geschlossene Wand. So kann es sinnvoll sein, sich auf die Dämmung nur bestimmter Wände zu beschränken.

Bauphysikalisch gilt die Außendämmung als die günstigste Lösung. Doch

82

Giebelwand mit Putz und Anstrichschäden. Hier sind die Voraussetzungen für eine Außendämmung ideal.

oft muss davon Abstand genommen werden, weil dadurch die Fassade des Hauses nachteilig verändert würde. Es bleibt dann nur die Innendämmung, z.B. mit Gipskarton-Verbundplatten. Aber auch hier können Stuckleisten, schöne Fensterstöcke oder ausgerundete Kehlen zwischen Wand und Decke einer solchen Dämmung entgegen stehen.

Es muss hier aber auch darauf hingewiesen werden, dass die Außendämmung die Fähigkeit der Wand, die Wärme der Sonnenstrahlung zu speichern, weitgehend unterbindet. Während man beim Neubau die Hausgeometrie und die Anordnung und Größe der Fenster darauf ausrichten kann und so diesem Nachteil entgegenwirkt, ist dies bei der Modernisierung nicht möglich. Selbst die Fachwelt ist sich nicht einig, ob bei Südost bis Südwest ausgerichteten Fassaden die Speicherfähigkeit einer Verbesserung der Dämmung vorzuziehen ist. Falls es für Sie keine zwingenden Gründe für die Dämmung solcher Fassaden gibt, sollten Sie diese bis auf weiteres so belassen.

Tabelle 4:
Anforderungen der Energieeinsparverordnung bei Außenwänden

Betreffen die folgenden Maßnahmen mehr als 20 % der Außenwandflächen, die der gleichen Himmelsrichtung zugewandt sind, darf der U-Wert dieser Außenwände nach Beendigung der Maßnahme nicht größer sein als

0,35 W/m^2K

- **Erneuerung des Außenputzes** an Außenwänden mit einem U-Wert > 0,9 W/m^2K
- **Anbringen von Bekleidungen**, z.B. Faserzementplatten auf Holzunterkonstruktion zum Schutz der Wand vor Schlagregen
- **Einbau von Dämmschichten**, z.B. als Ersatz für unzureichende oder zerstörte Dämmschichten.
- **Einbau einer Kerndämmung** (Dämmung zwischen zwei massiven Wandschalen): wird der Zwischenraum vollständig ausgefüllt, gilt die Anforderung als erfüllt.

0,45 W/m^2K

- erstmaliger **Einbau von Außenwänden**, z.B. wenn eine Loggia geschlossen oder eine Außenwand versetzt werden soll
- teilweise oder komplette **Erneuerung von Außenwänden**, z.B. um Tragfähigkeit wieder herzustellen
- Anbringen von **Bekleidungen an der Innenseite** der Außenwand, z.B. Einbau von Trockenputzplatten oder Holzbekleidungen
- Erneuerung der **Ausfachung** bei Fachwerkwänden

83 

Wärmedämmverbundsysteme für die Modernisierung (ispo): geklebt und gedübelt z.B. für Altputz und Altanstriche (links) und mit Befestigungsschiene für schwierigen Untergrund (rechts)

Zur überschlägigen Ermittlung der Wärmedämmung der Außenwände kann die Tabelle (unten links) verwendet werden. Der Putz kann übermessen werden. Wenn nicht zu klären ist, aus welchen Materialien die Außenwände bestehen, kann der Bauantrag Aufschluss geben, der für die meisten Gebäude im Bauarchiv der Gemeinde einzusehen ist. Häufig aber sind Bauten anders ausgeführt als im Bauantrag beschrieben. Eine Kontrolle ist deshalb erforderlich.

Die Energieeinsparverordnung fordert einen U-Wert von maximal 0,35 W/m²K. Die zur nötigen Verbesserung erforderlichen Dämmstoffdicken sind in Abhängigkeit von der Wärmeleitfähigkeitsgruppe des Dämmstoffes der Tabelle unten rechts zu entnehmen.

■ **Bekleidung mit Wärmedämmverbundsystem:** Bei Neubauten werden Wärmedämmschichten direkt auf das Mauerwerk punktweise oder vollflächig angeklebt. Bei noch gut haftenden Altputzflächen kann das auf gleiche Weise geschehen. Doch empfiehlt es sich wegen der Unsicherheit, die Altputzflächen vor allem längerfristig bergen, die Dämmung grundsätzlich nach den Vorschriften des Systemherstellers zu verdübeln. Ist der Altputz in sehr schlechtem Zustand oder soll der gesamte Aufbau möglichst wenig dick ausfallen, so muss der Altputz entfernt werden.

Mit dem Einbau einer zusätzlichen Wärmedämmung müssen u.U. auch Fensterbänke, Gesimse, Balkonanschlüsse etc. erneuert werden. Bei geringem Dachüberstand sind auch Traufen und Ortgänge umzubauen. Der Gesamtaufwand ist also sorgfältig zu planen. Die Preise pro Quadratmeter Wandfläche alleine sagen sehr wenig über die tatsächlichen Kosten der fertigen Dämmung aus.

Wärmedämmverbundsysteme gibt es mit unterschiedlichen Dämmstoffen, Hartschäume werden am häufigsten verwendet. Werden höhere Brandschutzanforderungen an die Fassade gestellt, sind Mineralfaserplatten besser geeignet. Nicht zuletzt ist das auch eine Frage des Preises.

Wärmedämmverbundsysteme bestehen aus aufeinander abgestimmten Komponenten. Schäden an solchen Fassaden kommen teuer zu stehen. Sichern Sie sich deshalb die Kompetenz einer Fachfirma und die damit verbundene Gewährleistung (Mängelanspruch).

■ **Dämmung mit Vorsatzschale:** Vor allem bei hohen Anforderungen an den Witterungsschutz werden Fassadenplatten, Holzschalungen, großformatigen Tafeln oder Schindeln auf einer Unterkonstruktion vor die Fassade

Tabelle 5: Überschlägige k-Werte (W/m²K) von Außenwänden bestehender Gebäude

Wandbaustoff	**Wanddicke mit Putz** [cm]		
(Rohdichte Ca.-Werte)	27	34	40
Stahlbeton (2,3)	3,50	3,00	–
Mauerziegel (1,8)	2,10	1,90	1,60
Hochlochziegel (1,4)	1,75	1,50	1,30
Kalksandstein (1,6)	2,10	1,80	1,60
Leichthochlochziegel (1,0)	1,30	1,10	0,90
Bims-Vollblöcke (0,8)	1,00	0,80	0,70
Porenbeton-Blöcke (0,7)	0,95	0,80	0,65

Tabelle 6: Zusätzlich nötigee Dämmstoffdicke nach den Anforderungen der Energieeinsparverordnung*

U-Wert der vorhandenen Wand	**Dämmstoffdicke** [cm] bei Wärmeleitfähigkeitsgruppe**		
[W/m²K]	035	045	055
0,50	2	3	4
0,60	3	4	5
0,70	4	5	6
0,80	5	6	7
0,90	6	7	8
1,00	6	7	9
1,30	6	8	10
1,70	7	9	12
2,70	8	10	12
3,70	8	10	> 12

* U-Wert erforderlich 0,35 W/m²K

** WLG 035 heißt: Wärmeleitfähigkeit von 0,035 W/mK

84

gesetzt. Die Wärmedämmung (Platten) wird zwischen die Unterkonstruktion aus Holz oder Metall eingebaut. Der Abstand der äußeren Bekleidung zur Dämmschicht muss ausreichende Belüftung garantieren. Hierzu sind Öffnungen für den Luftein- und -austritt auszubilden. Vorsatzschalen verändern – soweit sie nicht schon ursprünglich vorhanden waren – das Erscheinungsbild eines Hauses grundlegend. Deshalb muss sorgfältig geprüft werden, ob z.B. ein Haus mit Putzfassaden derartige Bekleidungen verträgt.

Übrigens: Eine Überschreitung von Baugrenzen durch zusätzliche Wärmedämmungen ist zulässig, überschreiten Sie damit eine Grundstücksgrenze, benötigen Sie die Zustimmung des Nachbarn.

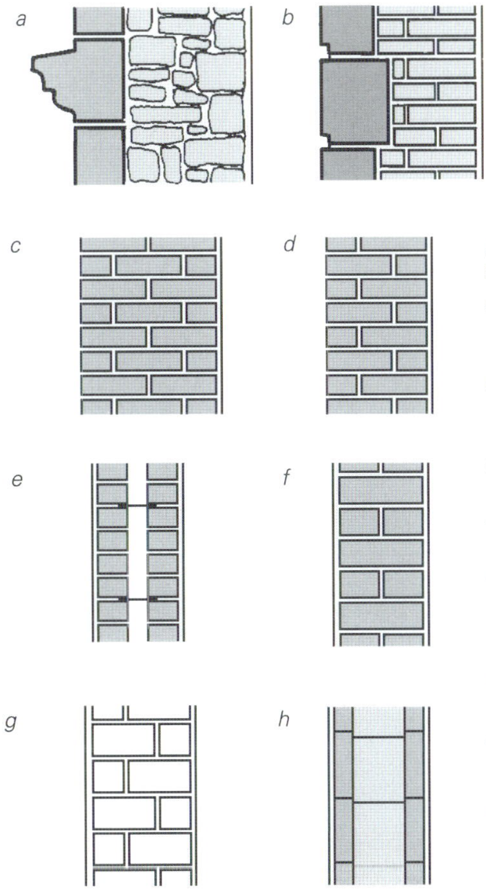

Außenwandkonstruktionen im Bestand

a Naturwerkstein vor Bruchsteinmauerwerk Dicke 65 cm, k = 2,1

b Naturwerkstein vor Ziegelmauerwerk Dicke 60 cm, k = 1,35

c Ziegelsichtmauerwerk Dicke 51 cm, k = 1,2

d Ziegelsichtmauerwerk Dicke 38 cm, k = 1,5

e Ziegelmauerwerk zweischalig mit Luftschicht Dicke 30 cm, k = 1,55

f Bimsmauerwerk Dicke 38 cm, k = 0,65

g Mauerwerk aus Hochlochziegeln Dicke 40 cm, k = 0,75

h Mauerwerk aus Leichtbetonblöcken Dicke 34 cm, k = 1,3

Vorsicht: Die Luftschalldämmung einer Wand kann sich durch Wärmedämmverbundsysteme um bis zu 5 dB verschlechtern oder aber auch verbessern. Art und Maß der Veränderung werden durch den Dämmstoff, die Plattendicke und das Gewicht der Putzschale bestimmt. Nicht elastifizierte PS-Hartschäume führen immer zu einer Verschlechterung, ansonsten bewirkt ein Putzgewicht von 25 kg/m^2 eine Verbesserung der Schalldämmung. Sie können das Problem ignorieren, wenn die Außenwände aus schweren Steinen bestehen (Kalksandstein, Betonsteine, Mauerziegel).

Preise einschließlich aller Vorarbeiten, ohne Gerüst

Altputz abschlagen und entsorgen	ca. 10 – 18 EUR/m^2
Wärmedämmverbundsystem (gedübelt)	
PS-Hartschaum 4 cm	ab ca. 40 EUR/m^2
– Mehrdicke je 1 cm	ca. 3 EUR/m^2
Mineralfaser 4 cm	ab ca. 45 EUR/m^2
– Mehrdicke je 1 cm	ca. 3 EUR/m^2
Vorsatzschalen, hinterlüftet	
Unterkonstruktion, Holz	ab ca. 23 EUR/m^2
Dämmung Mineralfaser 6 cm	ca. 13 EUR/m^2
– Mehrdicke je 1 cm	ca. 5 EUR/m^2
Fassadenplatten, großformatig	ab ca. 45 EUR/m^2
Fassadenplatten, kleinformatig	ab ca. 35 EUR/m^2
Holzschalung	ab ca. 40 EUR/m^2
Zulage für Fensterleibungen, Sockel, Außen-/Innenecken, Anschlüsse Traufe, Ortgang, Balkon etc.	ca. 18 EUR/lfm
Erneuerung Fensterbänke (Alu)	ca. 75 EUR/St.
Gerüst incl. 4 Wochen Standzeit	ca. 5 – 9 EUR/m^2

FENSTER

Die Erneuerung der Fenster gehört zu den häufigsten Modernisierungsmaßnahmen. So gibt es viele Gebäude, bei denen die Fenster bereits in den letzten 10 bis 20 Jahren erneuert wurden. Die Entwicklung hoch wärmedämmender Verglasungen hat in dieser Zeit jedoch so große Fortschritte gemacht, dass der Großteil der eingebauten Fenster (auch der zwischenzeitlich erneuerten) wärmetechnisch veraltet ist. Während noch vor wenigen Jahren ein U-Wert neuer Fenster von 2,6 bis etwa 3 W/m²K akzeptabel war, sind heute Fenster mit U-Werten um 1,5 W/m²K Standard.

Das Fenster gibt dem Ausblicke einen Rahmen. Und es schließt den Raum, soweit es das kann. Denn dazu ist eine Teilung nötig, die ein Gegengewicht schafft zu den Glasflächen. Am besten nimmt man das wahr, wenn es draußen dunkel und der Innnenraum

85

Dennoch sollten Fenster, die technisch intakt und fugendicht sind, nicht allein deshalb erneuert werden, weil sie nicht die heute üblichen Dämmwerte aufweisen. Der Austausch der Fenster ist kostspielig und deshalb ist es angebracht zu vergleichen, an welchen Bauteilen des Hauses mit diesem Geldbetrag mehr für die Verbesserung der Wärmedämmung getan werden kann.

Dazu ein paar Zahlen: Die Verbesserung des U-Wertes der Fenster von 3 auf 1,5 W/m²K kostet beim Austausch der Fenster mindestens 300 EUR//m². Für die Verbesserung des U-Wertes um 1 W/m²K sind das 200 EUR/m². Bei der Außenwand kostet die gleiche Verbesserung nur etwa 50 EUR/m². Mit dem Betrag, der für den Austausch der Fenster aufzubringen ist, können Sie an der Außenwand (oder beim Dach) die vierfache Menge an Heizenergie sparen. Betrachten Sie bei diesen Überlegungen auch die Flächenverhältnisse: Der Flächenanteil der Fenster überschreitet kaum 10 % der übrigen Hüllflächen (Außenwand, Dach, Kellerdecke).

Hierzu noch ein Beispiel: Werden Verbundfenster gegen neue Fenster mit einem k-Wert von 1,6 W/m²K ausgetauscht, so vermindert das den Heizenergieverbrauch um 70 bis 100 kWh je m² Fensterfläche. Das entspricht etwa 7 bis 10 Liter Heizöl/Jahr. Rein wirtschaftlich betrachtet bedeutet das eine Amortisationdauer von mindestens 30 Jahren.

Anders sieht es aus, wenn Fenster mit Einfachverglasung erneuert werden. Hier wird eine Verbesserung von 3,5 W/m²K und eine jährliche Ersparnis von 25 bis 35 Litern Heizöl erzielt. Diese Investition amortisiert sich in etwa 12 Jahren.

Tabelle 7: Bauarten und Wärmedämmung vorhandener Fenster

Fensterbauart	Merkmale	U-Wert [W/m²K]*
Kastenfenster (→ Abb. 90)	2 Scheiben Einfachglas Abstand 70 – 100 mm	2,5 – 2,1
Verbundfenster (→ Abb. 91)	2 Scheiben Einfachglas Abstand ca. 20 – 30 mm	2,5 – 2,2
Einfachfenster	Einfachverglasung	5,2 – 5,0
	2-Scheiben-Isolierglas Abstand 11 – 16 mm	3,0 – 2,6
	3-Scheiben-Isolierglas Abstand 7 – 16 mm	2,2 – 2,0
	2-Scheiben-Wärmeschutzverglasung ab	1,6 – 1,5

* Die Werte gelten für Fenster und Fenstertüren mit Holz- und Kunststoffrahmen.

86 *Selten wird so deutlich vorgeführt, wie wichtig Anordnung, Größe und Teilung der Fenster für das Aussehen des Hauses sind. Links pflegeleicht und (vermutlich) wärmetechnisch auf neustem Stand. Doch darauf alleine kommt es bei Häusern offen-*

Für die Beurteilung der vorhandenen Fenster sind folgende Gesichtpunkte von Bedeutung:

- die Wärmedämmung, gemessen mit dem U-Wert → Seite 63
- die Fugendichtigkeit
- der Pflege- und Unterhaltungsaufwand (Reinigung, Anstriche etc.)
- der Gebrauchswert des Fensters (Fensterteilung, Öffnungsmöglichkeiten, Bedienung)
- der ästhetische Wert für den Innenraum und die Fassade.

Eine grobe Beurteilung der vorhandenen Fenster können Sie anhand der unten dargestellten Fensterbauarten und der vorstehenden Tabelle vornehmen. Generell sollte gelten: Erhalt vor Erneuerung. Wer für das gleiche Geld alte Fenster verbessert oder instandsetzt anstatt sie auszutauschen, handelt umweltfreundlich: Arbeitseinsatz anstelle von Materialverbrauch ist ökologisch sinnvoll.

Fenster bestimmen das Bild der Fassade. Werden sie gegen andere ersetzt, so kann dies das Erscheinungsbild des Hauses völlig verändern. Neue Fenster sollten deshalb formal, vor allem in der Teilung, den alten entsprechen. Mancher Flügel kann dabei zur Festverglasung werden, das senkt die Kosten.

Wenn der Austausch alter Fenster die kostengünstigere Lösung zu sein scheint, so geht das oft zu Lasten des Gebrauchswerts der Fenster: Großflächige, einflüglige Fenster treten an die Stelle von Mehrflügelfenstern mit Oberlicht und Sprossenteilung. Werden die alten Teilungen und Funktionen wieder hergestellt, so verdoppeln sich die Kosten neuer Fenster leicht. Bei der Entscheidung „Reparieren oder Erneuern" müssen deshalb die Kosten gleichwertiger Fenster eingesetzt werden; Reparieren ist dann oft die billigere Lösung.

Bedenken Sie vor der Entscheidung auch, dass für neue Fenster erheblich dickere Rahmenhölzer verwendet werden als früher. Bei kleineren und kleinteiligen Fenstern kann das spürbar geringeren Lichteinfall bedeuten. Konstruktionsbedingt fällt der Verlust an Glasfläche bei Kunststoffprofilen oft noch größer aus.

Der Erhalt schöner alter Fenster ist kostspielig. Deshalb lohnt es, verschiedene Möglichkeiten der Verbesserung in Betracht zu ziehen und durchzukalkulieren. Der Nachbau ist fast immer die teuerste Variante.

87

88

89

Links: Kastenfenster, die schom mehr als 60 Jahre „ihren Dienst tun". Voraussetzung für die lange Lebensdauer ist die regelmäßige Erneuerung des Antrichs.
Rechts: Hier wurde der regelmäßige Anstrich versäumt. Doch ist der Schaden reparabel. Nach fachgerechter Instandsetzung und einem Neuanstrich werden diese Fenster wieder so aussehen, wie die daneben abgebildeten.

■ **Überprüfung der Fenster:** Ob die Flügel fest sitzen, können Sie überprüfen, indem Sie am geschlossenen Fenster rütteln. Oft können die Befestigungen und Beschläge nachgezogen werden. Achten Sie auf zerstörte Wetterschenkel, auf angefaulte oder von Pilz befallene Rahmen- oder Flügelhölzer (vor allem im Bereich der Fensterbänke und der dem Wetter ausgesetzten Stellen), auf verzogene und in den Eckverbindungen gelöste Flügel sowie auf fehlende oder schadhafte Verkittung.

Alte Fenster instandsetzen

Ist das Rahmenmaterial noch in Ordnung, lohnt es sich fast immer die vorhandenen Fenster wieder herzurichten. Bei Fenstern, die 70 Jahre oder älter sind, wurden überwiegend Hölzer (oft Eiche) verarbeitet, die heute in dieser Qualität kaum zu bekommen sind. Werden solche Fenster instandgesetzt, so stehen sie neuen auch hinsichtlich der zu erwartenden Lebensdauer kaum nach. Auch intakte Verbundfenster der Nachkriegszeit sind bei etwas schlechterer Wärmedämmung durchaus weiterhin brauchbar.

Wichtig: Die Instandsetzung der Fenster ist Voraussetzung für einen fachgerechten Anstrich.

■ **Beschläge reparieren:** Einfache und aufliegende Beschläge sind nach wie vor brauchbar und leicht zu reparieren oder auszutauschen. Unbrauchbare Beschläge sollte man durch gleichartige ersetzen. Es kann etwas Mühe machen, diese aufzutreiben. Lockere Bänder, oft Ursache hängender und klemmender Flügel, werden neu befestigt oder erneuert.

■ **Rahmen überarbeiten:** Zerstörte Holzteile müssen ausgebaut und erneuert werden. Das betrifft häufig die dem Schlagregen ausgesetzten, waagrechten Hölzer. Ist die Verleimung gelöst, so kann es erforderlich sein, die betreffenden Flügel zu zerlegen und neu zusammenzubauen. Zur Instandsetzung der Holzrahmen gehört auch das Wiedereinleimen gelöster Äste oder das Auffüllen von Astlöchern.

■ **Fälze überarbeiten:** Zu enge klemmende Fälze sind Folge verzogener oder schlecht befestigter Flügel. Zu wenig dichte Fälze sind durch das Einleimen dünner Leisten zu reparieren. Es ist falsch, solche Mängel durch Dichtungsprofile zu beheben, da dies zwangsläufig zu sehr unterschiedlichen Anpressdrücken führt, die ihrerseits den Flügel verformen und die Beschläge überlasten können.

■ **Wetterschenkel erneuern:** Wetterschenkel – an modernen Fenstern meistens durch Regenschienen aus Aluminium ersetzt – verhindern das Eindringen von Schlagregen in die unteren Fälze des Fensters. Fehlen sie oder sind sie stark verwittert, dann müssen sie repariert bzw. erneuert werden (→ Abb. 89).

■ **Dichtprofile erneuern:** Fehlen bei neueren Fenstern die umlaufenden Dichtprofile (erkennbar an der eingefrästen Nut) oder sind diese durch Alterung versprödet, so müssen neue Dichtprofile eingebaut werden. Mit etwas Fingerfertigkeit können Sie das auch selbst machen.

Preise für Fenster ca. 1,5 m^2, 3-flüglig mit Sprossen

neu auskitten	ca. 30 EUR/St.
Beschläge durchreparieren, je nach Aufwand	ca. 25 – 75 EUR/St.
Rahmen überarbeiten (bei aufwändigen Konstruktionen auch darüber)	bis zu 250 EUR/St.
Wetterschenkel erneuern (an 2 Flügeln)	ca. 65 – 80 EUR/St.
Dichtprofile erneuern	ca. 35 – 45 EUR/St.

90

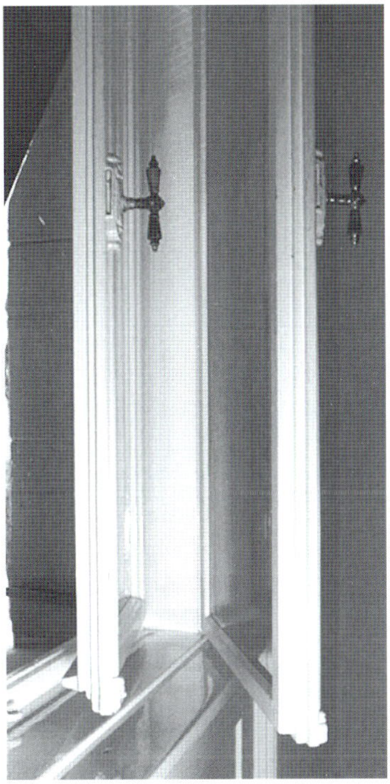

91

Kasten- oder Doppelfenster (links) und Verbundfenster (rechts) zeichnen sich durch schlanke Rahmenprofile aus. Werden sie gegen neue Fenster ausgetauscht, so kann der Lichteinfall durch die erheblich massiveren Rahmenprofile merklich geringer werden. Dass sich dies auch auf die Ansicht der Fassade auswirkt, versteht sich von selbst. Es spricht also einiges dafür, solche Fenster zu erhalten. Vermutlich werden Sie dadurch auch noch kräftig sparen.

Verbessern oder erneuern?

Falls mehr als 20 % der Fensterfläche gleicher Orientierung wärmetechnisch verbessert oder erneuert werden, fordert die Energieeinsparverordnung, dass die neuen bzw. verbesserten Fenster einen U-Wert von max. 1,7 W/m²K aufweisen müssen; wird eine neue Verglasung eingebaut, darf deren U-Wert 1,5 W/m²K nicht überschreiten, es sei denn, der Rahmen ist für eine solche Verglasung ungeeignet. Es bleibt also Ihnen überlassen, ob Sie erneuern, reparieren oder alles beim Alten lassen. ❀

Drei Fälle sind zu unterscheiden:

- Fenster mit Einfachverglasung sollten erneuert werden (Verbesserung um ca. 3,5 W/m²K), soweit sie nicht erhaltenswert sind oder mit geringerem Aufwand verbessert werden können.
- Verbund- und Doppel- oder Kastenfenster sind wärmetechnisch zwar schlechter als neue Fenster mit Wärmeschutzverglasung (um 0,5 bis 1 W/m²K). Die Erneuerung ist jedoch unwirtschaftlich (→ Seite 65), mit dem Geld ist an anderer Stelle mehr zur Verringerung des Energiebedarfs zu erreichen.
- Ältere Fenster mit Isolierverglasungen aus der Zeit bis etwa 1985 können, soweit die Rahmen intakt sind, durch neue Verglasungen verbessert werden (um 1 bis 1,5 W/m²K). Das ist erheblich billiger, als die Erneuerung der Fenster.

Ebenso sieht es bei Kastenfenstern aus, die oft wegen der umständlicheren Handhabung erneuert werden. Soweit die Fenster in Ordnung sind, ist ein Austausch aus Gründen der Energieeinsparung allenfalls langfristig eine lohnende Maßnahme. Mit der Amortisation sieht es eher schlecht aus: Bei den derzeitigen Energiepreisen liegen die Amortisationszeiten (mit Ausnahme der Verbesserung von Einfachverglasungen) beim Austausch von alten Verbund- oder Kastenfenstern durch Einfachfenster mit Wärmeschutzverglasungen bei 30 Jahren, eher noch darüber.

❀ Zur Herstellung neuer Fenster wird Energie benötigt. Das „frisst" die Energieeinsparungen der ersten 4 bis 5 Jahre, tatsächlich fängt das Energiesparen erst danach an. Es ist deshalb zu überlegen, ob es nicht Maßnahmen gibt, die bei gleichem Kosteneinsatz eine höhere Energieeinsparung bewirken. Denken Sie daran bei kleinen Fenstern (Toiletten, Windfang, Speisekammer etc.), bei denen ein Austausch aus Gründen der Energieeinsparung kaum gerechtfertigt ist, zumal dann, wenn es sich um unbeheizte oder wenig beheizte Räume handelt.

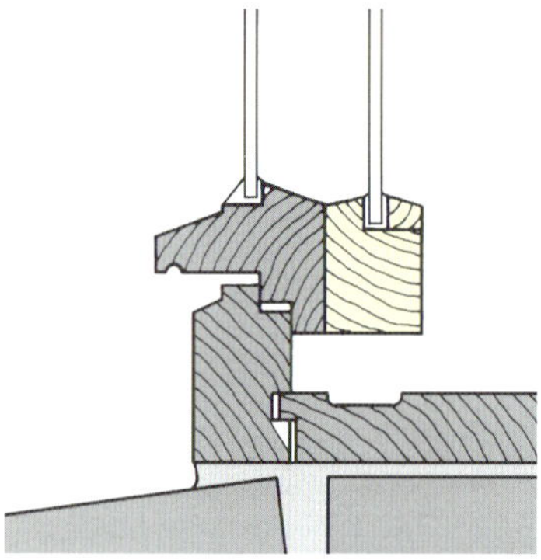

92 *Aufgedoppelter Fensterflügel mit Einfachverglasung. Kommt in Frage, wenn alte Fenster erhalten bleiben sollen.*

■ **Einfach verglaste Fenster aufdoppeln:** Sind die vorhandenen Rahmen und Bänder in Ordnung oder mit geringem Aufwand instand zu setzen, kann eine zusätzliche Glasscheibe nach dem Prinzip eines Verbundfensters (innen) vorgesetzt werden. Hierzu muss ein möglichst leichter Rahmen verwendet werden, der zur Reinigung geöffnet werden kann. Auch Schraubverbindungen sind möglich, wenn sie leicht zu lösen sind. Auf Teilungen kann hier verzichtet werden. Damit erhält man die alten aufwändigen Fenster und bekommt dennoch eine zeitgemäße Wärmedämmung zu günstigem Preis (→ Abb. 92).

■ **Vorfenster** waren früher üblich. Sie wurden im Sommerhalbjahr im Keller aufbewahrt und im Herbst wieder montiert. Nach diesem Prinzip können Zweitfenster außen oder innen vor die vorhandenen Einfachfenster gesetzt werden, sodass eine Art Kastenfenster entsteht. Innen vorgesetzte Fenster sind einfacher und damit kostengünstiger. Da sie mit den Hauptfenstern nach innen aufschlagen, können nur sehr schlanke Profile verwendet werden. Äußere Vorfenster können nach außen aufschlagen, erfordern dafür aber höheren technischen und formalen Aufwand hinsichtlich ihrer Wirkung in der Fassade.

■ **Isolierverglasung einbauen:** Bei technisch guten und nicht zu schmal dimensionierten Rahmen ist es unter Umständen möglich, die Einscheibenverglasung gegen eine Isolierverglasung auszutauschen. Die erheblich größere Glasdicke lässt das nicht immer zu. Bei größeren Flügeln ist zu prüfen, ob die Bänder das mindestens doppelte Glasgewicht verkraften. Wegen dieser Probleme wird man diese Lösung nur wählen, wenn der Erhalt der alten Fenster Vorrang vor allen anderen Gesichtspunkten hat.

Fenster abdichten

Neue Fenster werden mit umlaufenden Dichtprofilen ausgestattet, um unkontrollierte Lüftungswärmeverluste zu vermeiden. Alte Fenster sind dagegen nie völlig dicht: So besteht eine kontinuierliche Lüftung, die „Fugenlüftung". Sie erspart die Stoßlüftung, die bei neuen Fenstern erforderlich ist, um frische Luft in den Raum zu bekommen. Ist die Fugenlüftung zu groß, dann „zieht" es. Das kann an lockeren oder schadhaften Beschlägen, an schlechtsitzenden oder verzogenen Flügeln oder an abgenutzten oder beschädigten Falzen liegen. Sind diese Ursachen nicht durch Ausbesserungen zu beheben, so müssen – will man nicht „zum Fenster hinaus" heizen – die Fenster erneuert werden.

■ **Dichtprofile einbauen:** Voraussetzung ist ein sonst guter Zustand des Fensters (nach Instandsetzung). Allerdings dürfen die Beschläge damit nicht „überfordert" werden. Sitzen die Flügel passgenau und sind die Falzabstände gering, so ist vom Einbau von Dichtungen abzuraten. In der Werkstatt oder an Ort und Stelle werden umlaufende Nute eingefräst, in die Kunststoffdichtprofile eingedrückt werden.

Preise für Fenster ca. 1,5 m², 3-flüglig	
mit Vorsatzscheibe versehen	ca. 75 – 100 EUR/St.
Vorflügel mit Einfachverglasung aufdoppeln	ca. 125 – 225 EUR/St.
Vorfenster (Zweitfenster) mit Einfachverglasung	ca. 200 – 300 EUR/St.
Vorfenster (Zweitfenster) mit 2-Scheiben-Isolierglas	ca. 300 – 400 EUR/St.
Nut und Dichtprofile umlaufend einbauen	ca. 100 – 125 EUR/St.
bzw..	ca. 10 – 13 EUR/lfm

Vorsicht: Falls Sie mit Einzelöfen oder Einzelgasgeräten heizen, können zu dichte Fenster lebensgefährlich sein: Solche Heizgeräte entziehen der Raumluft Sauerstoff für die Verbrennung, es kann deshalb bei zu geringer Frischluftzufuhr akuter Sauerstoffmangel eintreten. In diesen Fällen ist von einer weitgehenden Abdichtung der Fenster abzuraten. Bei neuen Fenstern müssen Lüftungsöffnungen (an Fenstern oder Türen) eingebaut werden (Fachmann fragen!).

Erneuerung der Fenster

Neue Fenster sollen in der Teilung und den Proportionen den alten Fenstern entsprechen. Wollen Sie vorhandene, großflächig verglaste Fenster aus praktischen Erwägungen im Einzelfall anders teilen, so lassen Sie sich die Fassade Ihres Hauses mit den geplanten neuen Fensterteilungen aufzeichnen, um so die Wirkung überprüfen zu können. Hierzu kann auch eine Fotografie verwendet werden.

Werden mehr als 20 % der Fensterfläche mit gleicher Orientierung (Himmelsrichtung) erneuert, so gelten die Anforderungen der Energieeinsparverordnung (→ Seite 63). Doch auch dann, wenn es nur um einzelne Fenster geht und nichts dagegen spricht, sollten die dort gestellten Anforderungen erfüllt werden.

Das alte Fenster (→ Abb. 88) in Holz nachgebaut. Mit kräftigerem Profil und Vereinfachungen (Oberlicht als Drehflügel und Sprossen im Isolierglas), was im Vergleich mit alten Fenstern (wie gegenüber) wohl auffällt. Dennoch eine akzeptable Lösung. 93

■ **Vorhandene Blendrahmen weiter verwenden:** Sind die vorhandenen Holzblendrahmen in gutem Zustand, so können neue Fenster komplett in die alten Blendrahmen eingesetzt werden. Hierbei entfallen die Arbeiten, die eine Wohnung zur Baustelle machen, nämlich die Abbruch- und Beiputzarbeiten. Auch vermeidet man damit das Risiko, dass Fensterbänke und Holzbekleidungen in den Laibungen beschädigt oder zerstört werden. Dieses Verfahren empfiehlt sich vor allem in bewohnten Räumen. Dabei werden die Fenster zwar um einige Zentimeter kleiner, bei üblichen Fenstergrößen fällt das aber im Allgemeinen nicht ins Gewicht.

■ **Fenster komplett erneuern:** Beim Austausch der Blendrahmen müssen auch die inneren Fensterbänke ausgebaut werden. Bei Holzfensterbänken geht das meistens nicht ohne Schäden ab. Kalkulieren Sie deshalb vorsorglich neue Fensterbänke ein.

Neue Fensterprofile sind breiter als die alten. Um die Glasflächen möglichst groß zu halten, ist es sinnvoll, das Rohbaumaß der Fensteröffnungen voll zu nutzen. Hierzu wird für das Aufmaß der neuen Fenster die Dicke des Laibungsputzes kontrolliert, indem etwas davon abgeschlagen wird.

■ **Rahmenprofile ausmagern:** Wählen Sie Holzfenster, so lassen Sie die Profile so schlank wie möglich bemessen. Das gilt vor allem beim Ersatz von Verbundfenstern. Es gibt hier durchaus Spielraum, doch nicht jede Firma ist bereit darauf einzugehen. ❀

■ **Sprossen** wurden früher immer glasteilend verwendet (ursprünglich deshalb, weil es schwierig war großflächige Gläser herzustellen). Das erhöht bei Isolierverglasungen den Aufwand beträchtlich. Deshalb werden Sprossen heute häufig aufgesetzt oder in das Isolierglas eingebaut. Falls so etwas sein muss, dann sind außen aufgesetzte Sprossen zu bevorzugen. Glasteilende Sprossen können sehr schmal ausgeführt werden, wenn sie durch Metallprofile verstärkt werden.

❀ Holz oder Kunststoff, das ist heute beim Einbau neuer Fenster die Frage. Der Preis spielt dabei kaum eine Rolle. Kunststoff-Fenster bestehen aus PVC. Auch wenn es immer wieder anders dargestellt wird: PVC ist wegen der Produktion, des Brandverhaltens (Dioxin) und der Entsorgung problematisch. Dass PVC für ein Recycling geeignet ist und Anstriche erspart, wird dagegengehalten. Unterm Strich ist die ökologische Bilanz für das Holzfenster (nicht aus Tropenholz) günstiger als die des Fensters aus Kunststoff. Man kann eine Entscheidung aber auch anders herbeiführen: Nehmen Sie beim Fensterbauer das Muster (eine Rahmenecke) eines Holzfensters und das eines Kunststoff-Fensters in die Hand ...

Klappladen und Rollladen sichern das Haus und schützen die Fenster vor Wind, Niederschlag und Kälte. Klappläden sind die ältere Form des Ladens. Sie waren bis in die 30er-Jahre weit verbreitet. Regional bestimmen sie auch heute noch das Erscheinungsbild der Häuser. Klappläden wie Rollläden waren früher fast ausschließlich aus Holz gefertigt.

Sind Klappläden vorhanden, sollte man sie erhalten. Der Austausch gegen Rollläden stellt einen unschönen Eingriff in die Fassade des Hauses dar (→ Abb. 86). Rollläden gelten als praktischer, auch wirken sie – im Vergleich zu Klappläden mit Lamellen – besser als zusätzlicher Wärmeschutz. Geschlossene Klappläden ohne Lamellen sind diesbezüglich allerdings noch besser. Wer Klappläden mit ausstellbaren Jalousien gewöhnt ist, für den sind Rollläden sicher keine Alternative.

Klappläden instandhalten: Sind Beschläge und Holz in Ordnung, genügt es, die Läden etwa alle 10 bis 15 Jahre zu streichen, bei ausgesetzter Lage auch früher. Außer gelockerten Haltekloben (in den Außenwänden) gibt es kaum Verschleißmängel. Bei Klappläden mit ausstellbaren (und eventuell verstellbaren) Jalousien können einzelne Lamellen defekt sein oder fehlen. Reparaturen sind einfach, der Neuanstrich solcher Läden allerdings recht aufwändig.

Holzrollläden instandhalten: Rollläden aus Holz können bereits 80 Jahre und älter sein. Die Holzprofile sind dann mit Drahtbügeln verbunden oder auf einen Gurt aufgezogen. Verschlissene oder gerissene Gurte erfordern es, die Profile komplett auf neue Gurte aufzufädeln. Gebrochene Drahtbügel können einzeln ersetzt werden. Probieren Sie aus, ob die Rollläden noch ordentlich funktionieren. Sind die Hölzer geschädigt, muss ein neuer Panzer eingebaut werden. Dabei wird festgestellt, ob der Antrieb weiterverwendet werden kann. Der Einbau einer neuen Welle ist unproblematisch.

Einfach und wirkungsvoll: der Klappladen. Zeitloser Schutz gegen Wind, Kälte, Hitze und ungebetene Gäste. Die Reparatur lohnt hier kaum, Ersatz in gleicher Art ist preiswert zu bekommen. Zuerst aber müssen einige andere Dinge in Ordnung gebracht werden.

94

Rollladenkästen dämmen: Alte Rollladenkästen sind fast immer ungedämmt und wirken als „Wärmebrücke". Eine nachträgliche Dämmung ist meistens möglich, wobei bereits 1 cm Hartschaum eine lohnende Verbesserung ist. Größere Schwierigkeiten kann es bereiten, alte Kästen zu öffnen. Dabei stellt man nicht selten Feuchteschäden fest, die es erforderlich machen, Teile der hölzernen Kästen zu ersetzen. Die Erneuerung kann aufwändig sein, da meistens Wand und Decke in Mitleidenschaft gezogen werden. Beiputz- und Malerarbeiten müssen Sie einkalkulieren.

Rollläden nachträglich: am einfachsten im Zusammenhang mit der Erneuerung der Fenster. Alle Hersteller bieten heute Rollläden mit außen vorgesetzten Kästen an. Das Fenster wird entsprechend niedriger. Um die Kästen möglichst klein zu halten, werden dazu Panzer mit sehr flachen Profilen angeboten. Geht es sehr knapp zu, kommt man mit Aluminium am besten zurecht.

Preise pro Fenster mit ca. 1,5 m^2

Rollläden, Gurt erneuern	ca. 33 EUR/St
Holzrollladen deckend streichen	ca. 113 EUR/St.
Holzpanzer neu gurten	ca. 125 EUR/St.
Rolladenpanzer erneuern	
Holz, Kiefer, lasiert	ab ca. 400 EUR/St.
Kunststoff, Profile ausgeschäumt	ab ca. 200 EUR/St.
Aluminium, Profile ausgeschäumt, eloxiert	ab ca. 450 EUR/St.
Holz-Klappläden, Kloben neu setzen	ca. 83 EUR/St.
mit feststehenden Lamellen, deckend streichen	ca. 95 EUR/St.
mit ausstellbaren Lamellen, deckend streichen	ca. 120 EUR/St.
Klappläden richten, überarbeiten	ca. 225 EUR/St.
Klappläden erneuern, Kiefer lasiert	ab ca. 400 EUR/St.

Innenwände können tragende und aussteifende Funktion für die Statik des Hauses haben, ohne dass dies an ihrer Dicke erkennbar ist. Zwar sind Wände, die 25 cm oder dicker sind, immer als tragende Wände anzusehen, doch kommen auch tragende Wände mit nur 12 cm Dicke häufig vor. Dies gilt vor allem für Fachwerkwände, also Wände, die aus Holzstützen, diagonalen Verstrebungen und Ausmauerungen bestehen, ebenso für Ziegelwände. Vor allem in Gebäuden mit Holzbalkendecken und Fachwerk-Trennwänden müssen Sie es unbedingt einem Fachmann überlassen, zu beurteilen, ob es sich um eine tragende Wand handelt oder nicht.

Es ist im Allgemeinen möglich, einzelne Tragwände durch Unterzüge oder Stützen zu ersetzen. Der Aufwand ist dabei aber erheblich größer als bei Wänden ohne statische Funktion. Keinesfalls sollten Sie solche Arbeiten ohne Fachleute selbst ausführen. Wände aus Bims, Gipsplatten oder Porenbetonsteinen (früher: Gasbeton) in Dicken um 10 cm oder weniger sind in der Regel nichttragend und können im Allgemeinen ohne weiteres ausgebaut werden. Generell müssen Sie aber bedenken, dass eine Wand Leitungen oder Rohre verbergen kann, die bei Entfernung der Wand ausgebaut und neu verlegt werden müssen. Der Abbruch kann also erheblich aufwändiger werden, als zunächst geplant.

Durchgehender Riss mit horizontaler Verschiebung in einer Außenwand aus Ziegelmauerwerk (Kriegsschaden). Der Riss wurde erst beim Ablösen der Tapeten entdeckt.

95

Lösen Sie im Rahmen der Modernisierung alte Tapeten oder Putze ab, so kann es sein, dass Sie sich plötzlich mit Rissen in der Wand konfrontiert sehen, von denen Sie bisher nichts wussten. Das können bei älteren Häusern durchaus noch Kriegsfolgen sein (Abb. 95). Breitere Risse in gemauerten Wänden sind zumeist aber die Folge von Bewegungen im Tragwerk, bedingt durch Setzungen der Fundamente, Schäden an Holzbalkendecken oder bei Umbauten entfernte tragende Bauteile. Dafür typische Rissverläufe liegen senkrecht in den Raumecken oder horizontal im Winkel zwischen Wand und Decke. Sie können auch strahlenförmig von Türen oder Fenstern ausgehen, wo die Wände durch die Öffnungen geschwächt sind.

Stellen Sie fest, ob auch die andere Seite des betroffenen Bauteils entsprechende Schäden aufweist. Besteht der Verdacht von Tragwerkschäden, dann muss ein Fachmann zugezogen werden. Aber: Tragwerkschäden, die die Standsicherheit eines Hauses gefährden, sind selten. Oft ist die Bewegung im Tragwerk längst abgeschlossen (das muss der Fachmann feststellen), dann kann der Riss geschlossen (und vergessen) werden.

■ **Schließen baustatischer Risse:** Sind die Rissbewegungen abgeklungen, kann die Rissöffnung mit geeignetem Fugenmörtel bündig ausgefüllt werden. Die Rissflächen werden vorher imprägniert, soweit erforderlich wird die Rissöffnung hierzu mit der Trennscheibe vergrößert. Zur Sicherung des Anstrichs wird eine Armierung, z.B. Gewebeband in Dispersionskleber, aufgebracht. Bei Rissen, die noch in Bewegung sind, muss die Rissöffnung dauerelastisch verfüllt werden, z.B. mit einem Produkt auf Polysulfidbasis.

Kleinere Risse entstehen auch bei temperatur- und feuchteabhängigen Verformungen tragender Bauteile (besonders bei Fachwerk). Solche Risse sind, da die Bewegung anhält, kaum zu beseitigen, man kann sie nur im Zuge der Oberflächenbehandlung durch geeignete Armierungsgewebe und Beschichtungsstoffe überbrücken. Gut geeignet sind z.B. Glasvliestapeten. Eine Garantie für den dauerhaften Erfolg gibt es nicht.

Schallschutz

Innenwände älterer Gebäude entsprechen häufig nicht den heutigen Anforderungen an den Schallschutz. Dies gilt vor allem für Wände gegen fremde Wohnungen und gegen Treppenhäuser. Die Schalldämmung von 24 cm dicken Wänden aus schweren Steinen (Ziegel, Kalksandstein etc.) ist akzeptabel (aber nicht gut). Bei aneinander gebauten Häusern ist heute eine zweischalige Konstruktion Standard, bei älteren Häusern aber eher die Ausnahme. Ist bei Ihrem Haus der Schallschutz unbefriedigend, sollten Sie die Modernisierung zum Anlass nehmen Abhilfe zu schaffen.

Dem Schallschutz wird bei der Beurteilung der Wohnqualität (auch in der Rechtsprechung) große Bedeutung zugemessen. Ansprüchen von Bewohnern auf Ruhe in den „eigenen vier Wänden" wird von den Gerichten häufig stattgegeben. Beabsichtigen Sie aus Mietwohnungen Eigentumswohnungen zu machen, so sollten (wenn dies nicht ohnehin behördlich gefordert ist) zumindest die Wohnungstrennwände (auch zum Treppenhaus) schalltechnisch so verbessert werden, dass spätere Reklamationen vermieden werden.

Es ist nur selten möglich, bestehende Wände durch schalltechnisch bessere zu ersetzen. Man muss sich deshalb zumeist darauf beschränken, durch zusätzliche Konstruktionen eine bessere Dämmung zu erreichen.

Tabelle 8: Innenwände – überschlägige Beurteilung der Schalldämmung

Wandart/Bauart	brauchbar	gut	sehr gut
	Wanddicke [cm]		
Haustrennwände			
Beton, einschalig	ab 25	–	–
Beton, zweischalig	–	ab 2 x 12,5	ab 2 x 17,5
Mauerwerk, einschalig*	ab 36,5	–	–
Mauerwerk, zweischalig	ab 2 x 11,5	ab 2 x 17,5	ab 2 x 24
Wohnungstrennwände			
Beton, einschalig	ab 16	ab 22	ab 27
Mauerwerk, einschalig*	ab 24	ab 24	ab 30
Zwischenwände			
Mauerwerk, einschalig*	ab 10	ab 12	–
Porenbeton, Bims, Gips	–	–	–
zweischalig, Dämm-Einlage,			
mit Holzständern	ab 10	ab 12	–
mit Metallprofilen	–	ab 8	ab 12

* bei einem für Ziegelwände üblichen Steingewicht von ca. 1,4 kg/dm³

Schallschutz verbessern

Entscheidend für den Schallschutz ist bei einschaligen Wänden das Steingewicht, das ohne Beschädigung der Wand nicht zu ermitteln ist. Werden je nach Steinart die üblicherweise verwendeten Steingewichte angenommen, so sind für Wohnungstrennwände folgende Wanddicken ausreichend:

- bei Betonwänden 20 cm
- bei Kalksandsteinwänden 24 cm
- bei Ziegelwänden 30 cm.

■ **Einbau von Vorsatzschalen:** Bei geringeren Dicken oder offensichtlich ungenügendem Schallschutz kann mit Vorsatzschalen eine Verbesserung erreicht werden (→ Abb. 96). Vorsatzschalen sind Bekleidungen, die direkt auf die Wand aufgebracht oder – besser – vor die Wand gestellt werden. Dabei sind bestimmte Verbindungen zu wählen, die eine Schallübertragung zur Wand erschweren. Bewährt haben sich Vorsatzschalen aus Wandplatten, die „trocken" verarbeitet werden, also die bei Umbauten unerwünschte Baufeuchte vermeiden. Das Maß der Verbesserung durch solche Konstruktionen beträgt bei Mauerwerkswänden mit 24 cm Dicke etwa 2 bis 4 dB, bei Wänden mit ca. 12 cm Dicke etwa 4 bis 7 dB.

Für Wände innerhalb der Wohnung gibt es keine konkreten Forderungen. Wände aus Ziegel oder Kalksandstein mit einer Dicke von ca. 12 cm gelten als schalltechnisch gut. Anhand der Tabelle (oben) können Sie einschätzen, ob der Schallschutz bestehender Wände ausreicht oder ob Verbesserungen nötig sind.

Tabelle 9: Luftschalldämmung einschaliger Mauerwerkswände*

		Schalldämm-Maß R'_w [dB]		
Wanddicke [cm]		**11,5**	**17,5**	**24**
Rohdichteklasse	1,2	42	46	50
	1,4	44	48	51
	1,6	45	49	53
	1,8	46	50	54
	2,0	47	51	55

* beidseitig mit 15 mm Kalkgipsputz

96

Vorsatzschale zur Verbesserung der Luftschalldämmung einer massiven Wand. Die vorgestellte Schale ohne Verbindung zur Wand ist die konstruktiv beste Lösung.

Putz und Anstrich

Gemauerte Wände sind in der Regel verputzt. Mineralische Putze können Feuchtigkeit aufnehmen und abgeben, sind wasserdampfdurchlässig und wärmespeichernd. Werden diese Eigenschaften durch dichte Anstriche oder Tapeten beeinträchtigt oder zerstört, wird das Raumklima nachteilig beeinflusst. Zudem können dadurch Feuchtigkeitsschäden (z.B. dunkler Schimmel) verursacht werden. Sich lösende Tapeten und abblätternde Farbe können Folgen von Durchfeuchtung der Wand und des Putzes sein. Bei fortgeschrittenen Feuchteschäden ist der Putz zerstört und löst sich ab. Im Allgemeinen können auch sehr alte Putzflächen mit Ausbesserungen wieder in Ordnung gebracht werden; eine vollständige Erneuerung wird nur selten notwendig sein.

Tapeten ablösen (großflächig)	ca. 3 EUR/m²
Altanstriche entfernen (großflächig)	ca. 8 EUR/m²
Risse sanieren (Spachtelung mit Rissüberbrückungsgewebe	ca. 30 EUR/m²
Putz ausbessern (kleinflächig)	ca. 23 EUR/m²
Putz ausbessern (großflächig)	ca. 18 EUR/m²
Vorsatzschale aus Gipskartonplatten, Unterkonstruktion und Dämm-Matten	ca. 38 EUR/m²
Vorsatzwand, frei stehend aus Gipskartonplatten, Unterkonstruktion und Dämm-Matten	ca. 65 EUR/m²

Wandöffnungen und Ausbau von Wänden → Seite 15

Leichte Trennwände

In neueren Gebäuden und besonders in bereits umgebauten oder in den letzten Jahren renovierten Bauten finden sich häufig leichte, in Trockenbauweise erstellte Trennwände. Solche Wände werden gewählt, wenn hohe zusätzliche Wandlasten und Baufeuchte vermieden werden sollen. Diese Wände bestehen aus Holz- oder Metallständern, die beidseitig mit Platten (häufig aus Gipskarton) beplankt werden. Mit eingelegten Fasermatten wird die Schalldämmung verbessert. Die Wände sind meistens gespachtelt und tapeziert. Man erkennt sie daran, dass sie im Gegensatz zu massiven Wänden hohl klingen.

Schon seit der Jahrhundertwende werden leichte Trennwände (Scheidewände) gebaut, die es ermöglichen, Grundrisse weitgehend unabhängig von den Tragwänden auszubilden. Häufig wurden für solche Zwecke fachwerkartige Holzwerkwände verwendet, die mit Bims, Hohlziegeln oder anderen leichten Steinen oder Platten ausgefacht wurden. Aus den verschiedensten Materialien wurden Bauplatten hergestellt, mit denen Holzständerwände bekleidet werden konnten (z.B. Holzwolleleichtbauplatten).

Verbreitet waren auch Putzwände (z.B. Rabitz-Wände), bei denen Holzlattungen, Drahtgewebe oder Stahleinlagen zur Bewehrung verwendet wurden. Auch gab es mit Flach- oder Rundstählen bewehrte Steinwände sowie eine Vielzahl von Wandarten aus Hohlziegelplatten.

TÜREN

Innentüren sind, soweit es sich um ordentliche Qualität handelt, sehr langlebig. Trotz ständiger Benutzung sind deshalb technische Mängel selten Anlass zur Erneuerung. Vielmehr sind es Gebrauchsspuren wie abgestoßene Kanten, Kratzer in der Oberfläche oder verbrauchte Anstriche, die eine Renovierung erforderlich machen. Der Austausch alter gegen neue Türen folgt meistens modischen Gesichtspunkten, z.B. dann, wenn Holzfurnier anstelle von Lack treten soll, oder wenn glatten, „modernen" Oberflächen der Vorzug vor profilierten Türen mit Füllungen gegeben wird.

Alte Türen instandsetzen

Bis in die Fünfziger Jahre wurden Türen vorwiegend als Profilholztüren gefertigt. Diese Türen werden aus Rahmen von massivem Holz mit Holz- oder Glasfüllungen hergestellt und heben sich von neuen Produkten häufig durch ihre formale Qualität ab (→ Abb. 97). Ihre Bauart erlaubt nahezu jede Reparatur. Diese ist meistens nicht billig, lohnt aber fast immer, wenn es sich um schöne Türen handelt und man den Preis einer wirklich gleichwertigen Türe dagegenstellt.

Neuere Türen sind überwiegend in Hohlkörperkonstruktion hergestellt oder – bei schwerer Ausführung – aus Spanplatten (häufig Röhrenspanplatten). Beidseitig sind glatte Deckschichten aufgebracht, als oberste Schicht in der Regel ein Furnier. Profilierungen und Gliederungen werden hier durch aufgesetzte Leisten erzielt, vorwiegend werden solche Türen aber glatt eingebaut.

■ **Überprüfung der Bänder:** Hängende oder klemmende Türblätter weisen auf lose oder defekte Bänder hin. Da die Bänder meistens verdeckt befestigt sind, sollten Sie die Reparatur mit einem Schreiner besprechen. In manchen Fällen ist es auch mit Unterlegscheiben getan.

■ **Schäden an Holz und Verleimung:** Verzogenen Profilholztüren können in vielen Fällen gerichtet werden. Soweit sich die Leimverbindungen gelöst haben, kann die Türe zerlegt und neu verleimt werden. Das lohnt nur, wenn das Holz in gutem Zustand ist. Ausgebrochene Fälze (oder sonstige Holzteile) kann ein guter Schreiner ohne weiteres reparieren. Risse in Füllungen sind nur schwer dauerhaft zu schließen, da auch altes Holz feuchteabhängig „arbeitet". Risse im Anstrich zwischen Rahmen und Füllung sind ebenfalls nicht immer vermeidbar. Man muss dies nicht unbedingt als Mangel ansehen.

■ **Schadhafte Furniere:** Furniere können nur ausgebessert werden, wenn es sich um kleinere Schäden handelt. Neue Furniere aufzubringen lohnt nur, wenn es sich um hochwertige und schöne Türen handelt und die Oberflächen an vorhandene Türen angeglichen werden sollen. Dabei wird es aber kaum gelingen, den Unterschied zwischen alt und neu vollständig aufzuheben. Sind die Türen von guter Qualität, die Oberflächen aber durchweg in so schlechtem Zustand, dass eine Überarbeitung nicht lohnt, ist ein deckender Anstrich die preiswerteste Lösung. Welche Vorarbeiten erforderlich sind, weiß der Maler.

9

Diese Profilholztüre ist über 100 Jahre alt. Jedesmal, wenn sie einen neuen Anstrich erhält, erscheint sie danach wieder wie neu. Dann nimmt sie es mit (fast) jeder heute gefertigten Türe auf.

Kastenschlösser sind noch in mancher Wohnung zu finden. Solange sie ihren Dienst tun, sollte man sie weiter verwenden. Es lohnt kaum, sie gegen eingebaute Schlösser auszutauschen.

98

Die Reparatur einfacher Hohlkörpertüren lohnt in der Regel nicht. Es ist günstiger neue Türblätter mit fertiger Oberfläche einzubauen, die den Anstrich ersparen. Es gibt eine große Auswahl an Furnieren, Dekorplatten, Beschichtungen und Folien. Es ist Geschmackssache, ob eine Melaminfolie mit Holzstruktur ein Furnier ersetzen kann. Wem ökologische Gesichtspunkte wichtig sind, der sollte genau nachfragen, aus welchen Stoffen die Oberflächen bestehen. ❀

Einbau von Schallschutztüren: Neue Türen sind auch dann angebracht, wenn die alten nur ungenügenden Schallschutz bieten. Neue Türen haben Zargen mit dreiseitiger Dichtung und sind alten Türen ohne Dichtungen schalltechnisch überlegen. Bei höheren Ansprüchen sind schalltechnisch geprüfte Türen erforderlich, die nur mit passenden Zargen den versprochenen Schallschutz erbringen.

Beim Neubau müssen Wohnungseingangstüren einen Schalldämmwert von 27 dB im eingebauten Zustand erbringen. Um dies am Bau zu erreichen, muss das Türblatt selbst für mindestens 32 dB geprüft sein (immer mit Prüfzeugnis!).

Dieser Hauseingang spricht für sich. Wenn man ihn so erhält, hat man alles richtig gemacht. Wer hier erneuert, macht alles falsch.

99

Verbesserung der Wohnungseingänge: Vorhandene Wohnungseingangstüren können unter Umständen schalltechnisch und hinsichtlich der Einbruchsicherheit verbessert werden. Falls die Bänder stark genug sind, kann eine dreiseitige Dichtung nachträglich eingebaut werden. Die Türe wird anschließend schwerer schließbar sein. Auch durch den Einbau einer Bodendichtung (meist als Auflaufdichtung) kann der Schallschutz der Türe verbessert werden.

Sicherheitsrosetten oder -schilder können fast immer nachträglich eingebaut werden, sie erschweren das Aufbrechen des Türschlosses. Nach außen überstehende Profilzylinder sollten gegen kürzere ausgewechselt werden, sodass der Zylinder nicht mit Werkzeug gefasst werden kann.

Preise für Zimmertüren, Abmessungen ca. 0,9 m x 2,1 m

Türbeschläge durchreparieren	
Bänder, Schlösser ausrichten	ca. 50 EUR/St.
Drückergarnituren erneuern	ca. 25 – 75 EUR/St.
Profilholztüren überarbeiten, Holzteile, Fälze	ca. 100 EUR/St.
Profilholztüren zerlegen, neu verleimen	ca. 225 EUR/St.
Glasausschnitt einbauen	ca. 150 EUR/St.
Türblatt erneuern	
Hohlkörpertüre, einfaches Furnier	ca. 200 EUR/St.
Hohlkörpertüre, Edelfurnier	ca. 300 EUR/St.
Röhrenspankonstruktion, Edelfurnier	ca. 400 EUR/St.
Profilholzkonstruktion, hochwertig	ca. 500 EUR/St.
Holzumfassungszarge erneuern	
mit Ausbau, Beiputzarbeiten	ca. 300 EUR/St.
Profilholztüren ablaugen, Lasur	ca. 135 EUR/St.

❀ Weit verbreitet sind Furnierfolien, die nicht unbedenkliche Stoffe enthalten. So spielt auch hier Formaldehyd eine große Rolle. Allerdings sind derzeit bei den meisten Holzwerkstoffen, vor allem bei Verbundelementen, wie eben auch Türblättern, Klebstoffe mit die Umwelt belastenden Inhaltsstoffen fast unvermeidlich. Ob ein versiegeltes Furnier unter ökologischen Aspekten günstiger zu beurteilen ist als eine Furnierfolie aus einer Melaminharz-Verbindung, ist schwer zu entscheiden..

GESCHOSSDECKEN

Die Geschossdecken sind in Häusern der Vorkriegszeit vorwiegend in Holz ausgeführt. Beton wurde damals üblicherweise nur für Decken über den Kellern und im Bereich der Fußböden von Bädern und Küchen verwendet. Erst nach 1945 wurden die Holzbalkendecken im Wohnungsbau zunehmend durch massive Decken verdrängt.

Holzbalkendecken

Holzbalkendecken sind vor allem durch Feuchte und schlechte Belüftung gefährdet. Auffällige Durchbiegung ist fast immer eine Folge zerstörter Holzteile. Besonders anfällig sind die Auflager in den Außenwänden. Hier kann das Holz Feuchte aus Mörtel und Mauerwerk aufnehmen. Achten Sie auch auf Stellen, an denen Wasserleitungen durch die Decke führen (Schwitzwasser!). Gewissheit über den Zustand der Hölzer erhält man nur durch Öffnen der Decken.

■ **Holzbalkendecken kontrollieren:** Mit dem Ausbau des Bodenbelags kommt entweder eine Dielung oder ein anderer, wahrscheinlich nicht ursprünglich vorhandener Unterboden zum Vorschein. Oft handelt es sich dabei um wenig feste Platten, die durch den Ausbau des Belags bereits Schaden nehmen und deshalb entfernt werden. Feste, weiter verwendbare Unterböden oder Dielen werden entlang der Auflager der Außenwand und im Bereich starker Durchbiegung in Streifen herausgeschnitten. Vor allem bei verdeckt genagelten Dielen geht das kaum ohne Zerstörungen ab. Die freigelegten Holzbalken prüft man mit einem größeren spitzen Gegenstand (z.B. Schraubendreher). Zerstörtes Holz ist weich oder brüchig, meistens ist das bereits äußerlich erkennbar.

■ **Kontrolle massiver Beläge:** Auch unter Fliesen auf Estrichen oder unter Terrazzobelägen können Holzbalkendecken vorhanden sein. Durch Einschlagen eines langen, spitzen Gegenstands an der Deckenunterseite ist das festzustellen. Handelt es sich dabei um Bäder oder Küchen, so sind diese Decken besonders gefährdet. Eine Sichtkontrolle ist bei alten Belägen (Anhaltspunkt: 30 Jahre) dringend zu empfehlen. Bei kleinflächigen und deshalb steifen massiven Unterböden machen sich Holzschäden lange nicht bemerkbar. Ob von unten oder von oben kontrolliert wird hängt davon ab, ob der Belag oder die Deckenuntersicht (z.B. bei Stuck) erhalten bleiben sollen. Einfacher ist die Sache, wenn der Oberbelag ohnehin erneuert wird.

■ **Reparatur von Holzbalken:** Die Reparatur zerstörter Balken und Balkenköpfe und die Erneuerung tragender Holzteile wird im Kapitel „Dach" behandelt (→ Seite 39).

■ **Decke zum Dachraum dämmen:** Die Anforderungen der Energieeinsparverordnung an Steildächer (→ Seite 44) gelten entsprechend auch für Decken zum unbeheizten Dachraum. Bleibt der Dachraum ungenutzt, ist es am einfachsten, die Dämmung auf der Decke zu verlegen. Soll der Boden weiterhin begehbar sein, werden Lagerhölzer in Dicke der Dämmschicht eingelegt und darauf dann großformatige Platten verlegt. Alternativ kommt auch eine Dämmung aus trittfestem Material in Frage. Die Dämmwirkung der vorhandenen Decke kann vernachlässigt werden, es sei denn, die Dämmwerte sind bekannt.

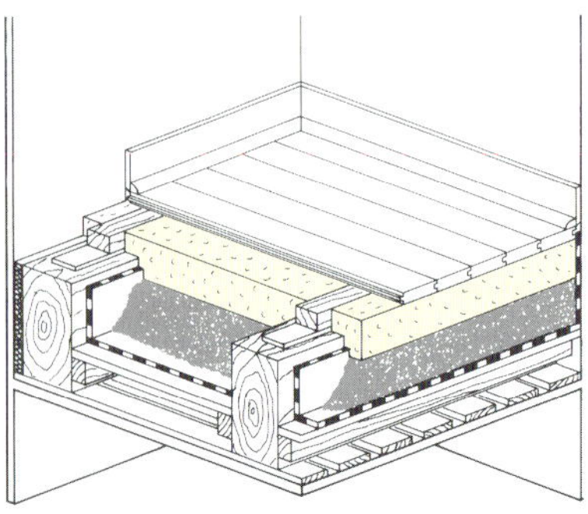

100

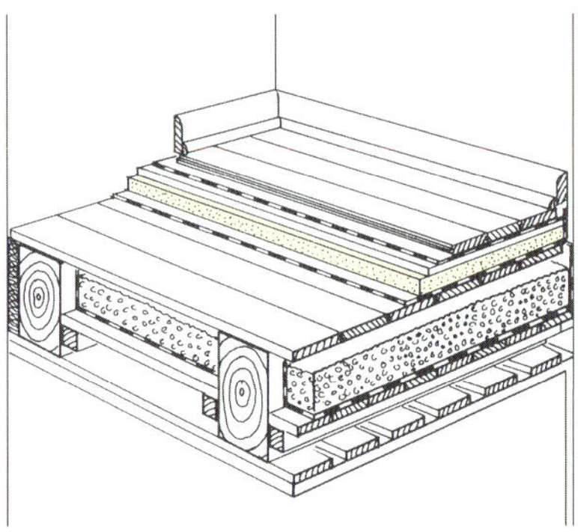

101

Sanierung von Holzbalkendecken

Links – Schichtenfolge über vorhandener Füllung: Trennlage, Ausgleichsschüttung, Lagerhölzer auf Bitumenfilzstreifen, neue Dielung.
Rechts – Schichtenfolge über vorhandener Dielung: Rieselschutz, Ausgleichsschüttung, Spanplatte. Filzbahn, neue Dielung

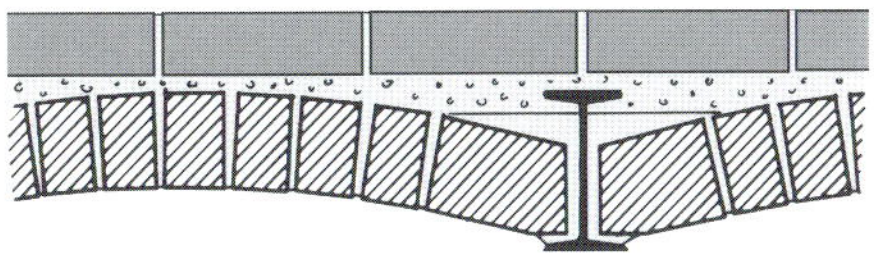

Kappendecke

102

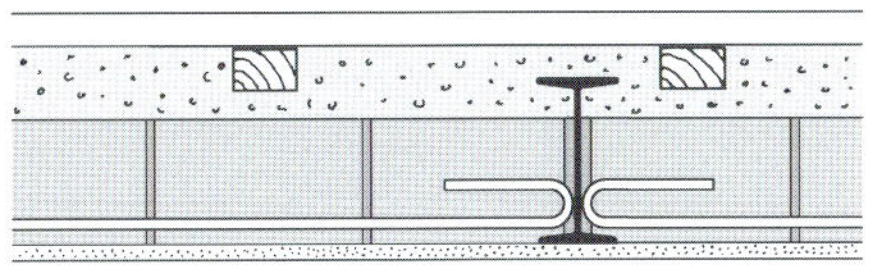

Stahlsteindecke

103

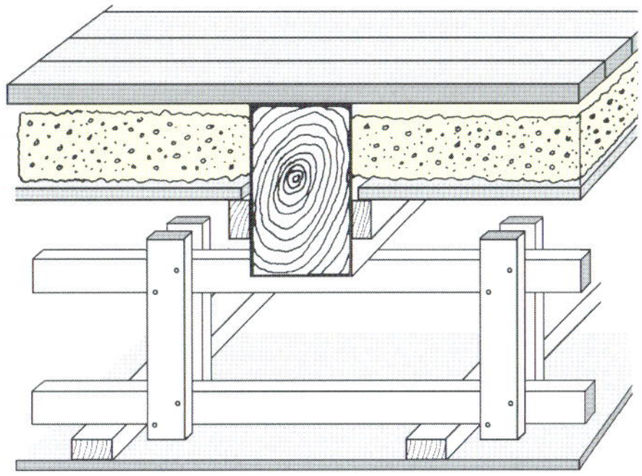

Holzbalkendecke: Verbesserung der Schalldämmung mit Unterdecke. In den Hohlraum wird eine Dämm-Matte eingelegt.

Massivdecken

Schäden an massiven Decken sind selten, soweit es sich nicht um alte Kappen- oder Stahlträgerdecken handelt, wie sie früher über Kellern ausgeführt wurden. An solchen, heute oft schon 100 Jahre alten Decken nagt der Rost, erkennbar an Flecken oder Putzablösungen unterhalb der Stahlträger. Um diese Decken langfristig zu sichern, müssen Rostschäden fachgerecht beseitigt und ein wirksamer Rostschutz wiederhergestellt werden. Was zu tun ist, sollten Sie sich vom Fachmann erklären lassen, auch dann, wenn Sie die erforderlichen Arbeiten selbst ausführen wollen.

Hinweis: Die Trittschalldämmung schwimmender Unterböden ist abhängig von der „dynamischen Steifigkeit" des Dämm-Materials. Der Wert nimmt mit der Materialdicke ab. Je niedriger der Wert, umso besser. Da bei der Modernisierung die Dämmstoffdicke meistens sehr gering sein muss, sollten Materialien gewählt werden, die sich durch eine geringe dynamische Steifigkeit auszeichnen. Beispiel: Mineralfaserplatten der Nenndicke 15/10 mit einer dynamischer Steifigkeit von 20 bis 15 MN/m^3.

Schalldämmung verbessern

Die Schalldämmung von Holzbalkendecken entspricht oft nicht heutigen Ansprüchen. Dies gilt vor allem für den Trittschallschutz, denn auch eine Decke mit ausreichender Luftschalldämmung ist in der Regel trittschalltechnisch noch sehr schlecht. Eine Verbesserung ist durch erhöhte Masse, Einlage von Dämm-Matten, schwimmend verlegte Unterböden sowie Unterdecken zu erzielen. Die mit Abstand wirksamste Maßnahme ist der „schwimmende" Unterboden. Der erfordert jedoch einen um mindestens 35 mm erhöhten Fußbodenaufbau, was oft nicht realisierbar ist. Dann muss auf die anderen Maßnahmen zurückgegriffen werden.

■ **Deckengewicht erhöhen:** Das Gewicht der Decken wurde früher mit Schlackenfüllung erhöht. Man sollte dies so belassen. Mit eingelegten Betonplatten (Gehwegplatten) kann das Gewicht zwar weiter erhöht werden (soweit es die Balkenhöhe erlaubt), doch ist der Aufwand beträchtlich und die Wirkung im Wesentlichen auf die Luftschalldämmung beschränkt. Dabei muss beachtet werden, dass sich das Gewicht der Decke dadurch beträchtlich erhöht. Fragen Sie im Zweifelsfall den Fachmann.

■ **Schwimmende Unterböden** sind die wirksamste Maßnahme zur Verbesserung der Luft- und Trittschalldämmung der Decken. Auf die vorhandene Dielung wird eine 15 mm dicke Mineralfaserplatte (besser sind 20 bis 25 mm), darüber eine Spanplatte mit 19 mm Dicke verlegt. Die Platten werden verleimt und müssen ringsum etwa 10 mm Abstand von den Wänden haben. Sorgfalt ist unabdingbar für den Erfolg, jeder harte Kontakt mit Wänden und Boden zerstört die Wirkung (siehe Hinweis unten links).

■ **Unterböden auf Schüttung:** Alte Unterböden, die für neue Bodenbelage nicht brauchbar sind, werden ausgebaut. So gewinnt man Raum für den Neuaufbau. Auf die vorhandene Schlacke (Ölpapier als Trennschicht) wird zwischen die Deckenbalken eine Schüttung eingebracht. Hierzu kommen u.a. Perlite, Korkschrot, bitumisierte Holzspäne infrage. Die Schüttung muss die Balken 20 bis 25 mm überdecken. Zusätzlich kann noch eine dünne Trittschalldämmplatte aufgelegt werden. Als Unterböden sind u.a. Holzfaserplatten oder Trockenestrichplatten geeignet. Bei hitzefesten Schüttungen kann auch ein Gussasphaltestrich eingebaut werden.

Fußbodenbeläge

Die Wahl der Bodenbeläge unterliegt in starkem Maße der Mode. So haben Teppichböden durch ihre einfache Pflege und ein zeitgemäßes Image Holzböden für lange Zeit fast völlig verdrängt. So findet sich heute unter manchem Teppich- oder Kunststoffbelag noch ein brauchbarer Dielen- oder Parkettboden. Häufig sind diese Böden nur abgewohnt und unansehnlich, aber technisch intakt. Abgeschliffen und geölt, gewachst oder versiegelt sehen sie wieder aus wie neu. Etwas breitere Fugen und kleinere Schäden nimmt man sicher in Kauf, wenn es sich um breite und teure Riemen handelt. Größere Ausbesserungen lohnen nur bei hochwertigen Böden, andernfalls ist neues Parkett günstiger.

Parkett und Dielen werden zunehmend in „Klick"-Ausführung verwendet. Eine spezielle Profilierung von Nut und Feder zwingt die Teile passgenau mit einem „Klick" zusammen. Das gibt es u.a. auch bei Kork-, Laminat- und Linoleumbelägen. (Zeichnung: Parador)

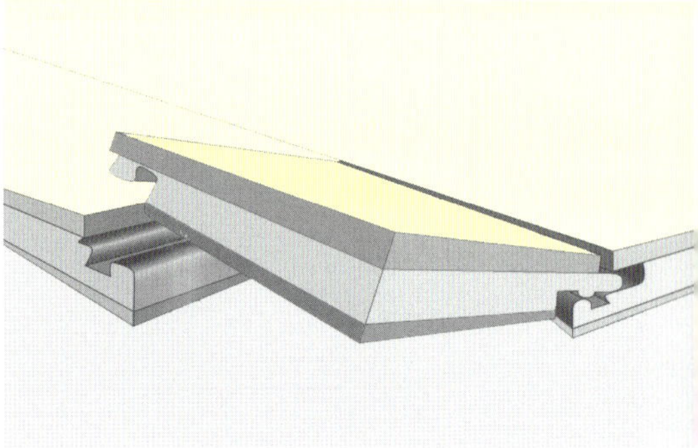

10

Neue Parkettböden: Besonders preisgünstig ist *Fertigparkett*, das wegen seiner geringen Dicke nahezu überall eingebaut werden kann. Die Nutzschicht ist etwa 3 bis 4 mm dick, kann deshalb auch nur etwa zweimal überarbeitet (abgeschliffen) werden, eine Nutzungsdauer von über 30 Jahren ist erreichbar.

Riemenparkett mit einer Holzdicke von rund 20 mm ist die hochwertigere, aber auch erheblich kostspieligere Alternative. Mehrmaliges (auch kräftiges) Abschleifen ist möglich, also eine Anschaffung fürs Leben.

Deutlich kostengünstiger ist *Stäbchenparkett* (Mosaikparkett), das mit einer Holzdicke von etwa 16 mm mosaikartig verlegt wird. Dieser Belag ist sehr strapazierfähig, wird deshalb z.B. auch in Werkstätten verwendet und kann mehrmals abgeschliffen werden. Der Belag wirkt je nach Sortierung der Stäbchen mehr oder weniger lebhaft, manchem ist er deshalb zu wenig „wohnlich".

Neue Kunststoffbeläge: Alte Holzbalkendecken sind oft wegen zu starker Durchbiegung ohne stabilen Unterboden nicht für keramische Beläge geeignet. Dann – oder wenn kein harter Belag erwünscht ist – sind Kunststoffbeläge häufig die Alternative. Für Bäder und Küchen bieten sich vor allem verschweißbare Beläge an. In allen anderen Bereichen können anstelle von Kunststoffbelägen auch Linoleum oder Kork verlegt werden. ❀

Als Unterboden genügt eine Spanplatte auf Filz oder ähnlichem Material, im einfachsten Fall aufgelegt auf dem vorhandenen Boden (z.B. Dielung).

Preise bei einer Gesamtfläche von ca. (...) m^2:	
Unterböden (80 m^2) auf Dielung, Schüttung etc.	
Trittschalldämmplatte 12/10 mm	ca. 5 - 10 EUR/m^2
Spanplatte 22 mm	ca. 18 - 23 EUR/m2
Trockenestrich 35 mm	ca. 20 - 25 EUR/m^2
mineralische Ausgleichsschüttung (80 m^2) zwischen/über Balken ca. 0,1 m^3/m^2	ca. 8 - 13 EUR/m^2
Ausbau/Abbruch incl. Entsorgung	
Dielung (80 m^2) ausbauen	ca. 8 EUR/m^2
Fliesen und Estrich (10 m^2)	ca. 40 EUR/m^2
Terrazzo (10 m^2)	ca. 50 EUR/m^2
Dielung verschrauben (80 m^2)	ca. 3 EUR/m^2
Dielung, Parkett abschleifen (80 m^2)	ca. 8 EUR/m^2
neues Parkett (80 m^2), ohne Sockelleisten	
Fertigparkett (Nutzschicht 3 mm)	ab ca. 50 EUR/m^2
Mosaikparkett, mittlere Qualität, versiegelt	ab ca. 65 EUR/m^2
Riemenparkett, mittlere Qualität, versiegelt	ab ca. 125 EUR/m^2

❀ Kunststoffbelag heißt vielfach immer noch PVC-Belag oder auch CV(Cushioned Venyls)-Belag, ein PVC-Belag mit aufgeschäumtem Rücken. Doch seit Jahren bieten namhafte Hersteller Alternativen zur Chlorchemie. So gibt es chlorfreie Beläge (auf Polyolefinbasis), die preislich, optisch und im Gebrauchswert den PVC-Belägen gleich kommen (bei etwas geringerer Lebensdauer). Etwas teurer, aber nahezu unverwüstlich sind Böden aus synthetischem Kautschuk (als Gummi-Noppenbelag bekannt).

Keller sind Wasser und Feuchtigkeit besonders ausgesetzt. Die Abdichtungen (Pappen, Anstriche) gegen aufsteigende Feuchtigkeit und seitlich eindringendes Wasser sind – soweit überhaupt ausgeführt – bei alten Gebäuden häufig nicht mehr intakt. Die Sickerfähigkeit des umgebenden Erdreichs ist oft durch Einschwemmungen und zunehmende Verdichtung stark eingeschränkt. Durchfeuchtung der Fundamente und des Mauerwerks (oder des Betons) lösen langfristig die Bindemittel auf. Steinzerfall und Beeinträchtigung der Standfestigkeit des Bauwerks können die Folge sein.

■ **Kontrolle auf Feuchteschäden:** Oft sind Feuchteschäden bereits an dunklen Flecken oder nassen Oberflächen zu erkennen. Offene, aussandende Mörtelfugen, absandender oder in Platten sich ablösender Putz, Salzbildung und abblätternde Anstriche sind Anzeichen von Feuchtigkeit in Mauerwerk oder Beton. Ursachen sind neben fehlender oder defekter Abdichtung vor allem Schäden an wasserführenden Rohren (Regen- oder Abwasserrohre) oder schlechte Abführung von Oberflächenwasser. Häufig durchnässen Mauern auch bei schadhaftem Sockel oder zerstörtem Sockelputz durch Spritzwasser.

■ **Kontrolle auf Schwamm:** Feuchte Keller sind der ideale Lebensraum für den Hausschwamm, den wohl gefährlichsten Feind des Hauses. Er kommt glücklicherweise selten vor, doch hat er sich eingenistet, ist er nur schwer zu bekämpfen, da er sich über große Strecken und dicke Mauern hindurch ausbreitet. Häufiger ist der Kellerschwamm, der ebenfalls Schaden anrichten kann. Entstehungsort ist immer feuchtes Holz, eingebaut oder einfach herumliegend. Nutzen Sie die Modernisierung für eine gründliche Kontrolle aller eingebauten und lagernden Holzteile. Es ist die Gelegenheit „auszumisten": alte Holzteile sollten Sie aus feuchten Kellern entfernen. Bei Verdacht oder Anzeichen von Schwammbefall ist unbedingt ein Fachmann zur Bekämpfung hinzuzuziehen.

■ **Austrocknen durch Belüftung:** In vielen Fällen geht Durchfeuchtung auf mangelhafte Belüftung zurück. Über das Jahr gibt es eine Phase der Feuchtigkeitsaufnahme und eine Phase der Austrocknung. Dieser Wechsel schadet nicht, wenn es immer wieder zu einer völligen Austrocknung kommt. Gute Belüftung sorgt dafür. Wird dieser Wechsel gestört, trocknet die Wand bis zur nächsten Phase der Feuchtigkeitsaufnahme nicht völlig aus, so erhöht sich der Wassergehalt von Jahr zu Jahr. Falls keine anderen

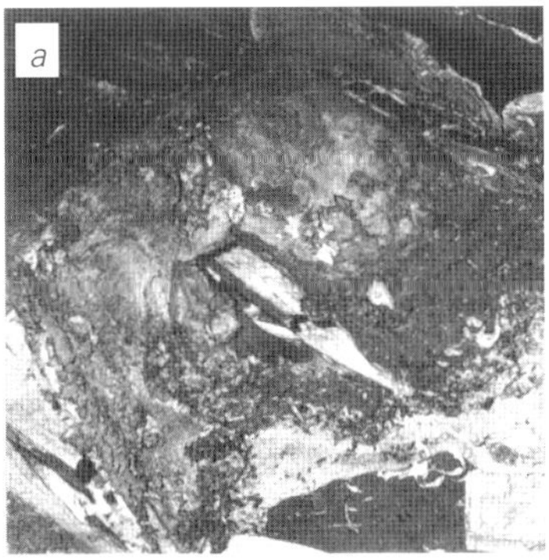

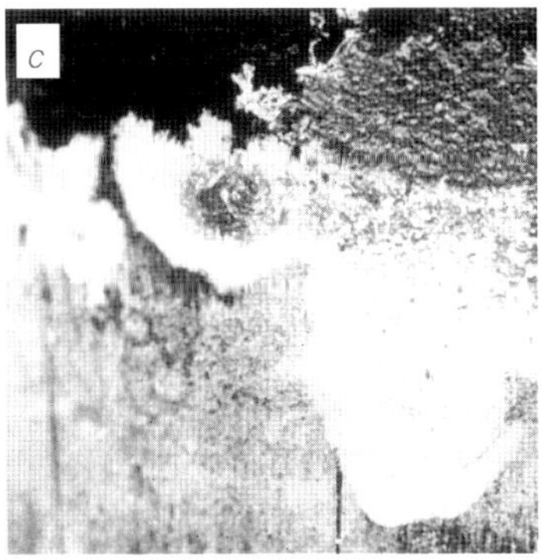

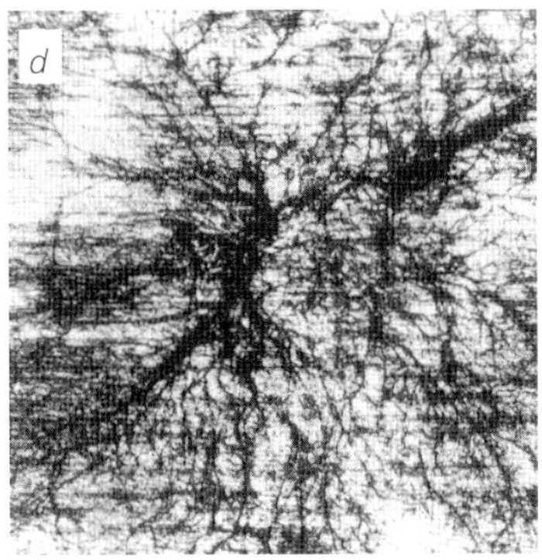

a Echter Hausschwamm bei fortgeschrittenem Befall: Fruchtkörper fladenartig, rotbraun mit weißem Rand.

b Durch Hausschwamm zerstörtes Holz mit würfelförmigem Bruch, eingelagert die grauen, bis zu 1 cm dicken Stränge.

c Kellerschwamm: gelbbraunes, wattiges Geflecht, gelblicher Fruchtkörper mit warzenartigen Gebilden.

d Braunschwarze, wurzelartige Zellfäden des Kellerschwamms.

Ursachen der Durchfeuchtung erkennbar sind, sollten Sie zunächst ein Frühjahr und einen Sommer lang für reichliche Belüftung sorgen. Also: Alle Fenster und Kellertüren ständig offen halten, sodass es leicht durchzieht. Sind die Wände jahrelang durchnässt, so kann ein (vor allem nasser) Sommer nicht ausreichen.

Horizontale Feuchtigkeitssperre	
Edelstahlblech	ca. 150 EUR/lfm
Dränage inkl. Erdarbeiten, vertikale Abdichtung, Dränplatten, Dränageleitung, Filter-, Sickerschicht	ab ca. 350 EUR/lfm
Kelleraußenwand innen dämmen	
GK-Verbundplatten, 6 cm Dämmung	ab ca. 35 EUR/m²
Kellerunterboden einbauen	
Trockenestrich auf Hartschaum 6 cm . . . . inkl. Feuchtigkeitssperre	ab ca. 40 EUR/m²

Ursachen der Durchfeuchtung beseitigen

Wird der Keller auch nach guter Belüftung nicht trocken, so sollten Sie einen Fachmann hinzuziehen. Erst wenn die Ursache klar ist, hat es Sinn über Maßnahmen zu sprechen. Es geht dabei vorrangig darum, das Wasser vom Gebäude fern zu halten. Nur wenn das nicht oder nur mit unangemessen hohem Aufwand zu erreichen ist, kommen Maßnahmen infrage, durch die Boden und Wände gegen das Eindringen von Feuchtigkeit behandelt werden. Erfolgversprechende Verfahren sind aufwändig und unter Umständen sehr teuer. Sie sollten solche Maßnahmen deshalb mit einem Architekten oder Bauingenieur planen und durchführen.

■ **Horizontale Abdichtung einbauen:** Zieht Feuchtigkeit von unten her in die Wände, so müssen horizontale Sperren in die Wände eingebracht werden. Ein aufwändiges, aber sicheres Verfahren besteht darin, Edelstahlbleche abschnittsweise in die Wände einzuschlagen. Die bauphysikalischen Eigenschaften der Wände werden dabei nicht verändert, Chemie ist nicht erforderlich.

■ **Dränage erneuern:** Gegen seitlich in die Wände eindringende Wasser hilft eine funktionierende Dränage. Das heißt bis zu den Fundamenten aufgraben, wobei man sich auf die durchfeuchteten Wände beschränken kann. Eventuell kann der Einbau auch abschnittsweise erfolgen. Der Aufwand ist in jedem Fall beträchtlich.

Ausbau von Kellerräumen

Verschönerungsarbeiten an den Wänden und der Einbau von Böden setzen die Beseitigung von Feuchteschäden voraus. Bei der Wahl der Materialien und der Konstruktionen ist darauf zu achten, dass die Wände innenseitig nicht abgesperrt werden, sondern weiterhin dampfdurchlässig bleiben. Werden Holzunterböden oder -beläge eingebaut, so ist eine Sperrschicht (z.B. Bitumenbahn) auf dem Kellerrohboden erforderlich.

Wird der Raum zukünftig beheizt, ist auch eine Dämmschicht (mindestens 6 cm) vorzusehen. Sind die Kelleraußenwände nicht aus wärmedämmenden Steinen (Poroton, Porenbeton, Bims etc.), sind auch sie zu dämmen: bei Wänden im Erdreich ca. 6 cm, bei Wänden gegen die Außenluft 8 bis 10 cm (Dämmstoff der Wärmeleitfähigkeitsgruppe 035).

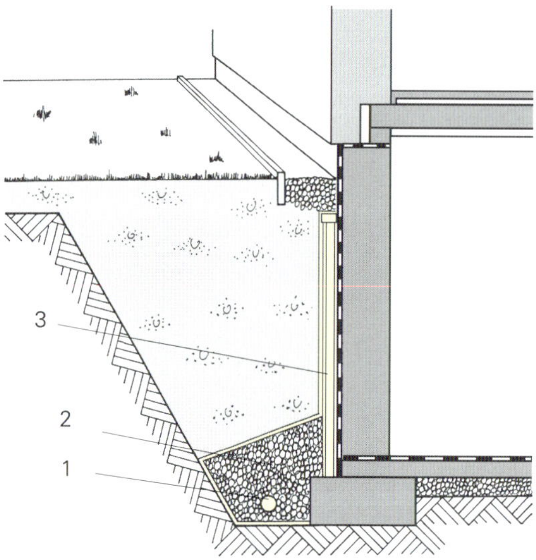

Einbau oder Erneuerung einer Dränage: 1 Drän- oder Filterrohr in umseitiger Sickerpackung 2 darüber Auffüllung mit sickerfähigem Material 3 vertikale Abdichtung mit vorgestellten Dränplatten

106

SANITÄRINSTALLATION

Jede größere Modernisierung ist ein Anlass, die Sanitärinstallationen kritisch unter die Lupe zu nehmen. Der Aufwand der Erneuerung von in den Wänden verlegten Rohren ist erheblich geringer, wenn Wandoberflächen und Bodenbeläge ohnehin erneuert werden. Die Lebensdauer der Rohre hängt vom Material, mehr aber noch von der Wasserqualität ab. In alten Gebäuden überwiegen Stahlrohre, großteils verzinkt . Korrosionsschäden können bereits nach 20 Jahren auftreten, nicht selten sind solche Rohre aber auch 50 Jahre und mehr in Gebrauch. Bietet die Modernisierung Gelegenheit, sollten Sie mehr als 40 Jahre alte Rohre vorsorglich erneuern. Bei hartem Wasser lagern sich Kalkschichten (Verkrustung) an der Rohrwandung an. Die Rohre setzen sich zu. Der verminderte Querschnitt führt zu merklichem Druckabfall. Der Austausch der Rohre ist geboten.

In vielen Hausinstallationen gibt es noch Bleirohre. Diese sind äußerst haltbar, führen aber zu gesundheitlich bedenklichen Bleikonzentrationen im Trinkwasser (vor allem nach längerem Nichtgebrauch). Bleirohre sind baldmöglichst gegen Rohre aus anderem Material auszutauschen.

Kupferrohre haben in den vergangenen 40 Jahren Stahlrohre in großem Umfang verdrängt. Die an sich lange Lebensdauer von Kupfer kann durch eine höhere Korrionsanfälligkeit der Lötstellen erheblich vermindert werden. Stark kalkhaltiges (hartes) Wasser setzt die Haltbarkeit der Kupferrohre ebenfalls beträchtlich herab. Andererseits setzen sich Kupferrohre weniger zu als Stahlrohre.

Da die Rohre von innen her korrodieren, werden Schäden erst entdeckt wenn bereits Wasser fließt. Ein sicheres Anzeichen von Rostfraß (bei Stahlrohren) ist die braune Brühe, die nach längerem Nichtgebrauch der Wasserleitung aus dem Hahn kommt.

Haben die zu erneuernden Rohre ein stattliches Alter erreicht, können Sie beim bewährten Material bleiben. Fragen Sie aber vorsichtshalber den Installateur oder das zuständige Wasserwerk, ob es Einschränkungen oder Empfehlungen für das Rohrmaterial gibt. Nehmen die Korrosionsschäden im Versorgungsbereich zu, sollten Sie auf Kunststoffrohre ausweichen. Sie sind korrosionsbeständig und verkrusten nicht. Achten Sie besonders auf die Qualität der Rohrverbindungen (Dichtringe oder Verschweißung). ❀

107

Abwasserrohre wurden früher überwiegend in Guss ausgeführt. Sie werden meist so alt wie das Haus, wenn sie sich nicht durch Ablagerungen zusetzen. Den Zustand der Rohre können Sie durch Abnehmen der WC-Schüsseln überprüfen. Häufige Verstopfungen sind Alarmzeichen. In vielen Fällen können zugesetzte Rohre ausgefräst werden.

Sollen Sanitäreinrichtungen und Armaturen erneuert werden, so müssen Sie bei alten Leitungen damit rechnen, dass bei der Demontage Rohranschlüsse Schaden nehmen. Die Leitungen müssen dann teilweise, unter Umständen sogar komplett erneuert werden. Haben Sie das nicht einkalkuliert, kann das leicht Ihre Finanzierung über den Haufen werfen.

Abwasserleitungen ausfräsen	ab ca. 18	EUR/lfm
Ausbau alter Rohrleitungen, in der Wand verlegt, inkl. Entsorgung	ab ca. 15	EUR/lfm
neue Wasserleitung einbauen, unter Putz (ohne Ausbau der alten Leitung) je nach Material und Querschnitt		
Wasserleitungen	ca. 25 – 50	EUR/lfm
Abwasserleitungen.	ca. 30 – 55	EUR/lfm

❀ Kunststoffrohre für Trinkwasser bestehen vorzugsweise aus PVC, Polyethylen und Polypropylen. Die Rohre sind unempfindlich gegen die im Trinkwasser gelösten Stoffe. Sie geben nach heutigem Kenntnisstand ihre Inhaltsstoffe nur in gesundheitlich unbedenklichen Mengen an das Trinkwasser ab.

108
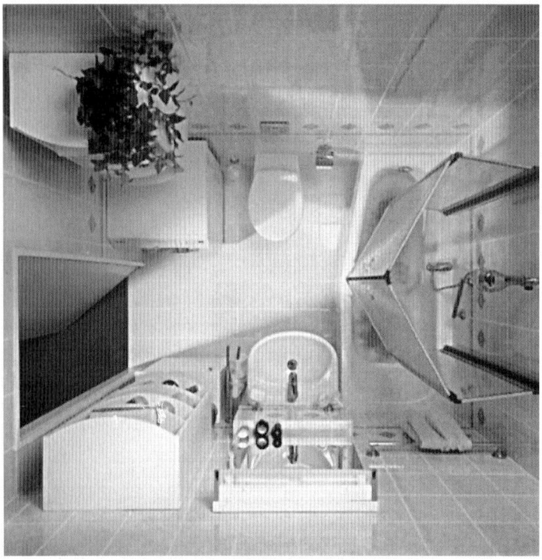

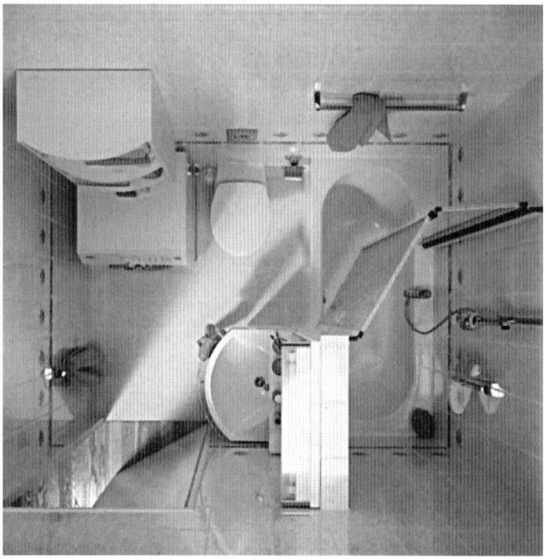
109

Einige namhafte Hersteller von Sanitäreinrichtungen haben sich mit Sonderformen und Sondergrößen auf die Belange der Moderbnisierung von Bädern, speziell auch kleinen Bädern eingestellt (Stichwort: Mini-Bad).

Sanitäreinrichtungen

Sanitäreinrichtungen werden meistens erneuert, weil sie dem Zeitgeschmack nicht mehr entsprechen. Oft sind auch veraltete oder defekte Armaturen der Grund. Gute Keramik ist langlebig, doch wenn passende neue Armaturen oder Anschlüsse nicht mehr lieferbar sind, muss komplett ausgewechselt werden. Bei farbigen Einrichtungen kann deshalb eine defekte Waschtischarmatur zur Erneuerung der gesamten Badeinrichtung führen.

Die Modernisierung des Bades wird nur selten auf die Sanitärobjekte beschränkt, sondern bezieht die Wand- und Bodenbeläge mit ein. Der Aufwand wird damit so groß, dass es sich lohnt, die Badeinrichtung komplett neu zu überdenken. Mit vielleicht nur geringem Mehraufwand kann durch andere Objekte, eine andere Anordnung und passende Wandoberflächen und Bodenbeläge ein völlig „neues" Bad geschaffen werden. Lassen Sie sich hierbei gut beraten, legen Sie sich aber nicht frühzeitig auf bestimmte Einrichtungsgegenstände fest. Erst sollte ein Plan vorliegen.

Besonders zu warnen ist vor Sonderangeboten. Sie verleiten dazu, die Modernisierung des Bades dementsprechend „hinzubiegen". Die Ersparnis beim Kauf der Objekte wird dabei leicht wieder aufgefressen.

Vor allem in Wohnungen der Nachkriegszeit sind die Bäder oft erheblich kleiner als heute erwünscht. Die Erweiterung von Bädern ist ohne weitreichende Folgen für die gesamte Wohnung zumeist nicht möglich. In solchen Fällen ist es lohnender, die Kosten für den Umbau des Wohnungsgrundrisses teilweise in hochwertige und vielleicht nicht ganz alltägliche Einrichtungsgegenstände zu stecken. Was man auch aus einem sehr kleinen Bad machen kann, glaubt man erst, wenn man es gesehen hat. Deshalb: Sehen Sie sich vieles an.

Armaturen erneuern	
Waschtisch: Einhebelmischer mit Exzenter	ab ca. 90 EUR/St.
Wanne: Einhebelmischbatterie, Brause	ab ca. 125 EUR/St.
Objekte erneuern inkl. Ausbau und Entsorgung sowie Armaturen, mittlere Qualität	
– Waschtisch, komplett	ab ca. 225 EUR/St.
– Stand-WC mit Spülkasten	ab ca. 175 EUR/St.
– WC wandhängend, Unterputz-Spülkasten	ab ca. 275 EUR/St.
– Wanne in Wannenträger ohne Einfliesen und Abdichten.	ab ca. 450 EUR/St.
Fliesen ausbauen inkl. Abfuhr.	ab ca. 13 EUR/m²
Wände neu verfliesen.	ab ca. 35 EUR/m²
Boden neu verfliesen	ab ca. 40 EUR/m²

Die Ausstattung neuer Wohnungen mit Zentralheizung gehört schon lange zum selbstverständlichen Komfort. Gleichwohl gibt es im Bestand der schon älteren Wohngebäude, vor allem in Mietshäusern noch sehr viele Wohnungen ohne Zentralheizung.

Wie immer man in den letzten 50 Jahren geheizt hat, es finden sich noch Beispiele dafür: Einzelöfen mit Kohle- oder Ölfeuerung, Gasheizgeräte, Elektrospeicheröfen und alle Spielarten von Kachelofenheizungen. Und wo eine Zentralheizung vorhanden ist, hat diese oft schon ein stattliches Alter erreicht. Wenn solche Heizungsanlagen – gleich welcher Art – auch immer noch „einwandfrei" funktionieren: sind sie 20 oder mehr Jahre alt, so ist eine Modernisierung angebracht.

Zentralheizungen

Seit der Ölkrise 1973 gab es eine Reihe von Vorschriften, die darauf abzielten die Heizungsanlagen zu verbessern und zu modernisieren. Seit 2002 gilt für neue wie für bestehende Anlagen und deren Erneuerung und Modernisierung die Energieeinsparverordnung. Auch wenn Sie eine Modernisierung der Heizungsanlage nicht beabsichtigen, müssen Sie prüfen, inwieweit Sie nach dieser Verordnung zu Veränderungen verpflichtet sind, (siehe Kasten Seite 80). Das ist besonders wichtig, wenn eine Anlage (z.B. wegen Leerstand) über längere Zeit nicht in Betrieb war.

Doch auch dann, wenn Ihre Anlage die gesetzlichen Anforderungen erfüllt, bedeutet das nicht, dass Ihre Heizung auch wirtschaftlich ist. Gerade für kleinere Wohngebäude und bestehende Anlagen stellen die Vorschriften nur Mindestanforderungen. Aus Kostengründen aber wird man eine Erneuerung oder Veränderung der Heizung erst dann vornehmen, wenn zumindest Teile der Anlage bereits Mängel zeigen.

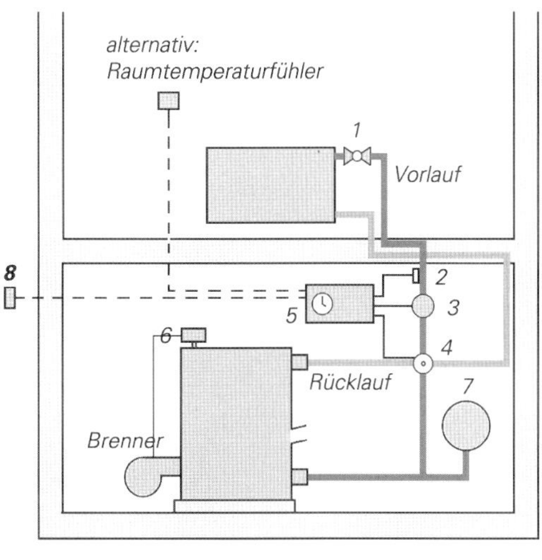

Zentralheizungsanlage (schematisch)

1 Thermostatventil
2 Fühler
3 Umwälzpumpe
4 Motormischer
5 Steuergerät
6 Kesselthermostat
7 Ausdehnungsgefäß
8 Außenluftfühler

Korrosionsschäden: Das Rohrnetz und die Heizkörper von Warmwasserheizungen sind durch den ständigen innenseitigen Kontakt mit heißem Wasser besonders korrosionsgefährdet. Das gilt sowohl für Stahl- als auch für Kupferrohre, bei letzteren vor allem die Lötstellen. Äußere Rostflecken an den Heizkörpern sind zumeist nur auf fehlenden Anstrich zurückzuführen. Tritt bei einem Rohrnetz Durchrostung von innen her auf, so müssen Sie damit rechnen, dass die Rohre insgesamt in schlechtem Zustand sind und erneuert werden müssen. Man rechnet mit einer Lebensdauer von 30 bis 40 Jahren, manche Rohre halten aber auch nur 20 Jahre, andere weit über 40 Jahre.

Heizkörper-Anstrichmängel: Rohre und Heizkörper können bei alten Anlagen 40 Jahre und älter sein. Häufig sind solche alten Heizkörper aus Guss. Sie sind für Schwerkraftbetrieb ausgelegt, was große Strömungsquerschnitte erfordert. Für den heutigen Betrieb mit Umwälzpumpe sind sie überdimensioniert, eignen sich deshalb aber für Niedertemperaturbetrieb und können u.U. weiterverwendet werden. Sind die Oberflächen unansehnlich, so ist zu prüfen, ob der Aufwand für Demontage, Transport, und Neulackierung noch lohnt. Moderne Niedertemperaturheizkörper bieten bei geringerer Wasserfüllung eine weitaus größere Oberfläche und damit einen höheren Anteil an Strahlungswärme sowie bessere Regeleigenschaften.

10

Tabelle 10: Anforderungen der Energieeinsparverordnung an Heizanlagen bestehender Gebäude (Zuständig ist der Eigentümer des Gebäudes)

(1) außer Betrieb zu nehmen sind

Heizkessel, die mit flüssigen od. gasförmigen Brennstoffen betrieben vor dem 1.10.78 eingebaut od. aufgestellt wurden **bis 31.12.06**

solche Heizkessel, die nach § 11 EnEV i.V.m § 23 der 1.BISchV verbessert, die zulässigen Abgasverluste einhalten

oder deren Brenner nach dem 1.11.1996 erneuert wurden **bis 31.12.08**

Das Prüfschema im nachstehenden Kasten hilft Ihnen, festzustellen, ob und wie lange Ihre Heizung in Betrieb bleiben kann.

(1) gilt **nicht für** Kessel mit Nennwärmeleistung < 4 oder > 400 kW, Niedertemperatur-Heizkessel, Brennwertkessel

(2) zu dämmen sind (→ Tab. 10) bei heizungstechn. Anlagen ungedämmte, zugängliche Wärmeverteilungs- u. Warmwasserleitungen sowie Armaturen in unbeheizten Räumen **bis 31.12.06**

(1) und (2) sind in Wohngebäuden mit max. 2 Wohnungen, von denen eine zum Zeitpunkt des Inkrafttretens der Eigentümer selbst bewohnt, **nur bei Eigentümerwechsel** zu erfüllen. Die Frist beträgt 2 Jahre ab Eigentumsübergang, sie läuft jedoch nicht vor oben genannten Fristen ab.

Tabelle 11: So stellen Sie fest, ob Ihre Heizung in Betrieb bleiben kann

- Grenzwerte der Abgasverluste nach BImSchV bei
  - Anlagen 4 bis 25 kW: 11%
  - Anlagen 25 bis 50 kW: 10%
  - Anlagen über 50 kW: 9% eingehalten? nein ☐ ja ☐
- Falls nein: Sanierung zur Einhaltung der Grenzwerte oder Anlage (nach BImSchV) bis **1.11.2004** außer Betrieb nehmen
- Falls ja:
  - Heizanlage nach 1.11.1978 eingebaut? nein ☐ ja ☐
  - andere als flüssige oder gasförmige Brennstoffe? nein ☐ ja ☐
  - Niedertemperatur- oder Brennwertkessel? nein ☐ ja ☐
  - Nennwärmeleistung < 4 kW oder > 400 kW? nein ☐ ja ☐
  - max. 2 Wohnungen, eine von Eigentümer bewohnt bis 31.12.2008? nein ☐ ja ☐
- falls einmal ja: **Anlage kann in Betrieb bleiben**
- falls immer nein:
  - halten Öl- und Gaskessel, die älter sind als 28 Jahre die Grenzwerte der BImSchV (eventuell nach Sanierung) ein (siehe oben)? nein ☐ ja ☐
- falls ja: Anlage kann in Betrieb bleiben **bis 31.12.2008***
- falls nein:
  - Brenner nach 1.11.1996 erneuert? nein ☐ ja ☐
- falls ja: Anlage kann in Betrieb bleiben **bis 31.12.2008***
- falls nein: **Anlage außer Betrieb nehmen bis 31.12.2006**

Lassen Sie sich vom Heizungsfachmann beraten!

Beratungstermin erforderlich nein ☐ ja ☐

vereinbart zum ________ Firma ________

Kontakt: ________ Tel.: ________

* bei Eigentümerwechsel: neue Frist von 2 Jahren ab Eigentumsübergang

111

Brennwerttherme im Bad

■ Umstellung auf Niedertemperaturbetrieb: Alte Heizkessel arbeiten mit Betriebstemperaturen bis zu 95°. Diese hohen Temperaturen ermöglichen zwar kleine Heizkörper, verursachen aber hohe Verluste am Kessel, bei den Leitungen und (durch ihre Trägheit) an den Heizflächen. Niedertemperaturkessel dagegen arbeiten mit Betriebstemperaturen von 40° bis 55°. Das erfordert dreimal so große Heizflächen. Diese sind in bestehenden Wohnungen kaum unterzubringen. Ein Kompromiss ist die Auslegung auf Betriebstemperaturen zwischen 60° und 75°. Hierzu werden um ca. 60 % größere Heizkörper benötigt, was sich meistens realisieren lässt.

■ Brennwerttechnik ist zu empfehlen, wenn ein neuer Gaskessel eingebaut werden soll. Diese Technik nutzt die in den Abgasen als Wasserdampf enthaltene Wärme. Je geringer die Rücklauftemperatur, desto mehr Wärme kann durch Kondensation des Wasserdampfes gewonnen werden, entsprechend höher ist der Wirkungsgrad. Da die Rücklauftemperaturen dann niedrig sind, wenn die Heizung nicht unter Volllast arbeitet, ist der Wirkungsgrad – anders als bei herkömmlichen Kesseln – in den langen Übergangszeiten am größten. Eine überdimensionierte Kesselleistung ist nicht

12

Der Ofen hat ausgedient. Die Heizung mit neuen Einzelgeräten weiterzuführen ist aber eine echte Alternative zu einer zentralen Heizung.

nachteilig. Die extrem niedrigen Abgastemperaturen bewirken Kondensatbildung im Kamin. Das erfordert besondere, gegen leichte Säuren unempfindliche Abgasrohre aus Aluminium, Kunststoff oder Edelstahl (hierzu → Seite 83).

Brennwertkessel gibt es auch für Ölbetrieb. Die Mehrkosten zu üblichen Ölkesseln sind aber deutlich höher als bei Gasgeräten.

■ **Rohrnetz dämmen:** Im Keller oder in sonstigen Nicht-Wohnräumen frei verlegte Heizungsrohre müssen gedämmt werden. Die heute geforderten Dämmdicken übersteigen die früher üblichen zum Teil erheblich. Soweit die Rohre in den letzten Jahren bereits gedämmt wurden, sollte man das so belassen. Liegen die Rohre noch frei oder ist die Dämmung alt und schadhaft, so ist eine Dämmung nach folgender Tabelle dringend zu empfehlen und nach der Energieeinsparverordnung auch gefordert. Auch beim Einbau oder der Erneuerung von Rohrleitungen sind die Anforderungen der Tabelle verbindlich.

Einzelheizgeräte

Einzelheizgeräte wird man, soweit sie technisch in Ordnung sind, hauptsächlich aus Kostengründen belassen und weiterverwenden. Ansonsten ist der Ersatz durch eine Etagen- oder Zentralheizung zunächst eine Frage des Komforts. Inwieweit eine Energieeinsparung oder eine günstigere Schadstoffbilanz damit verbunden ist, hängt von den Heizgewohnheiten ab. Werden mehrere Räume nur selten beheizt und sind große Rohrnetze erforderlich, können Einzelgeräteheizungen recht günstig abschneiden. Das heißt, dass durch den Einbau einer zentralen Heizanlage nicht generell niedrigere Heizkosten erzielt werden. In vielen Fällen werden die Kosten sogar steigen.

■ **Erneuerung Einzelheizgeräte:** Für jeden Brennstoff gibt es moderne und sparsame Geräte, sodass eine Erneuerung an sich unproblematisch ist. Doch häufig wird mit der Erneuerung auch der Brennstoff gewechselt. Kohleschleppen ist mühsam, Öl nur mit zentraler Ölversorgung akzeptabel. Und mancher Eigentümer hält Gasversorgung in den Wohnungen für zu gefährlich. In all diesen Fällen kommen Elektrospeicherheizungen ins Gespräch. Die verhältnismäßig geringen Anschaffungskosten, die Unabhängigkeit von Kaminen und Brennstofflagerung machen diese Lösung attraktiv. Beim Heizkomfort müssen jedoch Abstriche gemacht werden: Die Aufladung der Geräte erfolgt nach dem voraussichtlichen Wärmebedarf des nächsten Tages. An einem unverhofft warmen Frühlingstag wird ein Teil der aufgeladenen Wärme vergeudet. Hat man sich auf warmes Wetter eingestellt, kann es kühl werden oder es muss die bei modernen Geräten eingebaute Direktheizung zugeschaltet werden, zu höherem Preis. ❀

Tabelle 12: Wärmedämmung von Heizungs- und Warmwasserleitungen sowie Armaturen (nach Energieeinsparverordnung 2002)

	Art der Leitungen/Armaturen (oder Außendurchmesser)	**Mindestdicke der Dämmschicht***
1	Innendurchmesser bis 22 mm	20 mm
2	Innendurchmesser 22 bis 35 mm	30 mm
3	Innendurchmesser 35 bis 100 mm	gleich Innendurchmesser
4	Innendurchmesser über 100 mm	100 mm
5	im Kreuzungsbereich von Leitungen, Leitungsverbindungsstellen, zentrale Leitungsnetzverteiler verbindungsstellen, zentrale Leitungsnetzverteiler	50 % der Anforderungen nach 1 bis 4
6	Leitungen von Zentralheizungen bei Verlegung in Bauteilen zwischen beheizten Räumen verschiedener Nutzer	50 % der Anforderungen nach 1 bis 4
7	Leitungen nach 6, im Fußbodenaufbau	6 mm

* bei Dämmstoffen mit Wärmeleitfähigkeit 0,035 W/m²K

❀ Die irecht günstigen Stromtarife und das Fehlen von Abgasen täuschen über die tatsächliche ökologische Wirkung von Elektrospeicherheizung hinweg: Der Wirkungsgrad der Primärenergieverwertung ist im Vergleich zu anderen Heizsystemen sehr schlecht. Und die Schadstoffe fallen nur an anderen Orten an.

113

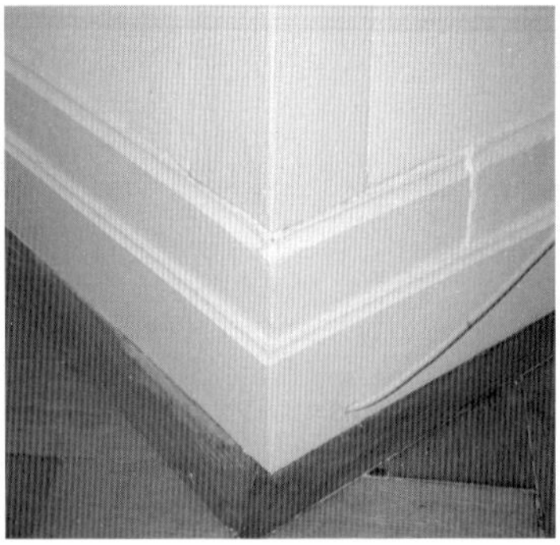

Im Zuge des Einbaus einer Etagenheizung wurden die Heizungsrohre (hier aus Kupfer) in Sockelkanälen verlegt. Anstelle fertiger Kunststoffprodukte wurden die Sockelprofile vom Schreiner aus Holz gefertigt und lackiert. Das Verlegen der ungedämmten Rohre erfordert besondere Sorgfalt.

114

■ Einbau einer Etagenheizung: Für die Modernisierung der Heizung einzelner Wohnungen im Mehrfamilienhaus ist die Etagenheizung das Richtige. Sie gibt es für alle gängigen Brennstoffe. Ist Gas im Haus, empfiehlt sich ein Gaskessel wegen des hohen Wirkungsgrades und der günstigen Abgaszusammensetzung. Auch entfällt die Brennstofflagerung. Besonders vorteilhaft sind Geräte mit Brennwerttechnik (→ Seite 80). Sie sind für Gasbetrieb als Standgerät oder wandhängend kaum teurer als herkömmliche Kessel. Sie werden vorzugsweise in der Küche oder im Bad aufgestellt (→ Abb. 111).

■ Innenliegende Heizkörper: Der Einbau des Rohrnetzes ist im Altbau immer mit Schwierigkeiten verbunden. Bei Etagenheizungen entfällt zusätzlich die Möglichkeit, Heizkörper über Steigleitungen (von unten her) zu versorgen. Vorteilhaft und kostengünstig ist es die Heizkörper dort anzubringen, wo vorher die Einzelöfen standen. Die horizontale Verteilung verläuft in der Diele unter der Decke. Damit erreicht man fast jeden Heizkörper mit kurzen Anschlussleitungen von oben. Diese kann man auch unter Putz legen; da sie vertikal verlaufen, beeinträchtigt das die Statik in der Regel nicht. Eine Deckenabhängung verbirgt die gedämmten horizontalen Leitungen. Die Leitungsverluste sind hierbei äußerst gering. Einwände gegen diese Lösung gibt es, weil damit die Luftzirkulation anders verläuft als bei Heizkörpern unter den Fenstern. Im Vergleich mit den alten Einzelheizgeräten verbessern sich diese Verhältnisse wegen der niedrigeren Temperaturdifferenzen im Raum.

■ Heizungsrohre – Verlegung: Liegen die Heizflächen an den Außenwänden, müssen andere Trassierungen gefunden werden. Werden Holzbalkendecken im Zuge der Modernisierung geöffnet, so kann in der Decke verzogen werden. Andernfalls bleibt wegen der Türen meist nur der Weg „außen herum". Viele Handwerker werden Ihnen vorschlagen, ins Außenmauerwerk einzuschlitzen. Ein nach Vorschrift gedämmtes Rohr erfordert eine Schlitztiefe von mindestens 6 cm. Solche horizontale Schlitze beeinträchtigen die Standsicherheit tragender Wände und sind deshalb unzulässig.

■ Verlegung in Sockelkanälen: Sockelkanäle werden in Holz oder in Kunststoff angeboten. Die Dämmung der Rohre nach Energieeinsparverordnung ist nur in unbeheizten Räumen erforderlich. Direkt auf Putz angeordnete Sockelkanäle wirken ziemlich wuchtig. Dies kann gemindert werden, wenn der Putz entsprechend ausgefräst wird. Bei dicken Wänden (30 cm oder mehr) kann Mauerwerk auch etwa 2 cm tief eingefräst werden (nicht schlagen!). Zusammen mit der Putzdicke ermöglicht das sehr schlanke Sockelkanäle (siehe Abb. oben).

Wegen der beengten Verhältnisse ist besonders darauf hinzuwirken, dass die Leitungen so knapp wie möglich bemessen werden. Eventuell kann das Rohrnetz auch geteilt werden. Wenn in Holzbalkendecken oder unter schwimmenden Unterböden verlegt wird, kann es vorteilhaft sein jeden Heizkörper einzeln anzufahren. Die Rohrquerschnitte können dann sehr klein werden.

Preise für Heizungsanlage im Einfamilienhaus

Brenner (Öl oder Gas) erneuern	ca. 1000 EUR/St.
Kessel erneuern (ohne Regelung) mit Ausbau und Entsorgung	ca. 3000 – 7000 EUR//St.
Mischer und Regelung nachrüsten	ca. 1500 EUR//St.
witterungsgeführte Regelung einbauen	ca. 900 EUR//St.
Thermostatventile nachrüsten	ca. 30 – 50 EUR//St
Rohrnetz dämmen (Mittelpreis)	ca. 5 EUR//lfm

Werden Einzelheizgeräte weiterverwendet oder erneuert, sind in der Regel auch die vorhandenen Schornsteine weiter zu benutzen, vorausgesetzt, sie sind noch in Ordnung. Nach langjährigem Gebrauch sind alte Schornsteine häufig durch das bei der Abkühlung der Rauchgase entstehende Kondensat (enthält Schwefelsäure) geschädigt. Durchfeuchtung, Versottung und Schädigung von Steinen und Fugenmörtel sind die Folge. Bei fortgeschrittenen Schäden kann die Standsicherheit des Schornsteins gefährdet sein. Das gilt besonders für die Kaminköpfe, da sich hier die Rauchgase am stärksten abgekühlen und zudem die Witterung von außen Zerstörungen bewirkt. Ehe hier neue Heizgeräte angeschlossen werden, müssen die Schäden behoben sein.

■ **Anpassung an neue Heizungsanlagen:** Moderne Wärmeerzeuger nutzen die in den Verbrennungsgasen enthaltene Wärme in weit größerem Maße als alte Systeme. Die Abgastemperaturen sind bei neuen Anlagen deshalb sehr niedrig, was die Kondensatbildung in den Schornsteinen erheblich begünstigt. Dem wird mit säurefesten Auskleidungen, geringeren Querschnitten und Wärmedämmung entgegengewirkt. Alte Schornsteine müssen dem angepasst werden. Das kann durch Auskleiden geschehen oder es werden neue Rohre in die alten Querschnitte eingezogen.

■ **Abgasführung bei Brennwertanlagen:** Brennwertkessel benötigen spezielle Abgasleitungen. Es gibt diese in Kunststoff, Aluminium und Edelstahl. Die für die Verbrennung erforderliche Luft kann über den Raum zuströmen (raumluftabhängige Aufstellung) oder über ein das Abgasrohr umgebendes zweites Rohr zugeführt werden (raumluftunabhängige Aufstellung). Die raumluftabhängige Aufstellung erfordert eine Zuluftöffnung (oder -leitung) in der Außenwand des Aufstellraums. Raumluftunabhängige Geräte können auch in Aufenthaltsräumen aufgestellt werden. Die Abgas- und Luftführung kann in konzentrischen Rohren auch vor die Fassade gelegt werden (→ Abb. 116).

Häufig können die Abgasrohre in vorhandene Hauskamine eingezogen werden. Der Kamin kann dann nicht mehr anderweitig (z.B. für einen Ofen in der darunter liegenden Wohnung) benutzt werden.

Bei der Planung und Ausführung von Schornsteinen und Abgasleitungen sind Vorschriften nach der Bauordnung der Länder zu berücksichtigen. Es bestehen auch Regelungen zur Abnahme und regelmäßigen Überprüfung dieser Anlagen. Die örtlichen Fachfirmen kennen die geltenden Vorschriften.

Gas-Brennwertheizzentrale, wandhängend mit Warmwasserspeicher im Dachraum.

115

Beispiel für die Durchführung der Abgasleitung durch die Kelleraußenwand. Anstelle des individuell gefertigten Schachts kann auch ein handelsüblicher Lichtschacht verwendet werden.

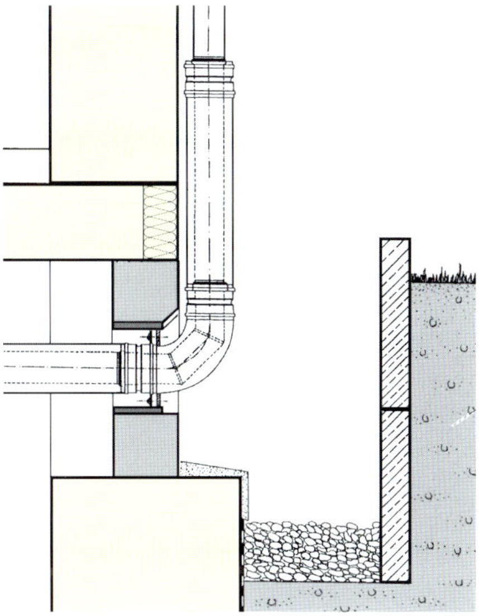

116

MODERNISIERUNGSBEDARF

Ermittlung der Bauteilmengen

Die Preise von Bauleistungen werden im Allgemeinen auf Mengeneinheiten bezogen, wie z.B. auf den Quadratmeter Wand- oder Bodenfläche. Für die Ermittlung von Kosten ist es deshalb erforderlich, die Massen der wichtigsten und umfangreichsten Bauteile zu kennen. Dazu kann man den Zollstock nehmen und aufmessen. Das ist zeitaufwändig und – z.B. am Dach – nicht ganz einfach. Die Arbeit lohnt sich aber, wenn Sie diese Werte für die Angebote der Handwerker oder für Ausschreibungen ohnehin benötigen.

Die nebenstehenden Tabellen und die Schätzformeln auf der folgenden Seite ersparen Ihnen das Aufmaß: Für die ersten groben Kostenberechnungen sind die so ermittelten Werte ausreichend genau, soweit es sich nicht um sehr komplizierte Gebäude handelt. Dabei werden solche Bauteile nicht berücksichtigt, die man ohne große Mühe abzählen oder hinreichend genau ohne Hilfsmittel abschätzen kann.

Tabelle A	**Außenwandfläche je Geschoss** [m²] – **Wert 1**							
Haus	**bei einer Grundfläche von** [m²]							
	60	**80**	**100**	**120**	**140**	**160**	**180**	**200**
freistehend	90	107	120	132	140	149	162	167
einseitig angebaut	68	80	90	102	105	114	126	130
zweiseitig angebaut	36	44	50	55	65	74	77	86
Zuschlag je Giebel	16	21	25	25	30	30	30	33

So wird's gemacht:
(Außenwandfläche je Geschoss) x (Anzahl Geschosse ohne Dachgeschoss)
\+ (Zuschlag je Giebel) x (Anzahl Giebel) = Außenwandfläche ohne Abzüge
(Kniestock und Sockel zählen je als Drittel eines Geschosses)

Tabelle B	**Dachfläche je m² Wohnfläche** [m²] – **Wert 2**								
Geschosszahl	**Dachneigung etwa**								
	flach	**bis 25**	**bis 35**	**40°**	**45°**	**50°**	**55°**	**60°**	**65°**
1	1,4	1,5	1,7	1,8	2,0	2,2	2,45	2,8	3,3
1 + D	–	–	1,0	1,1	1,2	1,3	1,5	1,8	2,1
2	0,7	0,75	0,85	0,9	1,0	1,15	1,3	1,4	1,65
2 + D	–	–	–	0,7	0,8	0,8	0,9	1,1	–
3 bis 5	0,4	–	0,4	0,5	0,6	0,7	0,9	1,1	–

Tabelle C	**Wandoberfläche je m Raumhöhe und m² Wohnfläche** [m²] – **Wert 3**							
	bei einer mittleren oder Einzelraumgröße [m²]*							
	6	**7**	**8**	**9**	**10**	**11**	**12**	**13**
Wandoberfläche	1,70	1,55	1,45	1,35	1,30	1,25	1,20	1,15
	14	**16**	**18**	**20**	**22**	**25**	**30**	**35**
Wandoberfläche	1,10	1,00	0,95	0,90	0,85	0,80	0,75	0,70

Beispiel: Die Wohnfläche beträgt 140 m², die Raumhöhe 2,50 m, die mittlere Raumgröße 14 m². Sie rechnen:
Tabellenwert 1,10 x 140 x 2,5 = 385 m² Wandoberfläche

* ermittelt aus Gesamtfläche aller Räume geteilt durch Anzahl aller Räume

Tabelle 13: Hilfswerte zur groben Ermittlung wichtiger Bauteilmengen

Die Tabellen dienen der Bestimmung von Kennwerten (Werte 1 bis 3), die in den Schätzformeln (folgende Seite) zur Ermittlung der Bauteilmengen verwendet werden. Es handelt sich um Anhaltswerte, auch größere Abweichungen sind fallweise möglich.

Bauteilmengen – Schätzformeln

Übertrag der Werte 1 bis 3 aus den Tabellen der Vorseite

[ ] **Wert 1**	[ ] **Wert 2**	[ ] **Wert 3**
aus Tab. A	nach Tab. B	nach Tab. C

Fenster/Außentüren	[ ] (Anzahl) x 1,5 + [ ] (Anzahl) x 2,0 = [ ] m^2 Fenster; Außentüren; **Wert 4**	
Außenwand (Fassadenfläche)	[ ] – [ ] = [ ] m^2 Wert 1; Wert 4	
Dachfläche	[ ] x [ ] = [ ] m^2 Wohnfläche; Wert 2; **Wert 5**	
Dach-/Deckenuntersicht im Dachraum	Fall A 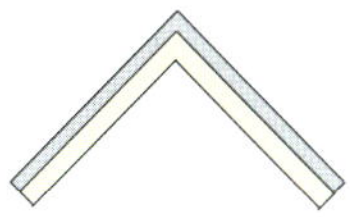 [ ] x 0,9 = [ ] m^2 Wert 5	
	Fall A 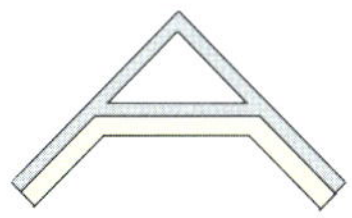 [ ] x 0,7 = [ ] m^2 Wert 5	
Innentüren	[ ] (Anzahl) x 2,0 = [ ] m^2 Innentüren; **Wert 6**	
– für Anstrich etc.	[ ] x 2 = [ ] m^2 Wert 6	
Abzug Öffnungen für Wandoberfläche	2 x [ ] + [ ] x 2,0 = [ ] m^2 Wert 6; Wert 4; **Wert 7**	
Wandoberflächen innen	[ ] x [ ] x [ ] – [ ] = [ ] m^2 Wohnfläche; Raumhöhe (m); Wert 3; Wert 7	
Deckenuntersichten	[ ] – [ ] = [ ] m^2 Wohnfläche; Wohnfläche DG	
Sockelleisten	[ ] x [ ] = [ ] m Wohnfläche; Wert 3	

Mit den hier ermittelten Bauteilmassen und den Preisangaben von Teil 2 dieses Buches können die wichtigsten und größten Kostenpositionen überschlägig bestimmt werden. Es ist für erste Entscheidungen meistens ausreichend zu wissen, ob für eine Maßnahme beispielsweise mit 20 000 EUR gerechnet werden muss oder mit dem doppelten Betrag. Selbstverständlich ersetzt dies nicht eine spätere genaue Massenermittlung als Basis für die Angebote der Handwerker oder für die Ausschreibungen (Leistungsverzeichnisse).

Checkliste 1: Modernisierungsbedarf – Wärmedämmung verbessern

BAUTEIL MENGE AUSFÜHRUNGSART	BEFUND	MASSNAHMEN	KOSTEN EUR
1. Keller, unbeheizte Räume			
☐ Kellerdecke Untersicht	☐ Decke ungedämmt	☐ alte Dämmung ausbauen	
m²	☐ Dämmung unzureichend	Dämmung einbauen	
erforderliche Dämmung	☐ Dämmung ausreichend	☐ Hartschaum geklebt	
☐ mind. 6 cm (035)*	☐ alte Dämmung belassen	☐ Dämm-Verbundplatten	
	☐	☐ Anstriche erneuern	
	☐	☐ Lattung, Unterdecke	
☐	☐	☐	
2. Beheizte gegen unbeheizte Räume			
■ Kellerboden m²	☐ nicht weiter zu verwenden	☐ Einzelgeräte ausbauen	
erforderliche Dämmung	☐ Dämmung unzureichend	☐ Feuchtigkeitssperre und	
☐ mind. 6 cm (035)*	☐ Dämmung ausreichend	Dämmung einbauen	
	☐ alte Dämmung belassen	☐ Unterboden einbauen	
■ Wände, auch gegen	☐ Wände ungedämmt	☐ alte Dämmung ausbauen	
Erdreich m²	☐ Dämmung unzureichend	☐ GK-Verbundplatten	
erforderliche Dämmung	☐ Dämmung ausreichend	☐ Dämmung mit Schalung	
☐ mind. 6 cm (035)*	☐ alte Dämmung belassen	hinterlüftet	
☐	☐	☐	
3. Dachraum, unbeheizt			
■ Dachfläche ________ m²	☐ Dachraum ungedämmt	**Dämmung Dachfläche**	
erforderliche Dämmung	☐ Dämmung unzureichend	☐ alte Dämmung ausbauen	
☐ mind. 14 cm (035)*	☐ Dämmung ausreichend	☐ Einbau zwischen Sparren	
■ Dachboden m²	☐ alte Dämmung belassen	☐ Einbau unter Sparren	
erforderliche Dämmung	☐	☐ Untersicht	
☐ mind. 10 cm (035)*	☐	**Dämmung Dachboden**	
		☐ Unterboden auf Dämmung	
		☐ begehbare Dämmung	
		☐ Dämmung lose verlegt	
☐	☐	☐	
4. Außenwände			
Ausführungsart 1	☐ Wände ungedämmt	☐ **Dämmung Fassade** 1	
☐ Fassadenfläche m²	☐ Zusatzdämmung innen	☐ alte Dämmung ausbauen	
erforderliche Dämmung	☐ Zusatzdämmung außen	☐ Altputz entfernen	
☐ mind. 6 cm (035)*	☐ Dämmung unzureichend	☐ Dämmverbundsystem	
	☐ Dämmung ausreichend	☐	
Ausführungsart 2	☐ Wände ungedämmt	☐ **Dämmung Fassade 2**	
☐ Fassadenfläche m²	☐ Zusatzdämmung innen	☐ alte Dämmung ausbauen	
erforderliche Dämmung	☐ Zusatzdämmung außen	☐ Altputz entfernen	
☐ mind. 6 cm (035)*	☐ Dämmung unzureichend	☐ Dämmung, Unterkonstr.	
	☐ Dämmung ausreichend	☐ Fassadenplatten	
	☐	☐ Holzschalung	
☐	☐	☐	
Zwischensumme 1			

* Wärmeleitfähigkeitsgruppe

Checkliste 2: Modernisierungsbedarf – Dach, Dachentwässerung

BAUTEIL AUSFÜHRUNGSART	MENGE	BEFUND	MASSNAHMEN	KOSTEN EUR
1. Dachkonstruktion	m^2			
☐ Holz, offen		☐ Holzschäden, vereinzelt	☐ Konstruktion freilegen	
☐ Holz, bekleidet		☐ Holzschäden, umfangreich	☐ einzelne Hölzer erneuern	
☐ Beton		☐ Verformungen	☐ komplett erneuern	
☐		☐ Befall durch Insekten	☐ Schädlingsbekämpfung	
☐		☐	☐ Konstruktion ergänzen	
		☐	☐ Imprägnierung	
2. Dachdeckung	m^2			
☐ Tonziegel, -pfannen		☐ vereinzelte Schäden	☐ Einzelschäden reparieren	
☐ Betondachplatten		☐ verbreitet Schäden	☐ durchreparieren	
☐ Faserzementplatten		☐ Eindeckung verbraucht	☐ Eindeckung erneuern	
☐ Bitumenschindeln		☐ Lattung schadhaft	☐ Lattung/Schalung reparier.	
☐ Schiefer		☐ Nagelung schadhaft	☐ Lattung/Schalung erneuern	
☐ Blech (Zink, Kupfer)		☐ Schalung schadhaft	☐ Unterspannbahn einbauen	
☐		☐	☐	
3. Verwahrungen – Firste/Grate		m / **Kehlen** m /	**Ortgänge** m / **Traufen**	m
☐ Ziegel, Pfannen		☐ Firstziegel lose	☐ Firste/Grate vermörteln	
☐ Dachplatten		☐ Traufbleche schadhaft	☐ Kehlbleche erneuern	
☐ Schiefer		☐ Ortgang schadhaft	☐ Traufbleche erneuern	
☐ Bitumenschindeln		☐ Kehlbleche schadhaft	☐ Ortgänge erneuern	
☐ Blech (Zink, Kupfer)		☐	☐	
4. Wärmedämmung	m^2			
☐ zwischen Sparren		☐ undicht, schadhaft	☐ Dämmung ausbauen	
☐ über Sparren		☐ zu geringe Dicke	☐ zusätzliche Dämmschicht	
☐ unter Sparren		☐ unerwünschtes Material	☐ Dämmung erneuern	
☐ keine		☐ Untersicht erhalten	☐ Konterlattung einbauen	
☐ Dachuntersicht vorhanden		☐ Untersicht nicht erhalten	☐ winddichte Folie einbauen	
☐		☐	☐ Dämmstoff einblasen	
5. Dachuntersicht	m^2			
☐ Holzschalung		☐ schadhaft	☐ ausbauen	
☐ Spanplatten		☐ wird ausgebaut	☐ wieder einbauen	
☐ GK-Platten		☐ ist wieder zu verwenden	☐ erneuern	
☐ Putzträgerplatten		☐ als Unterbau zu verwenden	☐ Verbundplatten einbauen	
☐ keine		☐	☐ einbauen	
☐		☐	☐ Unterkonstr. einbauen	
6. Dachentwässerung		**Rinnen** lfm	**Fallrohre** lfm	
☐ Stahlblech		☐ Anstrich schadhaft	☐ Anstrich erneuern	
☐ Zink		☐ vereinzelt undicht	☐ reparieren	
☐ Kupfer		☐ generell schadhaft	☐ Fallrohre erneuern	
☐ Kunststoff		☐ ungeeignetes Material	☐ Rinnen erneuern	
☐		☐ Befestigung schadhaft	☐	
Zwischensumme 2				

Checkliste 3: Modernisierungsbedarf – Außenwände, Fassaden

BAUTEIL AUSFÜHRUNGSART	MENGE	BEFUND	MASSNAHMEN	KOSTEN EUR
1. Kellerwände	m²			
☐ Naturstein		☐ durchfeuchtet	☐ Austrocknen	
☐ Mauerwerk, Ziegel etc.		☐ offene Fugen	☐ Verfugen	
☐ Beton		☐ Salzausblühungen	☐ Putz entfernen	
☐		☐ Putzschäden	☐ Verputzen	
		☐	☐ Anstrich	
		☐	☐	
2. Sockel	m²			
☐ Naturstein		☐ durchfeuchtet	☐ Austrocknen	
☐ Mauerwerk, Ziegel etc.		☐ offene Fugen	☐ Verfugen	
☐ Beton		☐ Salzausblühungen	☐ Putz entfernen	
☐ Sockelputz		☐ Putzschäden	☐ Verputzen	
☐ keramische Platten		☐	☐ Anstrich	
☐		☐	☐ Traufkante herstellen	
			☐	
3. Außenwand 1	m²			
■ Sichtmauerwerk		☐ durchfeuchtet	☐ Reinigen	
☐ Mauerwerk, Ziegel etc.		☐ offene Fugen	☐ Austrocknen	
☐ Beton		☐ Salzausblühungen	☐ Verfugen	
☐ Naturstein		☐ Steinschäden	☐ Steinausbesserung	
☐		☐ Risse	☐ Anstrich	
☐		☐	☐ Risse-Sanierung	
		☐	☐ Verputzen	
		☐	☐	
4. Außenwand 2	m²			
■ Putzfassade		☐ durchfeuchtet	☐ Austrocknen	
☐ Mauerwerk, Ziegel etc.		☐ offene Fugen	☐ Risse-Sanierung	
☐ Beton		☐ Salzausblühungen	☐ Putz ausbessern	
☐ Naturstein		☐ Putzschäden	☐ Putz erneuern	
☐		☐ Risse	☐ Anstrich	
☐		☐	☐ Putz entfernen	
		☐	☐	
5. Außenwand 3	m²			
☐ keramische Platten		☐ offene Fugen	☐ Verfugung ausbessern	
☐ Faserzementplatten		☐ Salzausblühungen	☐ Verfugung erneuern	
☐ Fassadenplatten aus		☐ defekte Platten	☐ Platten erneuern	
☐		☐ Unterkonstruktion defekt	☐ Unterkonstr. erneuern	
☐ Holzschalung		☐ Holzschäden	☐ Schalung erneuern	
☐		☐ Befestigung defekt	☐ Anstrich	
		☐ Anstrichmängel	☐	
		☐	☐	
Zwischensumme 3				

Checkliste 4: Modernisierungsbedarf – Fenster, Fenstertüren

BAUTEIL AUSFÜHRUNGSART	MENGE	BEFUND	MASSNAHMEN	KOSTEN EUR
1. Fensterbauart 1	m^2			
☐ Holz-Kastenfenster		☐ unzureichende Verglasung	☐ Vorsatzflügel einbauen	
☐ Holz-Verbundfenster		☐ undichte Rahmen	☐ Verglasung aufdoppeln	
☐ Holz-Einfachverglasung		☐ Wetterschenkel schadhaft	☐ Isolierverglasung einbauen	
☐		☐ Rahmenverbindung lose	☐ Fälze nacharbeiten	
☐		☐ Beschläge locker	☐ Dichtung einbauen	
☐		☐ Beschläge defekt	☐ Wetterschenkel erneuern	
☐		☐ Anstrichmängel	☐ Flügel reparieren	
		☐	☐ Beschläge befestigen	
		☐	☐ Beschläge erneuern	
		☐	☐ Anstrich erneuern	
		☐	☐	
2. Fensterbauart 2	m^2			
☐ Holz-Kastenfenster		☐ unzureichende Verglasung	☐ Vorsatzflügel einbauen	
☐ Holz-Verbundfenster		☐ undichte Rahmen	☐ Einbau Wärmeschutzglas	
☐ Holz-Isolierverglasung		☐ Wetterschenkel schadhaft	☐ Fälze nacharbeiten	
☐ Holz-Dreifachverglasung		☐ Rahmenverbindung lose	☐ Dichtung einbauen	
☐		☐ Beschläge locker	☐ Wetterschenkel erneuern	
☐		☐ Beschläge defekt	☐ Flügel reparieren	
☐		☐ Anstrichmängel	☐ Beschläge befestigen	
		☐	☐ Beschläge erneuern	
		☐	☐ Anstrich erneuern	
		☐	☐	
3. Fensterbänke außen	St			
☐ Naturstein		☐ Steinschäden	☐ Steinausbesserung	
☐ Klinker		☐ undichte Anschlüsse	☐ Neuverfugung	
☐ Betonwerkstein		☐ Verfugung schadhaft	☐ neu versetzen	
☐ Keramik		☐ Platten schadhaft	☐ Platten erneuern	
☐ Blech (Anstrich)		☐ Blech/Profil korrodiert	☐ neu einputzen	
☐ Zink, Kupfer		☐ Anstrichmängel	☐ Bleche/Profile erneuern	
☐ Aluminium		☐ nicht weiterverwendbar	☐ Anschlüsse abfugen	
☐		☐	☐ Anstrich erneuern	
		☐	☐	
4. Fensterbänke innen	St			
☐ Naturstein		☐ Steinschäden	☐ Steinausbesserung	
☐ Betonwerkstein		☐ undichte Anschlüsse	☐ Neuverfugung	
☐ Klinker		☐ Verfugung schadhaft	☐ neu versetzen	
☐ Keramik		☐ Platten schadhaft	☐ Platten erneuern	
☐ Holz		☐	☐ neu einputzen	
☐		☐ Anstrichmängel	☐ Anschlüsse abfugen	
☐		☐ nicht weiterverwendbar	☐ Anstrich erneuern	
		☐	☐	
Zwischensumme 4				

Checkliste 5: Modernisierungsbedarf – Innenwände, Innentüren

BAUTEIL AUSFÜHRUNGSART	MENGE	BEFUND		MASSNAHMEN		KOSTEN EUR
1. Innenwände Umbauten						
☐ Mauerwerk, verputzt		☐ Abbruch	m^2	☐ Mauerwerk abbrechen		
☐ Sichtmauerwerk		☐ Türöffnungen	St	☐ Türöffnungen herstellen		
☐ Leichtwände, unverputzt		☐ Wand schließen	St	☐ Öffnungen schließen		
☐		☐ neue Wände 1	m^2	☐ Mauerwerk neu		
☐		☐ neue Wände 2	m^2	☐ Gipswand neu		
		☐		☐ Ständerwand neu		
2. Einbau Bad/WC						
☐ Einbau Raum für Bad		☐ Abbruch	m^2	☐ Mauerwerk abbrechen		
☐ Einbau Raum für WC		☐ Türöffnungen	St	☐ Türöffnungen herstellen		
☐		☐ Wand schließen	St	☐ Öffnungen schließen		
☐		☐ neue Wände 1	m^2	☐ Mauerwerk neu		
☐		☐ neue Wände 2	m^2	☐ Gipswand neu		
		☐		☐ Ständerwand neu		
3. Innenwände 1	m^2					
☐ Mauerwerk, verputzt		☐ Putzschäden, vereinzelt		☐ Putz ausbessern		
☐ Sichtmauerwerk		☐ Putzschäden, verbreitet		☐ Altputz entfernen		
☐ Sichtmauerwerk		☐ Putzschäden, verbreitet		☐ neu verputzen		
☐		☐ Anstriche verbraucht		☐ Tapeten entfernen		
☐		☐		☐ Tapeten erneuern		
☐		☐		☐ Anstrich erneuern		
		☐		☐		
4. Innenwände 2	m^2					
☐ Mauerwerk, verputzt		☐ Putzschäden, vereinzelt		☐ Putz ausbessern		
☐ Sichtmauerwerk		☐ Putzschäden, verbreitet		☐ Altputz entfernen		
☐ Sichtmauerwerk		☐ Putzschäden, verbreitet		☐ neu verputzen		
☐		☐ Anstriche verbraucht		☐ Tapeten entfernen		
☐		☐		☐ Tapeten erneuern		
☐		☐		☐ Anstrich erneuern		
		☐		☐		
5. Innentüren	St					
☐ Profilholztüren, Füllungen		☐ Holzschäden		☐ Türen durchreparieren		
☐ Türblätter glatt		☐ Garnituren nicht brauchbar		☐ Bänder befestigen		
☐		☐ Bänder lose		☐ Fälze überarbeiten		
☐		☐ undicht		☐ Dichtung einbauen		
☐		☐ mangelhafter Schallschutz		☐ Türblatt erneuern	St	
☐		☐ Anstriche verbraucht		☐ Türe erneuern	St	
☐		☐		☐ Glasausschnitte	St	
		☐		☐ Anstrich erneuern		
		☐		☐ neue Drückergarnituren		
		☐		☐		
Zwischensumme 5						

Checkliste 6: Modernisierungsbedarf – Geschossdecken, Böden

BAUTEIL AUSFÜHRUNGSART	MENGE	BEFUND		MASSNAHMEN	KOSTEN EUR
1. Deckenkonstruktion	m²				
☐ Holzbalken		☐ Holzschäden, vereinzelt		☐ Konstruktion freilegen	
☐		☐ Holzschäden, umfangreich		☐ einzelne Hölzer reparieren	
		☐ Durchbiegung		☐ einzelne Hölzer ersetzen	
massive Decken:		☐		☐ einzelne Felder erneuern	
☐ Stahlbeton-Vollplatten		☐ Abplatzungen		☐ Verfüllen, ausgleichen	
☐ Balken-, Stahlsteindecken		☐ Korrosion, vereinzelt		☐ Entrostung, Verfüllen	
☐		☐ Korrosion, umfangreich		☐ Felder erneuern	
☐		☐		☐ komplett erneuern	
2. Unterböden	m²				
☐ Platten (Holzwerkstoffe etc.)		☐ weiter verwendbar		☐ Ausgleichsspachtelung	
☐ Platten, schwimmend		☐ Unebenheit	m²	☐ Ausgleichsschüttung	
		☐ Trittschalldämmung		☐ Unterboden ausbauen	
☐ Estriche		unzureichend	m²	☐ Unterboden (Platten) neu	
☐		☐ Abdichtung fehlt	m²	☐ Trittschalldämmung	
☐		☐ Estrich gerissen	m²	☐ Abdichtung einbauen	
		☐	m²	☐ Ausgleichsestrich	
		☐	m²	☐ Estrich einbauen	
3. Nutzschichten	m²				
☐ Dielung, Parkett		☐ weiter verwendbar	m²	☐ Abschleifen, Versiegeln	
☐ Linoleum, Kunststoff		☐ als Unterboden	m²	☐ Spachtelung, Ausgleich	
☐ Textilbeläge		☐ offene Fugen	m²	☐ Fugenschließen	
		☐ einzelne Schäden	m²	☐ Parkett/Dielen reparieren	
☐ Naturstein		☐ Verfugung defekt	m²	☐ Parkett/Dielen erneuern	
☐ Terrazzo etc.		☐ Belag gerissen	m²	☐ Neuverfugung	
☐		☐ unbrauchbar	m²	☐ Platten ersetzen	
				☐ neu:	
				☐ neu:	
				☐ neu:	
4. Nutzschichten Bad, Küche etc.	m²				
☐ Linoleum, Kunststoff		☐ weiter verwendbar	m²	☐ Spachtelung, Ausgleich	
☐ keramische Fliesen		☐ als Unterboden	m²	☐ Neuverfugung	
☐ Naturstein		☐ Verfugung defekt	m²	☐ Platten ersetzen	
☐ Terrazzo etc.		☐ einzelne Schäden	m²	☐ Schleifen, Polieren	
☐		☐ Belag gerissen	m²	☐ Belag ausbauen	
		☐ unbrauchbar	m²	☐ neu:	
				☐ neu:	
5. Kellerdecken	m²				
☐ Stahlbetondecken		☐ Abplatzungen		☐ Verfüllen, ausgleichen	
☐ Stahlsteindecken		☐ Korrosion, vereinzelt		☐ Entrostung, Verfüllen	
☐ Kappendecken		☐ Korrosion, umfangreich		☐ Tragfähigkeit sichern	
Zwischensumme 5					

Checkliste 7: Modernisierungsbedarf – Sanitäranlagen

BAUTEIL AUSFÜHRUNGSART	MENGE	BEFUND	MASSNAHMEN	KOSTEN EUR
1. Wasser/Abwasser				
ung	lfm	☐ weiter zu verwenden	**Neue Leitungen** lfm	
Rohrmaterial:		☐ Korrosionsschäden	☐ offen verlegen	
		☐ offene Führung unerwünscht	☐ unter Putz verlegen	
		☐ Ergänzung erforderlich	☐ in Schacht verlegen	
		☐ neues System erforderlich	☐	
		☐	**Alte Leitungen** lfm	
		☐	☐ Anstriche erneuern	
		☐	☐ verkleiden	
		☐	☐ ausbauen	
■ Abwasserleitung	lfm	☐ weiter zu verwenden	**Neue Leitungen** lfm	
Rohrmaterial:		☐ Korrosionsschäden	☐ offen verlegen	
		☐ offene Führung unerwünscht	☐ unter Putz verlegen	
		☐ Ergänzung erforderlich	☐ in Schacht verlegen	
		☐ neues System erforderlich	☐	
		☐	**Alte Leitungen** lfm	
		☐	☐ Anstriche erneuern	
		☐	☐ verkleiden	
		☐	☐ ausbauen	
■ Grundleitungen	lfm	☐ weiter zu verwenden	☐ Leitungen spülen	
Rohrmaterial:		☐ Ergänzung erforderlich	☐ Leitungen ausfräsen	
		☐ neues System erforderlich	**Neue Leitungen** lfm	
		☐	☐ unter Kellerdecke	
		☐	☐ im Kellerboden	
2. Bad - Einrichtung				
☐ Bad vorhanden		☐ Bad weiter verwendbar	☐ Ausbau Alteinrichtung	
☐ Raum für Bad vorhanden		☐ Einrichtung z.T. unbrauchbar	☐ Einbau Waschtisch St	
☐ kein Raum für Bad vorhand		☐ Einrichtung unbrauchbar	☐ Einbau WC St	
(siehe Innenwände!)		☐ Bad nicht weiter verwendbar	☐ Einbau Dusche St	
☐		☐	☐ Einbau Bidet St	
☐		☐	☐ Einbau Wanne St	
☐		☐	☐ Einbau Leitungen m	
			☐ Einbau Lüftung	
			☐	
3. WC				
☐ getrenntes WC vorhanden		☐ weiter verwendbar	☐ Ausbau Alteinrichtung	
☐ Raum für WC vorhanden		☐ Einrichtung z.T. unbrauchbar	☐ Einbau WC St	
☐ kein Raum für WC vorhand.		☐ Einrichtung unbrauchbar	☐ Einbau Waschtisch St	
(siehe Innenwände!)		☐ WC nicht weiter verwendbar	☐ Einbau Leitungen m	
☐		☐ kein WC vorhanden	☐ Einbau Lüftung	
		☐	☐	
Zwischensumme 7				

Checkliste 8: Modernisierungsbedarf – Heizungsanlage

BAUTEIL AUSFÜHRUNGSART	MENGE	BEFUND	MASSNAHMEN		KOSTEN EUR
1. Heizungsanlage					
☐ Brennstoff		☐ nicht weiter zu verwenden	☐ Einzelgeräte ausbauen		
☐ Einzelgeräte		☐ System unwirtschaftlich	☐ Speichergeräte entsorgen		
☐ Zentralheizung, offen		☐ Kessel veraltet	☐ System schließen		
☐ Zentralheizung vor 1978		☐ Regelung unzureichend	☐ neues System		
☐ Zentralheizung nach 1978		☐ Brenner veraltet	Brennstoff		
☐		☐	☐ Regelung einbauen		
☐		☐	☐		
2. Heizleitungen	lfm				
☐ Schwerkraftsystem		☐ weiter zu verwenden	**Neue Leitungen**	lfm	
☐ geschlossenes System		☐ Korrosionsschäden	☐ offen verlegen		
☐ Stahlrohre		☐ offene Führung unerwünscht	☐ unterPutz verlegen		
☐ Kupferrohre		☐ Dämmung unzureichend	☐ in Sockelkanal verlegen		
☐ offen verlegt		☐ Ergänzung erforderlich	☐ in Fußboden verlegen		
☐ keine		☐ neues System erforderlich	**Alte Leitungen**	lfm	
☐		☐	☐ dämmen		
☐		☐	☐ Anstriche erneuern		
☐		☐	☐		
3. Heizflächen	St				
☐ Guss/Stahl vor 1945		☐ weiter zu verwenden	**Neue Heizflächen**		
☐ Guss/Stahl vor ca. 1970		☐ Korrosionsschäden	☐ Radiatoren	St	
☐ Guss/Stahl nach ca. 1970		☐ für Niedertemperatursystem	☐ Heizplatten	St	
☐ mit Thermostatventilen		ungeeignet	☐ Fußbodenheiz.	m^2	
☐		☐ Oberflächen sehr schlecht	☐ Thermostatventile neu		
☐ keine		☐ Oberflächen schadhaft	☐ Anstrich erneuern		
		☐ Thermostatventile veraltet	☐		
		☐ Fußbodenheiz. erwünscht	☐		
☐		☐	☐		
4. Heizöllagerung	m^3				
☐ Tank, kellergeschweißt		☐ weiter verwendbar	☐ Anlage ausbauen		
☐ Tank, Kunststoff		☐ Leckwarnanlage veraltet	☐ Leckwarnanlage erneuern		
☐ Tank, erdlagernd		☐ Tank undicht	☐ Tankauskleidung		
☐		☐ Abdichtung erforderlich	**Neue Tankanlage**	m^3	
☐		☐ nicht weiter verwendbar	☐ kellergeschweißt		
☐ keine		☐	☐ Kunststoff		
☐		☐	☐ erdlagernd		
☐		☐	☐		
5. Kamin	lfm				
☐ vorhanden		☐ weiter verwendbar	☐ Kamin auskleiden		
☐ frei für Heizanlage		☐ Querschnitt zu groß	☐ Abgasrohr einziehen		
☐		☐ versottet	☐ Kamin stillegen		
☐		☐ nicht weiter nutzbar	☐ Kamin ausbauen		
Zwischensumme 8					

Checkliste 9: Modernisierungsbedarf – Elektroinstallation

BAUTEIL AUSFÜHRUNGSART	MENGE	BEFUND	MASSNAHMEN	KOSTEN EUR
1. Hausanschluss	kW			
☐ Hausanschluss im Haus		☐ Leistung ausreichend	**Neuer Hausanschluss**	
☐ Hausanschluss am Haus		☐ Leistung erhöhen	☐ Hausanschluss verlegen	
		kW	☐ Anschlußleitung lfm	
		☐ Hausanschluss	☐ Leitungsgraben lfm	
		☐ weiter verwendbar	☐ Hausanschlussplatz	
☐		☐	☐	
2. Hauptverteiler				
mit Zählerplätzen		☐ weiter verwendbar	**Neuer Hauptverteiler**	
		☐ zu klein	☐ mit Zählerplätzen	
		☐ Anzahl Zählerplätze	Hauptleitungen	
		erforderlich	☐ in Schacht lfm	
		☐ erweiterbar	☐ in Wänden lfm	
		☐ nicht weiterverwendbar	☐ in Leit.kanal lfm	
			☐ sichtbar als Feucht-	
		☐	☐ raumleitung lfm	
☐		☐	☐	
3. Unterverteilung	St			
(Stockwerkverteiler)		☐ weiter verwendbar	**Neue Unterverteilungen**	
		☐ Anzahl Unterverteilungen	☐ Anzahl St	
		erforderlich	☐	
		☐ nicht weiterverwendbar		
4. Verteilungsleitung				
	lfm	☐ weiter verwendbar	**Neue Leitungen**	
		☐ teilweise verwendbar	☐ in Wänden lfm	
		☐ textilummantelt	☐ in Kabelkanälen lfm	
		☐ brüchige Ummantelung	☐ vor Wand als	
		☐ Querschnitt zu klein	Feuchtraumleitg. lfm	
		☐ Leitungen in Rohren	☐ als Stegleitung lfm	
☐		☐	☐	
5. Schalter/Steckdosen				
Geräte insgesamt	St	☐ weiter verwendbar	**Neue Geräte**	
		☐ teilweise verwendbar	☐ Schalter St	
		☐ zu ergänzen St	☐ Taster St	
		☐ teilweise verwendbar	☐ Steckdosen St	
		☐ neu verdrahten	☐ Feuchtraum St	
☐		☐	☐	
6. Sonstiges			**Neue Geräte**	
☐ Türstationen	St	☐ weiterverwendbar	☐ Türstationen St	
☐ Antennendosen	St	☐ weiterverwendbar	☐ Antennendosen St	
☐	St	☐ weiterverwendbar	☐ Antennendosen St	
☐	St	☐ weiterverwendbar	☐ Antennendosen St	
Zwischensumme 9				

Checkliste 1 bis 9: Summenaufstellung

CHECKLISTE NR. BEZEICHUNG	KOSTEN NACH LISTE	SONSTIGES	SUMME EUR
1 Wärmedämmung			
2 Dach, Dachentwässerung			
3 Außenwände, Fassaden			
4 Fenster, Fenstertüren			
5 Innenwände, Innentüren			
6 Geschossdecken, Böden			
7 Sanitärsanlagen			
8 Heizungsanlagen			
9 Elektroinstallation			
Summen			

Sonstige Maßnahmen	Beschreibung der Maßnahmen	Kosten
Gesamtsumme		

TEIL 3 – DIE DURCHFÜHRUNG

Jede Modernisierung ist eine Bauaufgabe mit einem Bauherrn als Auftraggeber und Fachbetrieben sowie ggf. planenden Fachleuten als Auftragnehmern. Dabei geht es auch bei kleineren Vorhaben bereits um Beträge, die das den normalen Haushalt bei weitem übersteigen. Es werden Finanzierungen eingesetzt, die das zum Lebensunterhalt monatlich verfügbare Budget langfristig beschneiden. Ein guter Grund, alles zu tun, die Kosten der Modernisierung möglichst klein zu halten.

Viele Hauseigentümer vergeben alle Chancen hierzu von Beginn an, indem sie die Aufgabe unterschätzen und wie eine Anschaffung behandeln. Dies ist der erste und größte Fehler. Es werden Angebote von Fachfirmen eingeholt und auf dieser Basis Aufträge erteilt, ohne dass zuvor genau geklärt wurde, welche Leistungen erbracht werden sollen. In der Folge wird ein großer Teil der Arbeiten nach Aufwand, also nach Arbeitstunden abgerechnet. Für den Auftraggeber eine klare, korrekte Sache, aber auch in der Regel die teuerste. Was tatsächlich hätte gespart werden können, erfährt der Bauherr nie, denn er hat keine Vergleichsmöglichkeit. Genau die ist aber erforderlich, wenn der Bauherr eine kostengünstige oder gar die billigste Lösung finden und beauftragen will.

Wie der Bauherr dazu kommt, das wird im folgenden dritten Teil dieses Buches erläutert. Es werden die dafür wichtigsten Kenntnisse vermittelt und praktische Hilfen angeboten, mit denen Sie die Planung und die Durchführung der Modernisierung leichter in den Griff bekommen und Herr des Verfahrens bleiben.

Damit soll keinesfalls die Mitwirkung von Architekten und Ingenieuren ersetzt werden. Im Gegenteil: Ein wesentliches Anliegen dieser Ausführungen ist es, dem zukünftigen Bauherrn den Nutzen kompetenter Partner nahe zu bringen und ihn für diese Zusammenarbeit zu befähigen.

Die Mitwirkung von Fachleuten macht sich immer bezahlt. So kann z.B. mit einer qualifizierten Ausschreibung umfangreicher Malerarbeiten durch den Architekten, das Honorar, das dafür fällig wird, leicht wieder „eingespielt" werden. Meistens übersteigt die damit erzielte Einsparung das Honorar bei weitem. Zugleich sichert sich der Bauherr damit eine gute, wenn nicht die beste Lösung für seine Aufgabe.

Die Baukosten

Modernisieren kostet Geld. Und nur selten reicht am Ende der veranschlagte Betrag aus. Zugegeben, es ist schwierig, die Kosten im Voraus annähernd richtig zu bestimmen. Doch kann man mit sorgfältigen Voranschlägen, kontinuierlicher Kontrolle und der strikten Beachtung der gesetzten Limits vermeiden, das vorhandene Budget zu überschreiten.

Hierzu gehört zunächst eine differenzierte Aufstellung aller zu erwartenden Kosten, auch solcher, die möglicherweise durch verdeckte Mängel oder Unvorhergesehenes entstehen, womit Sie bei älteren Gebäuden immer rechnen müssen. Ein Hilfsmittel sind Kostengliederungen, wie sie bei der Wohnungsbauförderung und bei der Ermittlung von Planungshonoraren verwendet werden. Die an der Finanzierung beteiligten Geldinstitute verlangen ebenfalls derart gegliederte Kostenaufstellungen.

Es ist sinnvoll und üblich, die Kostenaufstellungen dem zeitlichen Ablauf ihrer Modernisierung folgend mehrfach anzufertigen. Beauftragen Sie einen Architekten, so ist das seine Aufgabe. Sie erwerben damit ein höheres Maß an Kostensicherheit (siehe Kasten auf der Folgeseite).

Zu Beginn Ihrer Planungen genügt eine Schätzung um herauszufinden, ob Sie sich die Modernisierung leisten können (oder wollen). Es geht dabei um die Größenordnung. Aber vermeiden Sie schon in dieser ersten Phase sogenannte „Hausnummern", Zahlen, die als allgemeine Erfahrungswerte mehr aus der Luft gegriffen als ermittelt sind. Anders als beim Neubau sind auf den Quadratmeter Wohnfläche oder den Rauminhalt des Gebäudes bezogene Kennwerte hier nur eingeschränkt brauchbar. Besser ist es, die Kosten der einzelnen geplanten Maßnahmen zu schätzen.

Die Regeln für die Ermittlung der Kosten sind in der Zweiten Berechnungsverordnung (II. BV) festgelegt. Wenn hier im Weiteren von „Baukosten" die Rede ist, gilt das im Sinne der II. BV. Die dort vorgebene Gliederung der Kosten ist der Aufstellung „Schätzung der Gesamtkosten" (→ Tab. 14) zu entnehmen. Falls Sie Schätzungen machen, bevor Sie einen Architekten beauftragt haben, machen Sie sich am besten Kopien von dieser Aufstellung.

Die zweite wichtige Art der Kostengliederung ist durch die DIN 276 vorgegeben. Diese Norm wird auch zur weiteren Untergliederung der Kosten nach der II. BV verwendet. Hauptsächlich ist sie für die Kostenermittlungen der Architekten und Bauingenieure von Bedeutung (siehe Hinweis unten).

Kostenplanung

Wer beim Bauen nicht aufs Geld zu schauen braucht, ist fein heraus und kann diese Seiten überblättern. Für die meisten Bauherren gibt es jedoch einen Kostenrahmen, der nicht überschritten werden darf. Wer Kredite einsetzt, muss dafür sorgen, dass die monatliche Belastung tragbar bleibt. Dafür interessiert sich auch der Geldgeber. Die Ermittlung der voraussichtlichen Kosten, die Festlegung von Kostenobergrenzen und die Kontrolle über die Entwicklung der Kosten während der Planung und der Bauzeit sind also Grundlage einer soliden Finanzierung.

Nur ein kleiner Teil der Modernisierungskosten ist praktisch nicht zu beeinflussen, so z.B. die Anschlussgebühr für Gas oder die Notarkosten. Der weitaus größte Teil ist dagegen davon bestimmt, was und wie Sie bauen. Alle Planungsentscheidungen sind zugleich Kostenentscheidungen. Dabei wird das Kostenniveau vor allem durch die frühen Entscheidungen bestimmt, also dann, wenn Art und Umfang der Modernisierung festgelegt werden. Mit fortschreitender Planung wird der Einfluss auf die Kosten immer geringer. Wird erst gebaut, bleibt nur noch das Sparen an der Ausstattung und den Einrichtungen.

Zur Erfassung der Kosten

Die Ermittlung der Kosten erfolgt in mehreren Stufen nach dem Fortschritt der Planung. Folgende Kostenaufstellungen sind zu unterscheiden:

Kostenschätzung	→ Tab. 14
Kostenberechnung	→ Tab. 14 mit Tab. 15
Kostenanschlag	→ Tab. 33, 34
Kostenfeststellung	→ Tab. 33, 34

Hinweis: Seit Juni 1993 gibt es eine neue Fassung der DIN 276. Für die Ermittlung der anrechenbaren Kosten als Grundlage des Honorars nach der HOAI (→ Tab. 16) wird jedoch weiterhin die alte Fassung der DIN 276 (Ausgabe 04.81) verwendet. Deshalb wird den Kostengliederungen dieser Broschüre die alte Fassung zugrunde gelegt.

Die Kosten werden in vier Stufen ermittelt:

- die Kostenschätzung mit dem Vorentwurf
- die Kostenberechnung mit dem Entwurf
- der Kostenanschlag nach der Vergabe
- die Kostenfeststellung nach der Abrechnung.

Kostenplanung heißt, die Auswirkungen einzelner Entscheidungen auf die Kosten zu erkennen, zu sehen, wo gespart werden kann und wo nicht, und gegebenenfalls auch auf Alternativen umzusteigen oder etwas wegzulassen, wenn es der Finanzrahmen erfordert. Hierfür ist es nötig, frühzeitig differenzierte Kostenaufstellungen zu haben. Deshalb sollten die Kosten des Bauwerks von vornherein in Einzelpositionen aufgegliedert werden.

■ **Kostenschätzung:** Die Schätzung der Gesamtkosten (Tab. 14) ist Grundlage für den Finanzierungsplan. Sie ist auch für den Antrag öffentlicher Fördermittel notwendig. Sie sollten deshalb sehr sorgfältig alle Einzelpositionen durchgehen und ausfüllen. Kein Betrag ist zu gering um nicht berücksichtigt zu werden. Sie werden sich wundern, wie die Kleinbeträge zu Buche schlagen.

Das Formular dient der Zusammenstellung der Kosten. Die Ermittlung der einzutragenden Summen erfolgt teilweise auf Ihren Notizzetteln, teilweise in entsprechenden Aufstellungen in den Kapiteln dieses Buches. Dort finden sich auch Hinweise, wohin diese Beträge zu übertragen sind. Es empfiehlt sich, das Formular zu kopieren.

■ **Kostenberechnung:** wird vom Architekten erstellt, wenn die Entwurfsplanung abgeschlossen ist. In der Regel sind damit die wesentlichen Entscheidungen über Konstruktionen und Materialien gefallen. Der Architekt kann nun Erfahrungswerte zu den Kosten der Bauteile oder Bauleistungen einsetzen.

Die Kostenberechnung folgt im Wesentlichen der Gliederung der Tabelle 14 (fett gedruckte Positionen). Dabei sollten die Kosten des Bauwerks (Kostengruppe 3.0 nach DIN bzw. Gruppe 4. nach II. BV) nach der Aufstellung der Tabelle 15 ermittelt werden, möglichst mit ausführlichen Berechnungen für jedes Gewerk. Zieht der Architekt die in DIN 276 vorgesehene Gliederung nach Konstruktionen vor, ist das zu akzeptieren. Tragen Sie dann nur die Summe dieser Berechnung in die Aufstellung ein. Die Kostenberechnung ist verbindlich (siehe Kasten).

■ **Kostenanschlag:** Nachdem alle Gewerke in Auftrag gegeben sind, erstellt der Architekt aus den Vergabesummen den Kostenanschlag (Tab. 33 und 34). Nach DIN 276 wird dazu die gleiche Gliederung verwendet wie zur Kostenberechnung. Vergleichen Sie die Vergabesummen aus der Checkliste Vergabe (→ Tab. 25). Unstimmigkeiten sind mit dem Architekten zu klären.

■ **Kostenfeststellung:** Die Kostenfeststellung (→ Tab. 33 und 34) bringt an den Tag, was Ihre Modernisierung letztlich gekostet hat. Sie wird nach Abschluss der Arbeiten auf der Grundlage der geprüften und bezahlten Rechnungen angefertigt. Sie verwenden die Kostenfeststellung, wenn Sie die tatsächlich entstandenen Kosten belegen müssen, z.B. wenn es um die steuerliche Bewertung der Herstellungskosten geht.

Zur Verbindlichkeit von Kostenermittlungen

Die Kostenschätzung ist unverbindlich, muss aber die nötige Gewissenhaftigkeit erkennen lassen. Anderenfalls verstößt der Architekt gegen seine Pflichten und kann haftbar gemacht werden.

Die Endsumme der Kostenberechnung ist verbindlich. Der Architekt kann zur Sicherheit der Finanzierung bis zu 10 % aufrunden. Rechtliche Schritte sind nur bei grober Kostenüberschreitung erfolgversprechend. Die Gerichte sehen die Grenze bei etwa 30 % Überschreitung.

Kommt es deshalb zum Streit, kann der Schlichtungsausschuss bei der zuständigen Architektenkammer angerufen werden.

Hinweis: Die wesentliche Kostenposition (und die mit der größten Unsicherheit) sind die Bauwerkskosten. Ist das Baubudget knapp bemessen oder ist die Einhaltung einer Kostenobergrenze für eine eventuelle Förderung Bedingung, sollten die Bauwerkskosten möglichst genau ermittelt werden. Es ist in solchen Fällen dringend zu empfehlen, die Bauentscheidung und entsprechende vertragliche Vereinbarungen nicht bereits an der Kostenschätzung festzumachen. Warten Sie die Kostenberechnung oder – noch besser – den Kostenanschlag ab, ehe Sie das Weitere entscheiden. Lassen Sie sich ein Rücktrittsrecht einräumen, wenn eine bestimmte Kostenobergrenze überschritten wird.

Tabelle 14: Schätzung der Gesamtkosten (nach II. BV) – Erläuterungen → Vorseite

	Kostenposition	Einheit m²/m³		Preis EUR		Einzelkosten EUR	Kostensumme EUR
I	**Kosten des Baugrundstücks**						
1	**Wert des Grundstücks**		x		=		
2	**Erwerbskosten (soweit Objekt erst erworben)**						
.1	Vermessung						
.2	Gericht, Notar						
.3	Maklerprovision						
.4	Grunderwerbsteuer						
.5	Wertgutachten						
.6							
3	**Erschließungskosten**						
.1	Abfindungen etc. (z.B. für Baulasten)						
.2	Herrichten Baugrundstück (bei Anbau)						
.3	öffentliche Erschließung						
.4	nichtöffentliche Erschließung						
.5	sonstige Abgaben						
.6	Stellplatzablösung (z.B. bei Teilung)						
.7							
II	**Baukosten**						
4	**Kosten der Gebäude**						
.1	Gebäude ohne UG und DA		x		=		
.2	Unterkellerung (UG)		x		=		
.3	Ausbau Untergeschoss		x		=		
.4	Dachausbau (DA)		x		=		
.5	Sonderausstattung		x		=		
.6	Garagen		x		=		
.7			x		=		
5	**Kosten der Außenanlagen**						
.1	Ver- u. Entsorgungsleitung						
.2							
.3	Stellplätze						
.4	Wege, befestigte Flächen						
.5	Gartenanlage, Pflanzungen						
.6	Umfriedung						
.7	Zubehör, Sonstiges						
6	**Baunebenkosten**						
.1	Architektenhonorar	Summe 4 x 0,15 od. nach Tab. 16					
.2	Statiker	Summe 4 x 0,05 od. nach Tab. 18					
.3	Fachingenieure	Summe 4 x 0,05 od. nach Tab. 19					
.4	Behördenleistungen						
.5	Geldbeschaffungskosten						
.6	Zwischenfinanzierung						
.7							
GESAMTKOSTEN nach Schätzung							

Tabelle 15: Untergliederung Kostengruppe 3.0 Bauwerk (DIN 267 Ausgabe 1981) nach Gewerken

Gewerk	Vergabesumme		Nachträge		Wert Selbsthilfe		Summe Gewerk	
01 Ausräumen		+		+		=		€
02 Dränagearbeiten		+		+		=		€
03		+		+		=		€
04 Maurerarbeiten		+		+		=		€
05 Abbrucharbeiten		+		+		=		€
06 Naturwerksteinarbeiten		+		+		=		€
07		+		+		=		€
08 Zimmerer, Holzbau		+		+		=		€
09		+		+		=		€
10 Abdichtungsarbeiten		+		+		=		€
11 Dachdeckungsarbeiten		+		+		=		€
12 Klempnerarbeiten		+		+		=		€
13 Putz- und Stuckarbeiten		+		+		=		€
14 Trockenbauarbeiten		+		+		=		€
15 Fliesen-, Plattenarbeiten		+		+		=		€
16 Estricharbeiten		+		+		=		€
17 Tischlerarbeiten		+		+		=		€
18 Parkettarbeiten		+		+		=		€
19 Beschlagarbeiten		+		+		=		€
20 Rollladenarbeiten		+		+		=		€
21 Schlosserarbeiten		+		+		=		€
22 Verglasungsarbeiten		+		+		=		€
23 Malerarbeiten		+		+		=		€
24 Bodenbelagarbeiten		+		+		=		€
25 Tapezierarbeiten		+		+		=		€
26 Heizungsinstallation		+		+		=		€
27 Gas-, Wasserinstallation		+		+		=		€
28 Elektroinstallation		+		+		=		€
29 Blitzschutzanlagen		+		+		=		€
30 Gerüstarbeiten		+		+		=		€
31		+		+		=		€
32		+		+		=		€
33		+		+		=		€
Summe Bauwerk (Kostengruppe 3.0)								€

Mit Architekt und Ingenieur – muss das sein?

Fragen an den Architekten

- Berufshaftpflichtversicherung? nein ☐ ja ☐
  (siehe Hinweis unten!)

  Sachschäden bis EUR/Schadensfall

  Personenschäden EUR/Schadensfall
- **Wichtig:** Beauftragung erst, wenn Versicherungsfrage geklärt

Ob Sie Fachleute zur Planung und Durchführung Ihrer Modernisierung benötigen, hängt vom Umfang und von der Art der erforderlichen Maßnahmen ab. Geht es nur um Renovierungsarbeiten, werden Sie Maler, Tapezierer und Bodenleger selbst beauftragen können, ohne dabei ein großes Risiko einzugehen. Auch ist jede Heizungsfirma in der Lage, Ihnen eine neue Heizung einzubauen, ohne dass ein Heizungsingenieur hinzugezogen wird. Und weil das grundsätzlich geht, wird der Wert der Beteiligung kompetenter Fachleute zumeist sehr unterschätzt. Und „Wert" meint hier tatsächlich „Geld".

Die Praxis zeigt immer wieder, dass Fachleute, die über die Belange der einzelnen Gewerke hinaussehen können, ihr Geld wert sind und sich fast immer durch erhebliche Einsparungen bei der Ausführung sozusagen selbst bezahlen. Davon bekommt der Bauherr, der seine Modernisierung alleine durchführt, nichts mit (er hat ja keine Vergleichsmöglichkeit), ist und bleibt deshalb der Meinung, dass das ganz gut geht.

Niemand wird zum Kaufmann gehen und ihm den Auftrag geben, den Wochenbedarf an Lebensmitteln nach seinem Gutdünken zusammenzustellen und zu liefern! Ähnliches tun Sie aber, wenn Sie sich umfangreiche Modernisierungsleistungen vom Handwerker anbieten lassen. Wie viele Angebote holen Sie ein, und wie stellen Sie fest, ob die Angebote wirklich die gleiche Leistung beinhalten? Geht es nur um die Verlegung eines neuen Teppichbodens, ist das kein Problem. Sobald es aber um vielfältigere Aufgaben und größere Beträge geht, sollten Sie vom Architekten oder vom Ingenieur „ausschreiben" lassen.

Nebenbei: Dass es sich lohnt, fachgerecht auszuschreiben, zeigen die Ergebnisse: Die Preise verschiedener Anbieter liegen oft mehr als 50 % auseinander. Was die eine Firma für 3000 EUR erledigt, dafür fordert eine andere 4500 EUR. Mit dieser Differenz könnten Sie in etwa bereits die Hälfte aller erforderlichen Ausschreibungen bezahlen. Wenn das kein Geschäft ist!

Die Beteiligung von Fachleuten ist jedoch nicht nur eine Sache des Geldes. Viele Modernisierungsmaßnahmen erfordern Sachkenntnis, die weit über das hinausgeht, was auch ein gut informierter Laie gemeinhin weiß. Jede einzelne Baumaßnahme stellt einen Eingriff in ein – im Normalfall – funktionierendes Ganzes dar. Die Betrachtung der einzelnen Gewerke für sich übersieht, dass Schallschutz beispielsweise aus dem Zusammenwirken von Wänden und Decken, Wandbekleidungen, Estrichen und Bodenbelägen resultiert. Der Einbau einer Heizung muss u.a. im Zusammenhang mit dem Erneuern von Fenstern und dem Einbau von Wärmedämmung gesehen werden. Und sind Sie wirklich sicher, dass die Wand, die Sie abbrechen wollen, nichts mit der Statik zu tun hat?

Wenn Ihre Modernisierung der Genehmigung durch die Baubehörde bedarf, ist die Mitwirkung des Architekten in der Regel Pflicht. Darüber hinaus empfiehlt sie sich wegen bautechnischer Fragen bei *jedem* der folgenden Punkte:

- Eingriffe ins Tragwerk (z.B. Wände ausbauen, Dachstuhl ändern)
- Ersteinbau einer Zentralheizung
- Einbau von Bädern
- Aufteilung in Wohneigentum
- Ausbau von Dachgeschossen
- Behebung von Feuchteschäden im Keller
- Einbau zusätzlicher Treppen
- Verbesserung der Wärmedämmung
- Verbesserung des Schallschutzes.

Hinweis: In manchen Bundesländern ist der Nachweis über die Berufshaftpflichtversicherung des Architekten mit dem Bauantrag vorzulegen. Ist dies der Fall, können Sie auf den Nachweis verzichten.

☐ **Zum Architektenvertrag**

- Architektenvertrag? nein ☐ ja ☐

  Vertragsentwurf vorgelegt am

- Beratung erforderlich? nein ☐ ja ☐

  Berater: ☎

  Termin am

- Änderungsvorschläge? nein ☐ ja ☐

  mit Architekt besprochen am

■ **Wann beauftragen?** Lassen Sie sich bereits bei der Vorplanung von einem Architekten beraten. Das hilft, Ihre Wünsche frühzeitig den finanziellen und technischen Möglichkeiten anzupassen. Der Architekt wird Ihnen auch sagen, ob Statiker und Fachingenieure hinzugezogen werden sollten. Spätestens dann, wenn es um Ihr Baurecht geht, sollte ein Architektenvertrag geschlossen werden. Wird eine Bauvoranfrage gestellt, von der es abhängt, ob Ihre Vorstellungen realisierbar sind, können Sie eine Klausel vereinbaren, nach der ein negativer Vorbescheid den Architektenvertrag vorzeitig beendet. Beschränken Sie in solchen Fällen den Auftrag zunächst auf die zur Bauvoranfrage notwendigen Leistungen. Ist beispielsweise zu klären, ob ein Dachgeschoss durch den Einbau von Gauben zum Wohngeschoss gemacht werden kann, so muss hierzu kein kompletter Vorentwurf gefertigt werden. In anderen Fällen kann dies aber durchaus nötig sein.

Hinweis: Auch bei der Zusammenarbeit mit befreundeten Architekten sollten schriftliche Vereinbarungen getroffen werden. Man soll das Beste hoffen, aber auch für den schlechtesten Fall vorsorgen.

■ **Verträge:** Ohne Vertrauen ist gute Zusammenarbeit nicht möglich. Doch ebenso wichtig ist ein Vertrag, der im Streitfall Ihre Interessen wahrt. Bestehen Sie auf einem schriftlichen Vertrag (auch unter Freunden!). Die Architekten- und Ingenieurkammern haben Vertragsmuster, die eine vernünftige Basis bieten. Haftung, Gewährleistung, Schadensersatz und sonstige wichtige Fragen sind damit für den Bauherrn im Großen und Ganzen recht günstig geregelt. Die Unkenntnis des Laien wirkt sich hierbei in der Regel nicht nachteilig aus. Änderungen und Ergänzungen können den Vertrag insgesamt zu Ihrem Nachteil verändern. Deshalb sollte dies nur mit juristischer Beratung geschehen. Akzeptieren Sie *keinesfalls*

- die Verkürzung der Mängelanspruchsfrist (Gewährleistung), nach VOB 2, nach BGB 5 Jahre
- Haftungsausschlüsse oder -übertragungen
- Übertragung der Kompetenz, Aufträge zu erteilen (ausgenommen Kleinaufträge bis zu ... EUR) oder Rechnungen anzuerkennen.

Tabelle 16: Architektenhonorar mit 20 % Modernisierungszuschlag

nach HOAI §16 in EUR – Kosten ohne, Honorare inkl. 16 % MwSt

anrechenbare Kosten (EUR)	Honorarzone III von ...	bis	Honorarzone IV von ...	bis
25 565	4 163	5 366		6 171
30 000	4 868	6 261		7 195
35 000	5 672	7 289		8 369
40 000	6 469	8 307		9 539
45 000	7 268	9 329		10 703
50 000	8 046	10 319		11 826
60 000	9 586	12 253		14 025
70 000	11 125	14 187		16 223
80 000	12 665	16 121		18 422
90 000	14 205	18 055		20 621
100 000	15 745	19 989		22 819
125 000	19 411	24 484		27 866
150 000	23 077	28 979		32 912
175 000	26 562	33 137		37 519
200 000	30 048	37 294		42 126
225 000	33 384	41 179		46 376
250 000	36 721	45 063		50 626
275 000	39 693	48 731		54 760
300 000	42 665	52 399		58 894

Faustregel: Architektenhonorar etwa 15 % der Gebäudekosten (Ziff. 4 der Kostenschätzung Tabelle 14) – Der Mittelwert wird wie folgt errechnet: Summe aus „von"-Wert und „bis"-Wert geteilt durch 2 (Beispiel: (4163 + 5366) : 2 = 4764,50)

Zur Vereinbarung des Architektenhonorars

- Honorarvereinbarung mündlich? nein ☐ ja ☐
  Mindesthonorar unterschritten? nein ☐ ja ☐
  vereinbart:
- Falls beide Fragen mit „ja" beantwortet:
  Vereinbarung schriftlich bestätigen!
  abgesandt an Architekten am

■ **Das Architektenhonorar:** Grundlage ist die Honorarordnung für Architekten und Ingenieure (HOAI). Je nach Schwierigkeit wird die Bauaufgabe einer Honorarzone zugeordnet. Für Wohnbauten ist bei durchschnittlichen Planungsanforderungen Honorarzone III üblich. Für jede Zone ist, abhängig von den anrechenbaren Kosten, ein Mindest- und ein Höchsthonorar vorgesehen. Wird keine schriftliche Vereinbarung getroffen, gilt im Streitfalle das Mindesthonorar. Bei durchschnittlichen Anforderungen ist der Mittelwert der Zone III eine faire Basis (→ Tab. 16).

Modernisieren erfordert oft auch bei niedrigen Baukosten erheblichen Planungsaufwand. Deshalb sieht die HOAI einen Modernisierungszuschlag von bis zu 30 % vor. Auch kann der Wert der vorhandenen Bausubstanz in die anrechenbaren Kosten in angemessenem Umfang einbezogen werden, z.B. bei Erhaltungsmaßnahmen, Umbau oder Anbauten.

Als anrechenbare Kosten gelten vereinfacht die Bauwerkskosten. Diese ergeben sich als Summe aller Handwerkerrechnungen (ohne Mehrwertsteuer). Die Kosten der Haustechnik werden voll eingerechnet, soweit sie 25 % der Bauwerkskosten nicht übersteigen, darüber hinaus nur zu 50 %.

■ **Honorar und Leistung:** Die Höhe des Honorars hängt auch vom Umfang der zu erbringenden Leistungen ab. Die HOAI gliedert das Gesamthonorar prozentual nach den verschiedenen Grundleistungen auf (siehe rechts). Lassen Sie sich dieses Leistungsbild vom Architekten erläutern. Falls einzelne Leistungen entfallen, verringert sich das Honorar entsprechend. Es ist verlockend, Leistungen des Architekten selbst zu übernehmen und damit das Honorar zu mindern. Aber Vorsicht! Hier hat sich schon mancher sowohl fachlich als auch zeitlich übernommen. Zahllose Bauherren, die Honorare sparen wollten, haben am Ende ein Vielfaches des „Gesparten" draufgezahlt.

Neben den Grundleistungen kann der Architekt mit besonderen Leistungen betraut werden wie dem Wärmeschutznachweis, der Planung und Durchführung von Abbrucharbeiten oder der Erstellung von Bestandsplänen. Besondere Leistungen werden oft nach Aufwand (Stundensatz nach HOAI § 6 (2) verrechnet.

■ **Nebenkosten:** Kosten für Lichtpausen, Kopien, Telefon, Porto, Fahrten und Ähnliches sind Nebenkosten und können auf Nachweis oder über eine Pauschale abgegolten werden. Die Pauschalierung ist zu empfehlen, sie entlastet den Architekten von kleinlichem Verwaltungskram, was er bei der Bemessung der Pauschale berücksichtigen wird. Überschlägig berechnen Sie die Nebenkosten mit 10 % des Honorars.

■ **Zahlung des Honorars:** Dem Architekten stehen Abschlagszahlungen nach dem Fortschritt seiner Arbeit zu. Diese Zahlungen werden durch Abschlagsrechnungen angefordert. Auch hier sind Vereinfachungen möglich, z.B. durch feste Teilbeträge, die aber ebenfalls per Rechnung angefordert werden sollten. Die geleisteten Zahlungen tragen Sie in die Liste der Zahlungen ein → Tab. 32.

Tabelle 17: Grundlagen der Honorarermittlung

Grundleistungen nach HOAI § 15	Anteil %
1. Grundlagenermittlung (Ermittlung der Voraussetzungen)	3
2. Vorplanung (Erarbeitung der wesentlichen Teillösungen)	7
3. Entwurfsplanung (Erarbeiten der endgültigen Lösung)	11
4. Genehmigungsplanung (Bauvorlagen, Bauantrag)	6
5. Ausführungsplanung (ausführungsreife Lösung)	25
6. Vorbereitung der Vergabe (Leistungsverzeichnisse)	10
7. Mitwirkung bei der Vergabe (Kostenermittlung, Vorbereitung)	4
8. Objektüberwachung (Überwachung Ausführung, Bauleitung)	31
9. Objektbetreuung und Dokumentation (Mängelbeseitigung)	3
Gesamtpaket Grundleistungen	100

Honorar für Statiker und Fachingenieure: Für das Honorar von Ingenieuren (Statik und Haustechnik) gilt im Prinzip das Gleiche wie für den Architekten. Das Honorar des Tragwerkplaners (Statik) regelt HOAI Teil VII (→ Tab. 18). In den meisten Fällen wird Honorarzone II zutreffen. Überschlägige Ansätze sind sehr unsicher, da der Umfang der erforderlichen Leistungen von der Aufgabenstellung und den Gegebenheiten abhängt. Sind Eingriffe in die Statik des Hauses zu erwarten, sollten Sie vorsorglich 5 % der Bauwerkskosten veranschlagen.

Für Fachingenieure der Haustechnik gilt HOAI Teil IX, in der Regel Zone I (→ Tab. 19). Auch hier sollten, wenn haustechnische Anlagen eingebaut oder verändert werden, zur höheren Kostensicherheit 5 % der Bauwerkskosten einkalkuliert werden.

Sie können aber auch anhand der folgenden Tabellen das voraussichtliche Honorar nach den von Ihnen geschätzten anrechenbaren Kosten ermitteln. Die Tabellen gelten, wenn alle Grundleistungen zu erbringen sind. Andernfalls müssen Sie sich nach den Honoraranteilen der einzelnen Grundleistungen (in Prozent) erkundigen und entsprechend umrechnen.

☐

Verträge mit den Fachingenieuren

- **Vertrag mit Statiker (Tragwerksplaner)**

  Büro:

  zuständig: ☎

  schriftlicher Vertrag? nein ☐ ja ☐

  mündliche Vereinbarung am:

- **Vertrag mit Fachingenieur für Heizungs- und Sanitäranlagen**

  Büro:

  zuständig: ☎

  schriftlicher Vertrag? nein ☐ ja ☐

  mündliche Vereinbarung am:

  schriftlich bestätigt am:

- Berufshaftpflichtversicherung *muss* bei Beauftragung bestehen!

Tabelle 18: Honorartafel Statik

nach § 65 HOAI (Kosten ohne, Honorare mit 16 % MwSt) inkl. Modernisierungszuschlag von 20 %

anrechenbare Kosten (EUR)	Honorarzone II von	... bis	Honorarzone III von	... bis
10 226	2 227	2 918	2 918	3 502
15 000	3 018	3 935	3 935	4 698
20 000	3 795	4 928	4 928	5 880
25 000	4 523	5 866	5 866	6 986
30 000	5 228	6 768	6 768	8 049
35 000	5 913	7 630	7 630	9 065
40 000	6 566	8 474	8 474	10 084
45 000	7 219	9 293	9 293	11 022
50 000	7 845	10 085	10 085	11 954
75 000	10 816	13 838	13 838	16 356
100 000	13 587	17 330	17 330	20 443
150 000	18 740	23 784	23 784	27 981

Tabelle 19: Honorartafel Haustechnik

nach § 74 HOAI (Kosten ohne, Honorare mit 16 % MwSt) inkl. Modernisierungszuschlag von 20 %

anrechenbare Kosten (EUR)	Honorarzone I von	... bis	Honorarzone II von	... bis
5 113	2 057	2 668	2 668	3 281
7 500	2 827	3 653	3 653	4 477
10 000	3 558	4 578	4 578	5 594
15 000	4 939	6 303	6 303	7 660
20 000	6 226	7 925	7 925	9 624
25 000	7 443	9 477	9 477	11 516
30 000	8 598	10 972	10 972	13 353
35 000	9 711	12 407	12 407	15 099
40 000	10 764	13 782	13 782	16 792
45 000	11 814	15 112	15 112	18 401
50 000	12 854	16 440	16 440	20 017
75 000	17 495	22 329	22 329	27 169

Allgemeines zum Bauantrag

Viele Modernisierungen erfordern keine behördliche Genehmigung. Sie können in solchen Fällen dieses Kapitel überblättern. Genehmigungsfreie Vorhaben müssen allerdings auch den geltenden Vorschriften genügen. Welche Baumaßnahmen der Zustimmung der Baubehörde bedürfen, ist in den Landesbauordnungen festgelegt. In der Regel betrifft das

- wesentliche Änderungen wie Anbauten (auch Wintergärten), Dachaufbauten und Dacheinschnitte
- Änderungen an Schornsteinen
- Eingriffe ins Tragwerk
- Einbau von Heizungen (ab 50 kW)
- Aufteilung in Wohneigentum
- Nutzungsänderungen.

Antragsteller ist der Bauherr. Baupläne müssen jedoch von einem nach der jeweiligen Landesbauordnung berechtigten Fachmann (Architekt, Ingenieur) unterzeichnet sein. Dieser fertigt üblicherweise im Rahmen seines Auftrags den Bauantrag insgesamt. Nach den meisten Bauordnungen sind für kleine Wohngebäude (z.B. eingeschossige Häuser) vereinfachte Verfahren vorgesehen. Erkundigen Sie sich danach bei der zuständigen Stelle (Gemeinde oder Landratsamt). Dort erfahren Sie auch, welche Antragsformulare zu verwenden sind und wo Sie diese erhalten. Zugleich erkundigen Sie sich nach den erforderlichen Anlagen und der Anzahl der Ausfertigungen (→ Tab. 20).

- Zuständige Behörde: ☐

- Antragsformulare bei:

Hinweis: Das Bauantragsverfahren gründet sich auf umfangreiche und nicht einfache Rechtsvorschriften der Länder. Es ist Sache Ihres Architekten. Die hier gegebenen Informationen sollen Ihnen einen groben Überblick vermitteln und zum Verständnis beitragen.

Tabelle 20: Anlagen des Bauantrags (Erläuterungen zu den Positionen → Seite 106)

(Tragen Sie die jeweils erforderliche Anzahl ein!)	**erforderlich**	**vorhanden**	**Anmerkungen**
– Lageplan, Katasterauszug 1:500			
– Nachweis der Grundstücksausnutzung			
– Bauzeichnungen 1:100			
– Baubeschreibung			
– Angaben zu Feuerungsanlagen			
– Bauleitererklärung			
– Standsicherheitsnachweis (Statik)			
– Wärmeschutznachweis			
– Berechnung Flächen/umbauter Raum			
– Zustimmungserklärung der Angrenzer			
–			
–			
–			
–			

☐

Tabelle 21: Zur Abwicklung des Bauantrags

• **Bauvoranfrage** gestellt?		nein ☐	ja ☐
Architekt beauftragt am:		eingereicht am:	
Vorbescheid erteilt am:		gültig bis	
Verlängerung bis:			erledigt ☐
• **Bauantrag**			
• Falls Unterzeichnung durch Angrenzer erforderlich:			
Unterschriften einholen → Seite 108			erledigt ☐
• eingereicht am:			
Unterlagen komplett?		nein ☐	ja ☐
	bis:		☐
	bis:		☐
• Baugenehmigung erteilt am:			
• Baufreigabe erteilt am:			
• **Kosten** der Baugenehmigung:			EUR
• **Gültigkeitsdauer der Baugenehmigung beachten!**			
gültig bis:			
Verlängerung bis:			erledigt ☐

Die Bearbeitungsdauer hängt davon ab, wie stark die Behörde ausgelastet ist. Mit 2 bis 3 Monaten müssen Sie rechnen; es kann aber auch 6 Monate dauern. Ist es ungewiss, ob Ihre Pläne genehmigt werden können, stellen Sie – um Zeit und Kosten zu sparen – eine Bauvoranfrage.

■ **Die Bauvoranfrage**: Planen Sie Umbauten, die das Erscheinungsbild des Gebäudes stark verändern und gibt es hierfür in der Umgebung des Gebäudes keine Beispiele, so sollten Sie zunächst eine Bauvoranfrage stellen. Damit lassen Sie die grundsätzliche Genehmigungsfähigkeit Ihrer Pläne prüfen. Durch den verbindlichen Bauvorbescheid erfahren Sie, unter welchen Voraussetzungen Ihr Vorhaben zulässig ist.

Für die Bauvoranfrage genügen skizzenhafte Pläne, die das baurechtlich Wesentliche Ihrer Absichten zum Ausdruck bringen. Hinzu kommt ein Lageplan (1:1000 oder 1:500) und eine knappe Beschreibung. Es empfiehlt sich, einen Architekten hinzuzuziehen. Der Vorbescheid ist von der für die Baugenehmigung zuständigen Behörde auszustellen. Er gilt nur befristet (nach Bundesland unterschiedlich), ggf. rechtzeitig verlängern lassen!

■ **Lageplan und Bauzeichnungen:** Neben Lageplänen, die das Gebäude mit den Außenanlagen in seiner Umgebung darstellen, ist zumeist ein amtlicher Lageplan oder Katasterauszug erforderlich. Klären Sie, ob eine „amtliche" Ausfertigung genügt oder ob alle Fertigungen beglaubigt oder behördlich gefertigt sein müssen. Sie bezahlen für jede einzelne Fertigung.

Verändert sich durch die geplanten Maßnahmen die bauliche Ausnutzung des Grundstückes (z.B. durch einen Anbau), ist zum Lageplan der Nachweis des Maßes der baulichen Nutzung beizufügen. Dabei handelt sich um die Berechnung der überbauten Grundstücksfläche (Grundfläche) und der Geschossfläche nach den Bestimmungen der Baunutzungsverordnung und der Landesbauordnung.

Die Bauzeichnungen umfassen die Grundrisse aller Geschosse, alle Ansichten sowie mindestens einen Schnitt (alle Maßstab 1:100). Der Architekt weiß, welche Angaben in den Bauzeichnungen enthalten sein müssen. Soweit alte Baupläne vorhanden sind, können diese – entsprechend angepaßt – verwendet werden.

Die Baubeschreibung wird je nach Bundesland nach Vordruck oder formlos (am besten tabellarisch) angefertigt. Sie enthält die wichtigsten Angaben zu den geplanten Konstruktionen und Materialien.

Weitere Unterlagen sind u.a. zu Feuerungsanlagen (z.B. ab 50 kW) oder Behälteranlagen (z.B. für Heizöl ab 5 m^3) erforderlich.

■ **Bauleitererklärung:** Der Bauherr hat mit der Bauleitererklärung vor Beginn der Bauarbeiten einen Architekten oder eine andere, fachlich qualifizierte Person als Bauleiter zu benennen. Der Bauleiter ist für den ordnungsgemäßen, den Vorschriften entsprechenden Baubetrieb verantwortlich. Er überwacht die Übereinstimmung von Plänen und Ausführung. Verstöße gegen Vorschriften oder die Genehmigungsauflagen hat er der Bauaufsichtsbehörde mitzuteilen.

Hinweis: Die eingereichten Unterlagen sind vom Antragsteller zu unterzeichnen (gilt für jede einzelne Bauzeichnung). Unabhängig davon haben die Planfertiger die von ihnen erstellten Zeichnungen und Aufstellungen zu unterzeichnen.

Tabelle 22: Was fordert die Energieeinsparverordnung?

Als Anhaltspunkt nachstehend ein Vergleich der erforderlichen Wärmedämmung (U-Wert) nach

- der bisher geltenden Wärmeschutzverordnung (**A**)
- der Energieeinsparverordnung von 2002 (**B**)

Bauteile	A	B	
Decken, Dächer gegen Außenluft	0,30	**0,30**	[W/m²K]
Flachdach	0,30	**0,25**	[W/m²K]
Außenwände	0,40	**0,35**	[W/m²K]
Innendämmung, Gefache	0,50	**0,45**	[W/m²K]
Decken, Wände gegen unbeheizte Räume			
Dämmung auf Kaltseite	0,50	**0,40**	[W/m²K]
Dämmung auf Warmseite	0,50	**0,40**	[W/m²K]
Fensterflächen	1,80	**1,70**	[W/m²K]

zum Wärmeschutz → Seite 35

■ **Standsicherheitsnachweis (Statik):** Beinhaltet die Modernisierung Eingriffe in das Tragwerk oder neue tragende Bauteile, so ist ein Standsicherheitsnachweis erforderlich, der von einem Bauingenieur (Statiker) erstellt wird. Die Prüfung durch einen von der Behörde bestellten Prüfingenieur ist Bestandteil des regulären Genehmigungsverfahrens.

Bei einfachen Baumaßnahmen (bei Modernisierungen ist das die Regel) kann auf die Prüfung verzichtet werden, wenn der Statiker, der den Nachweis vorlegt, bestimmte Qualifikationen (z.B. 5 Jahre Berufserfahrung) hat. Falls solche Ausnahmen möglich sind, ist das bei der Wahl des Statikers zu berücksichtigen.

■ **Nachweise zum Wärmeschutz, Schallschutz und Brandschutz:** Die ab Februar 2002 gültige Energieeinsparverordnung stellt Anforderungen an bestehende Gebäude: Planen Sie Veränderungen an der Fassade, den Fenstern oder dem Dach, so müssen Sie die Anforderungen dieser Verordnung beachten. Eine Übersicht dazu findet sich auf → Seite 34.

Unabhängig von den Vorschriften sollten Sie im eigenen Interesse die Möglichkeiten der Verbesserung der Wärmedämmung Ihres Hauses ausschöpfen. Das macht sich fast immer bezahlt. Hinweise geben die Kapitel zu den betreffenden Bauteilen.

Nachweise für den baulichen Schallschutz (nach der Norm DIN 4109) und für den Brandschutz (nach DIN 4102) werden im Rahmen von Modernisierungen vor allem dann erforderlich sein, wenn das Haus in Eigentumswohnungen aufgeteilt werden soll. Den Nachweis, dass die gestellten Anforderungen erfüllt werden, führt der Architekt oder der Statiker.

■ **Berechnung der Wohnfläche und des Bruttorauminhalts:** Soweit gefordert wird die Wohnfläche nach der Wohnflächenverordnung (in Kraft seit 1.1.2004) berechnet. Diese Berechnung wird häufig auch im Rahmen der Finanzierung von den Kreditinstituten verlangt.

Ist zum Bauantrag eine Berechnung des Bruttorauminhalts vorzulegen, ist diese nach DIN 277 zu ermitteln. Es handelt sich dabei – vereinfacht ausgedrückt – um das Gebäudevolumen. Wird von der Berechnung des umbauten Raumes gesprochen (z.B. als Unterlage zur Finanzierung), so ist diese wieder nach der II. Berechnungsverordnung (Anlage 2) zu erstellen. Beide Berechnungsverfahren führen zu etwas unterschiedlichen Ergebnissen.

Tabelle 23: Zustimmung der Angrenzer durch Erklärung oder Unterschrift

Name und Adresse der Angrenzer				
1. Flurstück Nr.:	informiert am	durch		
	Erklärung zugestellt am		liegt vor	☐
	Vorlage Bauantrag erforderlich?	nein ☐	ja	☐
Bauantrag vorlegen am:	**Bauantrag** unterzeichnet?	nein ☐	ja	☐
2. Flurstück Nr.:	informiert am	durch		
	Erklärung zugestellt am		liegt vor	☐
	Vorlage Bauantrag erforderlich?	nein ☐	ja	☐
Bauantrag vorlegen am:	**Bauantrag** unterzeichnet?	nein ☐	ja	☐
3. Flurstück Nr.:	informiert am	durch		
	Erklärung zugestellt am		liegt vor	☐
	Vorlage Bauantrag erforderlich?	nein ☐	ja	☐
Bauantrag vorlegen am:	**Bauantrag** unterzeichnet?	nein ☐	ja	☐

■ **Zustimmungserklärung der Angrenzer:** Angrenzer sind die Eigentümer jener Grundstücke, die unmittelbar an Ihr Grundstück angrenzen. Es beschleunigt das Verfahren beträchtlich, wenn Sie sich bereits frühzeitig nach diesen Eigentümern erkundigen. Es ist nicht immer leicht, die aktuelle Anschrift herauszufinden (ist dies nicht oder nur mit erheblichen Schwierigkeiten möglich, kann der Besitzer einbezogen werden). Nehmen Sie Kontakt auf, erläutern Sie Ihr Bauvorhaben und bitten Sie um Unterzeichnung einer Zustimmungserklärung (Formular bei der Genehmigungsbehörde!). Anstelle der Zustimmungserklärung können Sie auch die Bauvorlagen (Lageplan und Bauzeichnungen) unterzeichnen lassen. Den Fortgang der Benachrichtigung der Angrenzer können Sie in der Tabelle 23 protokollieren.

Werden Sie nicht tätig, unterrichtet die Behörde die Angrenzer über Ihr Vorhaben. Das dauert erfahrungsgemäß länger, als wenn Sie das selbst tun. Einwendungen gegen Ihr Vorhaben können nur dann Erfolg haben, wenn dadurch nachbarschützende Vorschriften berührt sind.

Hinweis: Sie können das Baugenehmigungsverfahren beschleunigen, wenn Sie sich frühzeitig um die Zustimmung der Angrenzer bemühen. Zumindest sollten Sie die Adressen der Eigentümer ausfindig machen.

■ **Die Baugenehmigung:** Zur zügigen Bearbeitung Ihres Bauantrags ist die Vollständigkeit Ihrer Antragsunterlagen Voraussetzung. Je nach Bundesland können bestimmte Unterlagen nachgereicht werden. Das sind im Allgemeinen der Standsicherheitsnachweis und die Nachweise des Wärme-, Schall- und Brandschutzes. Diese Vorlagen können fallweise sogar noch nach der Baugenehmigung nachgereicht werden.

Eine Teilbaugenehmigung kann beantragt werden, wenn der Bauherr möglichst sofort mit bestimmten Leistungen beginnen will. Häufig wird eine Teilbaugenehmigung für den Erdaushub und Gründungsarbeiten erteilt. Die Baugenehmigung kann auch nach Bauabschnitten oder Geschossen erteilt werden. Dies kommt für kleine Vorhaben aber kaum in Frage.

In einigen Bundesländern wird der Baubeginn nicht mit der Baugenehmigung, sondern mit einem so genannten Baufreigabeschein (Bauschein) angezeigt. Enthält eine Baugenehmigung keine Auflagen, die vor Baubeginn erfüllt sein müssen, so werden Genehmigung und Freigabeschein zugleich erteilt.

Ist ein Rechtsmittel gegen einen Baugenehmigungsbescheid zulässig, so hat ein Widerspruch gegen den Bescheid aufschiebende Wirkung. Bereits begonnene Arbeiten müssten dann unverzüglich eingestellt werden. Der Bauherr trägt somit das Risiko, wenn er vor Eintritt der Unanfechtbarkeit mit den Bauarbeiten beginnt.

AUSSCHREIBUNG, VERGABE

Ausführungsplanung

Nach dem vom Bauherrn genehmigten Entwurf erstellt der Architekt die Ausführungspläne, nach denen auf der Baustelle gearbeitet wird. Grundrisse, Schnitte und Ansichten werden im Maßstab 1:50 gefertigt, soweit erforderlich auch im Maßstab 1:20. Hinzu kommen soweit erforderlich Detailzeichnungen.

Bei der Modernisierung ist es üblich, viele Entscheidungen zur Ausführung an Ort und Stelle mit dem Handwerker abzusprechen. Dies ist in vielen Fällen sinnvoll, vor allem, wenn die Arbeiten Unvorhergesehenes zutage bringen. Grundsätzlich sollte aber alles, was planmäßig ausgeführt werden kann, zeichnerisch so festgehalten werden, dass die Art der Ausführung nicht ins Ermessen der Handwerker gelegt wird. Fehlende oder unzureichende Planunterlagen führen zwangsläufig zu Nachträgen und Taglohnarbeiten (bekannt auch als Regiearbeiten).

Für die haustechnischen Anlagen werden – vor allem wenn Fachingenieure mitwirken – gesonderte Pläne (für Heizungs-, Sanitär- und Elektroinstallation, aber auch Gas- oder Lüftungsanlagen) gefertigt.

Kopien der Ausführungspläne verwendet der Statiker zur Einarbeitung der speziellen Angaben zur Ausführung tragender Bauteile wie Stützen und Unterzüge. Sonderzeichnungen gibt es im Holzbau, so für die Balkenlage von Holzbalkendecken oder die Dachbalken und die Sparrenlage für Dachkonstruktionen.

Welche Pläne im Einzelnen angefertigt werden hängt von der jeweiligen Bauaufgabe ab. Der Architekt muss entscheiden, welcher Aufwand erforderlich ist. Übliche Ausführungen sind oft allein mit der Leistungsbeschreibung ausreichend zu bestimmen.

Was Sie als Bauherr für die Erstellung der Leistungsverzeichnisse tun können

- Fragen Sie den Architekten, wann die verschiedenen Leistungsverzeichnisse erstellt werden. Gehen Sie am besten Tabelle 24 gemeinsam durch.
- Legen Sie sich eine Liste der Firmen an, die Sie bereits kennen oder von denen Sie durch Bekannte erfahren haben. Fragen Sie Leute, die gerade bauen, ob diese Ihnen Firmen empfehlen können.
- Alle beabsichtigten Selbsthilfeleistungen mit Architekt durchsprechen. Sie sollten nur das, was Sie mit Sicherheit selbst schaffen, aus den Leistungsverzeichnissen herauslassen.

Aufstellen von Leistungsverzeichnissen (LV)

Es gehört zu den wichtigsten Aufgaben des Architekten, alle für das Bauvorhaben erforderlichen Lieferungen und Leistungen genau zu beschreiben, sodass der Handwerker weiß, was gemeint ist und welcher Aufwand damit verbunden ist. Dazu werden alle Leistungen nach praktischen Erfahrungen in einzelne Positionen aufgegliedert, diese Gewerken zugeordnet und in Leistungsverzeichnissen (nennt man auch abgekürztt LV) zusammengestellt. Vereinfachend kann man sagen, dass ein Gewerk das umfasst, was üblicherweise ein bestimmter Handwerker, also der Schreiner oder der Elektriker macht. Zum Teil werden aber auch mehrere Gewerke von einem Handwerksbetrieb ausgeführt.

Nicht selten bieten verschiedene Handwerker die gleiche Leistung an, so werden Trockenbauarbeiten vom Zimmerer, der Rohbaufirma und vom Putzbetrieb angeboten. Es lohnt sich, solche Leistungen von verschiedenen Handwerkern anbieten zu lassen.

Das Leistungsverzeichnis enthält neben der Beschreibung der einzelnen Positionen auch die Mengen (Massen), die von jeder Leistung benötigt werden sowie vertragliche und technische Bedingungen, die der ausführende Handwerker einhalten soll. Dabei ist es besonders wichtig, dass der Handwerker erfährt, ob erschwerende oder auch vereinfachende Umstände für die zu erbringende Leistung gegeben sind.

■ **Auf Vollständigkeit hinwirken:** Unvollständige Leistungsverzeichnisse und Änderungen bedingen Nachträge, die den zeitlichen Ablauf behindern und beträchtlichen Aufwand verursachen. Ist bereits vergeben, so werden Nachträge, die nun vom Auftragnehmer „konkurrenzlos" angeboten werden, oft teuer. Eine Checkliste (→ Tab. 24) hilft Ihnen, dies zu vermeiden und Ihre Wünsche dem Architekten rechtzeitig und vollständig mitzuteilen.

Ausschreibung – Allgemein

Die Ausschreibung ist die wichtigste Maßnahme, die gewünschten Leistungen zu einem günstigen Preis zu erhalten. Vergleichen Sie es mit Ihrem Einkaufszettel. Mit ihm entscheiden Sie, was Sie sich leisten wollen, mit dem Angebotsvergleich beim Einkaufen sorgen Sie dann dafür, dass Sie das Gewünschte möglichst preiswert bekommen.

Die Ausschreibung eröffnet ein Vertragsverfahren. Die Firmen unterbreiten auf der Grundlage Ihrer Leistungsverzeichnisse ein verbindliches Angebot. Es ist verständlich, dass dies eine für die Beteiligten einheitliche Rechtsgrundlage erfordert, mit der die Rechte und Pflichten beider Seiten geregelt sind. Das Ziel der Ausschreibung ist der Bauvertrag zwischen einem Anbieter und dem Bauherrn. Die Vertragsbasis wird den Anbietern mit der Ausschreibung mitgeteilt.

Für die Vergabe ist die Verdingungsordnung für Bauleistungen (VOB) eingeführt, unterteilt in die Teile A, B und C. Die Teile B und C sollten grundsätzlich angewendet werden, da sie von den Firmen anerkannt werden und im Streitfall klare Rechtsverhältnisse schaffen. Da die VOB kein Gesetz ist, muss ihre Anwendung jeweils vertraglich vereinbart werden. Dies muss aus dem Leistungsverzeichnis eindeutig hervorgehen, da bei Nichtanwendung der VOB automatisch das Bürgerliche Recht (BGB) gilt. Damit sind Handwerker in der Regel nicht einverstanden.

■ **Bauherr und VOB:** Jeder Bauherr sollte Teil B der VOB kennen. Hier sind die Vertragsverhältnisse zwischen dem Bauherrn als Auftraggeber und den Firmen als Auftragnehmern geregelt. Teil C gibt Hinweise zur Ausführung der Leistungen und ist Sache des Architekten. Er weist in den Leistungsverzeichnissen darauf hin, dass die für das jeweilige Gewerk zutreffenden Teile der VOB Teil C anzuwenden sind. Damit ist für den Anbieter eindeutig, wie die Leistungen auszuführen sind, welche Nebenleistungen eingeschlossen sind und wie aufgemessen und abgerechnet wird.

Die Allgemeinen Vertragsbedingungen können durch „Zusätzliche" und „Besondere Vertragsbedingungen" ergänzt und besonderen Gegebenheiten des Einzelfalles angepasst werden. Auch die „Allgemeinen Technischen Vertragsbedingungen" können entsprechend erweitert werden.

Generell sollten Sie Ihren Architekten nicht dazu bewegen, besonders „scharfe" Vertragsbedingungen einzusetzen. Das kann ins Auge gehen. Keine Firma wird ohne Not solche Vereinbarungen akzeptieren, sie wird erst gar nicht oder unter Hinweis auf die VOB anbieten. Wird das Risiko durch solche Bedingungen erhöht, so wirkt sich das im Angebotspreis aus (und zwar bei allen Anbietern). Zudem lehnt die Rechtsprechung unzumutbare Risiken für anbietende Firmen ab. Halten Sie sich deshalb strikt an die VOB.

Mitwirkung des Bauherrn bei der Ausschreibung

- VOB Teil A und B besorgen und durchsehen (Architekten fragen)
- Etwaige „Zusätzliche" und „Besondere Vertragsbedingungen" durchsehen, Unklarheiten vom Architekten erläutern lassen
- Wirken Sie darauf hin, dass der Architekt für jedes Gewerk mindestens drei Angebote einholt.
- Um den Aufwand in Grenzen zu halten, ist es sinnvoll, Firmen, die zur Angebotsabgabe aufgefordert werden sollen, vorab anzusprechen. Tun Sie das selbst, wenn Sie bei Firmen bekannt sind.

Alle Leistungen aus einer Hand?

Es ist verlockend: Alle Bauleistungen kommen aus einer Hand, es gibt nur einen Vertragspartner, alle terminlichen Abstimmungen zwischen den Gewerken sind Sache des Ausführenden. Das versprechen Firmen, die als „Hausrenovierer" oder „Modernisierer" ihre Dienste anbieten. Die Vorteile sind offensichtlich, doch hat diese Leistung auch ihren Preis. Falls Sie ohne Fachleute modernisieren wollen, kann sich dieser höhere Preis lohnen, vor allem wenn Sie unter Termindruck stehen.

Hinweis: Jede der ausführenden Firmen muss Mitglied der Berufsgenossenschaft sein. Lassen Sie sich das vor der Erteilung des Auftrags nachweisen (oder prüfen Sie das selbst nach). Der Bauherr haftet für die Beitragszahlungen von Nichtmitgliedern.

Tabelle 24: Checkliste Leistungsverzeichnisse

Notieren Sie, was bis zur Erstellung der LV geklärt sein muss. Hinweis auf Raumbuch oder auf Notizen (am besten nach Datum oder lfd. Nummer in Ihrem Schriftverkehr). Sie unterstützen damit Ihren Architekten und vermeiden Nachträge.

Gewerk	noch zu klären	bis zum	LV erstellt	Ausschreibung ab
01 Ausräumen				
02 Dränagearbeiten				
03				
04 Maurerarbeiten				
05 Abbrucharbeiten				
06 Naturwerksteinarbeiten				
07				
08 Zimmerer, Holzbau				
09				
10 Abdichtungsarbeiten				
11 Dachdeckungsarbeiten				
12 Klempnerarbeiten				
13 Putz- und Stuckarbeiten				
14 Trockenbauarbeiten				
15 Fliesen-, Plattenarbeiten				
16 Estricharbeiten				
17 Tischlerarbeiten				
18 Parkettarbeiten				
19 Beschlagarbeiten				
20 Rollladenarbeiten				
21 Schlosserarbeiten				
22 Verglasungsarbeiten				
23 Malerarbeiten				
24 Bodenbelagarbeiten				
25 Tapezierarbeiten				
26 Heizungsinstallation				
27 Gas-, Wasserinstallation				
28 Elektroinstallation				
29 Blitzschutzanlagen				
30 Gerüstarbeiten				
31				
32				
33				

Tabelle 25: Checkliste Vergabe

Anhand dieser Liste erhalten Sie sich den Überblick über den Stand der Vergabe.
Vermerke: **A** – Berufsgenossenschaft geprüft / **B** – Beteiligung Bauwesenversicherung / **C** – ______________

Gewerk	Vergabe an Firma	am	Vermerke			Vergabesumme
01 Ausräumen						
02 Dränagearbeiten						
03						
04 Maurerarbeiten						
05 Abbrucharbeiten						
06 Naturwerksteinarbeiten						
07						
08 Zimmerer, Holzbau						
09						
10 Abdichtungsarbeiten						
11 Dachdeckungsarbeiten						
12 Klempnerarbeiten						
13 Putz- und Stuckarbeiten						
14 Trockenbauarbeiten						
15 Fliesen-, Plattenarbeiten						
16 Estricharbeiten						
17 Tischlerarbeiten						
18 Parkettarbeiten						
19 Beschlagarbeiten						
20 Rollladenarbeiten						
21 Schlosserarbeiten						
22 Verglasungsarbeiten						
23 Malerarbeiten						
24 Bodenbelagarbeiten						
25 Tapezierarbeiten						
26 Heizungsinstallation						
27 Gas-, Wasserinstallation						
28 Elektroinstallation						
29 Blitzschutzanlagen						
30 Gerüstarbeiten						
31						
32						
33						

Worauf achten? Mit der Ausschreibung werden die Ausführungstermine vorzugeben und so Bestandteil der Angebote. Knappe Termine kosten Geld. Die geplanten Ausführungsfristen dürfen die ausführenden Firma nicht von vorneherein unter Zeitdruck setzen. Das erhöht die Angebotssumme und geht leicht zu Lasten der Qualität.

Alternative Ausführungen sollen nur so weit in die Leistungsverzeichnisse aufgenommen werden, als sie tatsächlich infrage kommen.

Berücksichtigen Sie Firmen in der Nähe. Für Reparaturen ist das später von Vorteil. Ansonsten spielt die Entfernung zur Baustelle bis zu etwa einer halben Stunde Fahrtzeit keine Rolle. Vor allem in Ballungsräumen kann es sich lohnen, Firmen aus dem Umland anzusprechen, die oft niedriger anbieten als die Firmen im Nahbereich.

Es sollten mindestens 3 Angebote eingeholt werden. Freihändige Vergabe ist nur vertretbar, wenn andere Firmen die geforderte Leistung nicht erbringen können oder besondere (z.B. private) Gründe vorliegen. Auch in solchen Fällen ist ein korrektes Angebot auf der Grundlage Ihres Leistungsverzeichnisses zu fordern. Geben Sie auch nicht zu erkennen, wenn es keine Mitbewerber gibt.

Schwarzarbeit ist verboten, entsprechende Verträge sind nichtig. Wer sie beauftragt, macht sich strafbar. Rechtsmittel zur Durchsetzung von Mängelansprüchen* gibt es nicht. Der Bauherr trägt das volle Unfallrisiko.

Vergabe der Bauaufträge

Der Architekt prüft die eingegangenen Angebote auf Vollständigkeit, rechnerische Richtigkeit und auf Plausibilität. Oft führen Missverständnisse zu „falschen" Preisen. Solche Punkte sollten richtiggestellt und das Angebot in der weiteren Prüfung belassen werden. Nützlich ist ein einfacher Preisspiegel, in dem die wichtigsten Einzelpositionen und Summen vergleichbar nebeneinandergestellt sind.

Der Bauherr will niedrige Preise. Verfahren Sie dennoch nicht einfach nach dem Motto: „Der Billigste bekommt den Auftrag." Sehr niedrige Angebote können ihre Tücken haben. Nur selten kann eine Firma die geforderte Leistung mit Dumpingpreisen zufriedenstellend ausführen. Man darf sich dann nicht wundern, wenn die Firma keine Gelegenheit ungenutzt lässt, die geschuldete Leistung zu kürzen. Auch wenn es Mittel und Wege gibt, fehlende Leistungen und Mängelbeseitigung einzufordern: Ein größeres Risiko mangelhafter Arbeit bleibt, und sowohl der Aufwand als auch der Ärger wachsen beträchtlich.

Holen Sie zu den infrage kommenden Firmen nach Möglichkeit Referenzen ein. Ist eine Firma für besonders sorgfältige Arbeit bekannt, so kann das auch einen etwas höheren Preis wert sein. Bei unbekannten Firmen, die auffallend niedrig angeboten haben, sollten Sie vorsichtig sein. Braucht eine Firma dringend einen Auftrag, so mag das Angebot in Ordnung und für Sie ein „Schnäppchen" sein. Andererseits nützt das günstigste Angebot nichts, wenn die Firma während des Bauens Pleite macht. Passiert das im Zeitraum der Gewährleistung, so bleiben Sie auf nicht erledigten Mängeln sitzen.

Vergabe von Aufträgen ohne Mitwirkung des Architekten: Modernisieren Sie ohne Mithilfe eines Architekten, so werden die Handwerker auf der Grundlage von Angeboten beauftragt. Dabei gilt das in den vorhergehenden Abschnitten Gesagte entsprechend. Holen Sie immer mehrere Angebote ein, auch wenn es nur um 1000 EUR geht. Denken Sie daran, welche Preisvergleiche Sie anstellen, wenn es beispielsweise um den Kauf eines neuen Kühlschrankes geht; verfahren Sie bei Bauaufträgen ebenso.

Angebote müssen die Leistung klar und möglichst detailliert beschreiben und Produkte zweifelsfrei nach Hersteller und Typ benennen. Akzeptieren Sie keine pauschalen Angebote.

Es ist auch für den Laien möglich, auf der Grundlage der VOB Aufträge zu vergeben. Selbst wenn Ihnen die VOB zunächst nicht vorliegt, können Sie bei der Beauftragung (immer schriftlich!) erklären, dass die VOB Vertragsgrundlage sein soll. Erklären Sie zugleich, dass die Geschäftsbedingungen des Anbieters keine Gültigkeit haben. Das Auftragsschreiben senden Sie in zweifacher Ausfertigung an den Anbieter, eine Ausfertigung lassen Sie unterzeichnet zurücksenden. Vorsicht vor anderen Auftragsbestätigungen. Manche Firmen versuchen damit zusätzliche Bedingungen in den Vertrag „einzuschleusen".

Sie sollten sich die VOB, Teil B unbedingt beschaffen. Der Text ist knapp und leicht verständlich, Sie müssen deshalb nicht zum Juristen werden.

Kostenanschlag: Nachdem die Leistungen vergeben sind, die Bauverträge also „unter Dach und Fach" sind, kann der Kostenanschlag gemacht werden. Dieser stützt sich auf die verbindlichen Preiszusagen der Bauverträge. Unsicherheiten bestehen jetzt nur noch durch etwaige Ungenauigkeiten von Massen, durch Änderungen, Nachträge und Unvorhergesehenes → Tab. 33 und 34.

* früher hieß das *Gewährleistung*

AUF DER BAUSTELLE

Als Auftraggeber sind Sie befugt, Anweisungen zu geben und in den Bauablauf einzugreifen. Sie haben „Hausrecht" und können Personen von der Baustelle verweisen. Bedenken Sie aber, dass die ausführenden Firmen ihre Arbeit unter der Voraussetzung des ungehinderten Zugangs zur Baustelle verrichten. Erschwernisse, die Sie verursachen, begründen zusätzliche Forderungen. Soweit Sie nicht über entsprechende Fachkenntnisse verfügen oder ein Sachverhalt auch für Laien offenkundig ist, sollten Sie darauf verzichten, unmittelbar auf die Arbeit der Handwerker einzuwirken. Versuchen Sie zunächst zu klären, ob Ihre Bedenken zu Recht bestehen. Haben Sie einen Architekten beauftragt, sollte er sich darum kümmern.

Vorsicht vor spontanen Änderungen: Sind Sie sich nicht über alle Folgen völlig im Klaren, lassen Sie besser die Finger davon. Es ist (fast) immer Zeit, solche Dinge erst in Ruhe (gegebenenfalls mit dem Architekten) abzuwägen. Schwierig wird es, wenn Sie dadurch die Weiterarbeit behindern. Vielleicht gelingt es, die Handwerker zunächst an anderer Stelle weiterarbeiten zu lassen. Andernfalls müssen Sie mit Nachforderungen wegen „Behinderung" rechnen.

Der kritische Bauherr ist auf der Baustelle nicht immer gern gesehen. Das darf Sie nicht stören. Es geht um Ihr Geld. Nehmen Sie sich immer wieder die Zeit – wenn auch nur kurz – vorbeizuschauen. Alle arbeiten für Sie, und es ist Ihr gutes Recht, zu kontrollieren, zu fragen, zu kritisieren. Wenn ordentlich gearbeitet wird, stört das nicht. Nur: Führen Sie nicht ständig „Fachgespräche". Denken Sie daran, dass die Arbeiter ihre Vorgaben haben und dass es auch Ihre Zeit ist, die da verplaudert wird.

■ **Führen Sie ein Bautagebuch:** Wenn Sie Ihre Baustelle regelmäßig, am besten täglich besuchen können, sollten Sie ein Bautagebuch führen. Darin vermerken Sie

- Datum und Uhrzeit
- welche Firmen mit wie vielen Leuten auf der Baustelle waren und woran gearbeitet wurde
- was Ihnen aufgefallen ist
- erteilte Anweisungen
- was es mit dem Architekten zu regeln gibt.

Wichtig ist das Wetter. Es gibt Arbeiten, die nur unter bestimmten Witterungsbedingungen risikofrei gelingen. So darf z.B. bei Frost nicht gemauert, verputzt oder betoniert werden. Es kann wichtig sein später festzustellen, ob an einem bestimmten Tag Frost herrschte oder nicht. Auch große Hitze, starke, direkte Sonneneinstrahlung oder Regen sind für bestimmte Arbeiten abträglich. Machen Sie deshalb eine Notiz zum Wetter und zur Temperatur. Bringen Sie hierfür an der Baustelle ein Thermometer an.

Als Bautagebuch verwenden Sie ein Schulheft oder ein Notizbuch, es sollte aber gebunden oder geheftet sein (keine losen Blätter, Ringbücher etc.). Die Eintragungen können Sie nach dem Muster auf Seite 115 vornehmen. Tragen Sie jeden Besuch gesondert ein. Das macht etwas Mühe, doch wenn etwas schief läuft, haben Sie damit einen wichtigen Beweis.

Woran Sie denken sollten:

- Spontane Änderungen sind riskant und können teuer werden
- Haben Sie es zu verantworten, dass Handwerker nicht weiterarbeiten können, kann die Firma „Behinderung" anzeigen und zusätzlichen Aufwand sowie etwa entstandenen Schaden geltend machen
- Haben Sie einen Architekten beauftragt, informieren Sie ihn umgehend über Dinge, die Sie auf der Baustelle veranlasst haben
- Überwachen Sie besonders die Beseitigung von Bauschutt und Abfällen. Lassen Sie keine Nachlässigkeit zu. Die ordnungsgemäße Beseitigung aller Abfälle sollte nach Bauvertrag geschuldete Leistung sein → Seite 110.

Die Haftung des Bauherrn

Der Bauherr ist Auftraggeber, deshalb letztlich für alles verantwortlich, was auf seiner Baustelle passiert. Ein Teil der Verantwortung wird ihm zwar durch beauftragte Fachleute abgenommen, doch ist deren Haftung meist begrenzt und auch nicht immer zweifelsfrei feststellbar. Bleibt die übliche Suche nach dem Schuldigen ohne Erfolg, so hält man sich an den Bauherrn. Oft haftet der Bauherr auch gemeinsam mit anderen Baubeteiligten. Dem Betroffenen ist es dann unter Umständen freigestellt, an wen er seine Forderungen richtet, ob er also den Bauherrn, den Architekten oder den Unternehmer belangt.

Der Bauherrn haftet immer, wenn die Ursache des Schadens für ihn erkennbar war oder ist. Das betrifft besonders mangelhafte Absicherungen, fehlende Beschilderungen oder Absperrungen, das Versäumnis, Unbefugte, vor allem Kinder, von der Baustelle zu weisen und Ähnliches. Der Abschluss einer Bauherren-Haftpflichtversicherung *vor Baubeginn* ist deshalb unerlässlich (siehe Kasten rechts).

■ **Bauwesenversicherung:** Nach der VOB haftet ein ausführendes Unternehmen für seine Leistung bis zur Abnahme durch den Auftraggeber. Es ist auch bei abschließbaren Häusern kaum möglich, die bereits geleistete Arbeit der Unternehmen gegen Schäden durch Dritte oder sonstige Einflüsse, z.B. Unwetter zu schützen. Hierfür tritt eine Bauwesenversicherung ein. Versichert sind z.B. Schäden durch spielende Kinder, mutwillige Zerstörungen, Sturmschäden und dergleichen. Da alle Ausführende von dieser Versicherung profitieren, ist es üblich sie anteilig umzulegen. Das muss bereits mit der Ausschreibung oder der Beauftragung geregelt sein. Umlageschlüssel ist die Vergabesumme.

■ **Bauzeitenplan:** Der Architekt organisiert den zeitlichen Bauablauf nach den Abhängigkeiten der Gewerke und bestimmter Einzelleistungen. Danach wird ein Zeitplan erstellt, üblicherweise ein Balkenplan. Der Bauherr sollte die Einhaltung der Termine kontrollieren, indem er selbst einen Bauzeitenplan führt. Dazu genügt ein Kalender, in den die mit den Firmen vereinbarten Termine für Beginn und Abschluss der Arbeiten eingetragen werden.

Greifen Sie aber nicht ohne Rücksprache mit dem Architekten in die Bautermine ein. Sie erzeugen damit Unsicherheit über die Kompetenzen und Unklarheit hinsichtlich des jeweiligen Sachstandes. Im Falle von Unstimmigkeiten mit den ausführenden Firmen schwächt das Ihre Position erheblich.

Erkennen Sie, dass eine Firma mit ihrer Leistung nicht rechtzeitig fertig wird, sprechen Sie den Architekten darauf an. Meistens genügt ein Telefonanruf. Erst wenn das nichts nützt, wird die Firma formell „in Verzug" gesetzt (→ Seite 118).

☐ ✎

Zur Sicherheit: Versicherungen

- **Bauherren-Haftpflichtversicherung – Mindestdeckung:**
  Personenschäden 0,5 Mio € Sachschäden 150 000 €
  Versicherung:
  Kontakt: ☎
  Termin:
  abgeschlossen am ☐
  Versicherungsprämie / Jahr: €
- **Bauwesenversicherung – Mindestdeckung:**
  Sachschäden 150 000 €
  Versicherung:
  Kontakt: ☎
  Termin:
  abgeschlossen am ☐
  Versicherungsumme €
  Versicherungsprämie / Jahr: €
  umlegen auf ausführende Firmen? nein ☐ ja ☐
  bei LV-Erstellung / Vergabe berücksichtigen!

Muster für Bautagebuch-Einträge

Baustellenbesuch: von ________ **bis** ________ **Uhr** **Tag:** ______________ **den** ______________

Witterung: ____________________________ Außentemperatur um __________ Uhr: ______ °C

Anwesende Firmen: ______________ Anzahl der Arbeiter: ________ beschäftigt mit: ______________

Anweisungen: ____________________________ **Besonderes:** ____________________________

Regiearbeiten: ____________________________ **Klären:** ____________________________

■ Der Bauherr als Handwerker – Selbsthilfe: Für den Bauablauf stellt die Selbsthilfe durch den Bauherrn (Eigenleistung) eine Erschwernis dar. Die Anzahl der ausführenden Firmen verringert sich dadurch kaum, vielmehr werden bestimmte Gewerke aufgeteilt in zwei oder mehrere Teile, die nun ihrerseits aufeinander abgestimmt werden müssen. Vorteilhaft ist es, wenn durch Ihren Einsatz Engpässe überwunden werden können. Das aber setzt handwerkliche Fähigkeiten voraus, über die nicht jeder Bauherr verfügt.

Selbsthilfe kann leicht selbst Engpässe verursachen, wenn Sie sich fachlich oder zeitlich übernehmen. Mit wenig Erfahrung werden Sie für Ihre Arbeiten mindestens die doppelte Zeit benötigen wie ein qualifizierter Handwerker. Stimmen Sie Ihre Arbeiten mit den betreffenden ausführenden Firmen ab. Vereinbaren Sie auch für Ihre Selbsthilfeleistungen Termine. Um den Gesamtablauf nicht zu gefährden, sollten Sie akzeptieren, dass im Notfall (wenn Sie es nicht rechtzeitig schaffen) die Firma für Sie einspringt. Die zusätzlichen Kosten müssen einkalkuliert werden.

Führen Sie Buch über die täglich geleisteten Selbsthilfestunden, getrennt nach Personen (mithelfende Verwandte oder Freunde). Werden Helfer entlohnt, müssen Sie diese beitragspflichtig bei der Berufsgenossenschaft versichern. Und denken sie daran: Schwarzarbeit ist verboten und kann sie teuer zu stehen kommen.

Der Geldwert der Selbsthilfe wird in die Kostenfeststellung (→ Tab. 33 und 34) eingerechnet. Je nach Qualifikation der Helfer können Sie folgende Stundensätze verrechnen:

- Handwerker im eigenen Fachgebiet 40,00 EUR
- Handwerker im fremden Fachgebiet 25,00 EUR
- nicht handwerklich Ausgebildete 10,00 EUR

■ Behördliche Überwachung: Um zu überprüfen, ob der Bau den genehmigten Plänen und ggf. den Auflagen der Genehmigung entspricht, sind Abnahmen durch die zuständigen Behörden vorgesehen. Der Bauherr hat dazu die Rohbaufertigstellung und die Gebrauchsfertigkeit des Bauwerks rechtzeitig vorher (nach Landesbauordnung etwa 2 Wochen) anzuzeigen. Die Fortsetzung der Bauarbeiten bzw. die Ingebrauchnahme darf erst nach diesen Abnahmen (Frist nach Landesrecht) erfolgen. Werden Abweichungen festgestellt, kann der Bau bis zu deren Beseitigung eingestellt werden.

Die Behörde kann darüber hinaus fordern, dass der Beginn bestimmter Arbeiten vorher angezeigt wird (z.B. Beginn von Betonierarbeiten, zur vorherigen Überprüfung der Bewehrungen).

Bei Anbauten: In den meisten Bundesländern ist der Anzeige der Rohbaufertigstellung ein „Grenzattest" durch den Vermessungsingenieur beizufügen. Es bestätigt die Übereinstimmung des ausgeführten Rohbaus mit dem amtlichen Lageplan und den Vorgaben der Bauleitplanung.

Die ordnungsgemäße Ausführung von Kaminen und Feuerstätten wird durch Abnahmen des Bezirksschornsteinfegermeisters kontrolliert.

Tabelle 26: Behördliche Abnahmen

• **Abnahme Schornsteine** (durch den zuständigen Bezirksschornsteinfegermeister)			
Rohbauabnahme	Termin:		
Rohbauabnahmeschein liegt vor?		nein ☐	ja ☐
Fertigabnahme	Termin:		
Fertigabnahmeschein liegt vor?		nein ☐	ja ☐
• **Anzeige Beginn***			
Termin:	angezeigt am:		
• **Rohbaufertigstellung**	am:		
Fertigstellung angezeigt	am:		
Rohbauabnahme	Termin:		
Anmerkungen:			
• **Baufertigstellung**	am:		
Fertigstellung angezeigt	am:		
Fertigabnahme	Termin:		
Anmerkungen:			

* ggf. bestimmte Arbeiten nach Auflagen der Baugenehmigung

Mängel vermeiden: Jeder Handwerker ist vertraglich verpflichtet, mängelfrei nach den anerkannten Regeln und dem Stand der Technik zu arbeiten. Nun wird jeder Handwerker für sich in Anspruch nehmen, dies zu tun. Und davon sollten Sie ausgehen, solange Sie keinen Anlass haben daran zu zweifeln. Leider sind mangelhafte Ausführung tägliche Realität auf dem Bau. Sie als Bauherr sind der Leidtragende. Es ist Ihr gutes Recht alles zu tun, was hilft Mängel zu vermeiden.

Die Beurteilung von Handwerkerleistungen erfordert Sachverstand. Doch gibt es auch Sachverhalte, die der Bauherr sehr wohl sehen und beurteilen kann. Vor allem dort, wo „Innenleben" durch Bauteile verdeckt wird, kann es nützlich sein, wenn Sie sich vorher angesehen haben, was anschließend durch Platten, Putz oder Estrich zugedeckt wird. Wenn Ihnen etwas nicht korrekt erscheint, scheuen Sie sich nicht, die Handwerker und – gegebenenfalls – den Architekten zu fragen, ob das so in Ordnung ist. Machen Sie sich dann eine Notiz in Ihrem Bautagebuch. Am besten ist ein Foto. Kein Handwerker kann etwas dagegen haben, wenn ordentliche Arbeit „ins Bild kommt".

Mängel vor Abnahme: Mängel, die auf eine vertragswidrige Leistung zurückzuführen sind, hat der Auftragnehmer während der Ausführung und innerhalb der Mängelanspruchsfrist (nach VOB zwei, nach dem Bürgerlichen Gesetzbuch (BGB) fünf Jahre) auf seine Kosten zu beseitigen. Dabei ist zu unterscheiden zwischen Mängeln, die vor Abnahme festgestellt werden, und solchen, die danach auftreten. Hier geht es um Mängel vor Abnahme. (Mängel nach Abnahme → Seite 120, 121)

In den meisten Fällen werden Mängel nach entsprechenden Hinweisen des Architekten oder des Bauherrn anstandslos beseitigt. Vieles lässt sich sofort an Ort und Stelle mit dem Ausführenden regeln. Nur dann, wenn die Firma nicht bereit ist nachzubessern, muss der Auftragnehmer förmlich auf den Mangel hingewiesen und dessen Beseitigung gefordert werden. Das geschieht mit der Mängelrüge. Um deren rechtliche Wirkungen zu Ihren Gunsten auszuschöpfen, sind die nebenstehenden Punkte zu beachten (siehe Kasten).

Die Forderung nach Behebung von Mängeln während der Ausführung verjährt nicht mit der Mängelanspruchsfrist, sondern erst nach 30 Jahren. Dasselbe gilt für Schadensersatzansprüche aus diesen Mängeln. Wird der Mangel nicht behoben, so darf der Bauherr die Leistung nicht vorbehaltlos abnehmen, weil damit die normale Verjährungsregel in Kraft tritt.

Und wenn die Mängelrüge nicht hilft? Mit der Mängelrüge werden Sie in 90 von 100 Fällen Erfolg haben. Doch was tun, wenn auch das nicht hilft? Jeder Bauherr muss bereit sein, das mit der Mängelrüge eingeleitete Verfahren auch fortzusetzen. Merkt der Auftragnehmer, dass nur gebellt und nicht gebissen wird, kann es schwierig werden, die Arbeiten ordentlich abzuschließen. Dass oft nur angedroht wird, hängt damit zusammen, dass es meistens nicht leicht ist, die Drohungen wahr zu machen. Und so ist vorzugehen:

- angemessene Frist zur Nachbesserung setzen
- nach fruchtlosem Verstreichen der Frist den Auftrag entziehen
- eventuell Schadensersatz fordern.

Das hilft Ihrem Bau aber nicht weiter. Nun müssen Sie ein Unternehmen finden, das die Arbeiten fortsetzt. Wenn es eng wird mit den Terminen und die Handwerker alle vollauf zu tun haben, findet man nicht leicht eine Firma, die bereit ist, sofort einzuspringen. Auch

Die Mängelrüge vor Abnahme

muss – um Ihre Rechtsansprüche so weit wie möglich zu wahren – folgende Bedingungen erfüllen:

- immer schriftlich
- Zustellung persönlich mit Zeugen oder per Einschreiben mit Rückschein
- konkrete Bezeichnung des Mangels
- Aufforderung zur Beseitigung des Mangels
- Benennung einer angemessenen Frist, innerhalb derer der Mangel zu beheben ist
- Androhung, dass nach Ablauf der gesetzten Frist die Mängelbeseitigung abgelehnt und der Auftrag entzogen wird.
- Auch wenn der Architekt die Mängelrüge verfasst, sollte sie vom Bauherrn unterzeichnet sein.

Wird eine Mängelrüge nach diesen Vorgaben während der Frist, in der Mängelanspruch besteht, erstmalig zugestellt, so beginnt diese Frist damit von neuem. Weitere Mängelrügen haben diese Wirkung dann nicht mehr.

dann, wenn berechtigte Aussicht besteht, wirtschaftlichen Schaden ersetzt zu bekommen, geht das unterm Strich meistens nicht ohne Nachteile auch für den Bauherrn ab. Sie müssen also bereits dann, wenn die Mängelrüge aus dem Haus gehen soll, überlegen (mit dem Architekten), wie es weitergehen kann, wenn es zum Entzug des Auftrags kommen sollte. Wohlgemerkt: Das wird nicht gesagt, um Sie von der Durchsetzung Ihrer Ansprüche abzuhalten, Sie sollten nur auch hier Ihren Vorteil wahren, was bedeuten kann, mit einer Firma weiterzuarbeiten, die man am liebsten von der Baustelle hätte. Vermeiden Sie es, im Recht zu sein und dabei den Schaden zu haben.

Ihr Architekt hat entsprechende Erfahrung und „kennt seine Pappenheimer", weiß also, wie er den Unternehmer dazu bewegt, seiner Pflicht nachzukommen. Doch der Bauherr ist Auftraggeber, und hat letztlich zu entscheiden, wie die Bauverträge mit den ausführenden Firmen abgewickelt werden. Sicher ist es nicht zweckdienlich, bei jeder Kleinigkeit gleich mit rechtlichen Schritten zu drohen. Es kommt, wie auch sonst im Alltäglichen, nicht nur auf Rechtspositionen, sondern auch auf die Atmosphäre an, in der die Beteiligten arbeiten müssen. Man kann viele Kleinigkeiten zum Problem machen und damit den Bauablauf erschweren. Wer es andererseits versteht den richtigen Ton zu treffen, dem wird manches leicht gemacht. Es kommt auch auf den guten Willen der Handwerker an. Ist der erst einmal dahin, so wird das dem Bauherrn nicht nur Ärger bescheren, sondern in der Regel auch zusätzlich Geld kosten.

■ **Ausführungsfristen nach VOB:** Der mit einem ausführenden Unternehmen geschlossene Bauvertrag soll den Beginn der Arbeiten und den Fertigstellungstermin beinhalten. Ist kein Termin für den Beginn vereinbart, so hat der Auftragnehmer 12 Tage nach Aufforderung durch den Auftraggeber zu beginnen. Es empfiehlt sich, zumindest den Zeitraum, in dem die Arbeiten zur Ausführung kommen sollen, im Vertrag anzuführen sowie eine Erklärung, der zufolge die Firma in der Lage ist, die angebotenen Arbeiten zügig abzuwickeln.

Ist erkennbar, dass die ausführende Firma mit der auf der Baustelle eingesetzten Kapazität eine Ausführungsfrist nicht einhalten kann oder ein zügiger Ablauf nicht gewährleistet ist, so kann der Auftraggeber verlangen, dass hier Abhilfe geschaffen wird.

Kommt der Auftragnehmer der Aufforderung, die Arbeit zu beginnen oder fortzusetzen, nicht nach oder führt er seine Leistung nicht zügig fort, so können Sie ihn „in Verzug setzen". Hierzu stellen Sie ihm eine angemessene Frist und drohen an, bei Nichteinhaltung der Frist den Auftrag zu entziehen (formal wie Mängelrüge, siehe Kasten). Bleibt dies erfolglos, so sind Sie berechtigt, den Auftrag zu entziehen und gegebenenfalls Schadensersatz zu fordern.

Bei Verträgen nach BGB verliert der Auftraggeber seinen Schadensersatzanspruch, wenn er seinen Rücktritt vom Vertrag oder die Kündigung erklärt hat. Das wird vermieden, wenn er den Auftragnehmer (wie nach VOB) unter Verzug setzt und androht, nach erfolglosem Fristablauf die Leistungsabnahme wegen Nichterfüllung zu verweigern.

Das sollten Sie wissen:

- **Nachbesserung**
  Beseitigung eines Mangels, ist vertragliche Pflicht des Auftragnehmers.
- **Minderung**
  Herabsetzung der Vergütung, kommt infrage, wenn ein Mangel nicht zu beheben ist oder die Behebung dem Auftraggeber nicht zugemutet werden kann.
- **Wandlung**
  Rückgängigmachen des Vertrags, ist nach VOB nicht möglich und nach BGB kaum durchsetzbar.
- **Behinderung**
  liegt vor, wenn ein Auftragnehmer wegen Ursachen, die er nicht zu vertreten hat, die Arbeit nicht oder nur unter erschwerten Bedingungen fortsetzen kann.
- **in Verzug setzen**
  einem Unternehmen eine Frist setzen, bis zu deren Ablauf eine Leistung begonnen oder fortgesetzt werden muss; in der Regel mit Androhung weitergehender Maßnahmen wie Auftragsentzug.

Tab. 27: Kontroll-Liste „Firmen in Verzug"

☐

1. **Gewerk:**
   Firma:
   „in Verzug" mit Schreiben vom:
   Frist gesetzt zum:
   Frist eingehalten? ja ☐ nein ☐

2. **Gewerk:**
   Firma:
   „in Verzug" mit Schreiben vom:
   Frist gesetzt zum:
   Frist eingehalten? ja ☐ nein ☐

3. **Gewerk:**
   Firma:
   „in Verzug" mit Schreiben vom:
   Frist gesetzt zum:
   Frist eingehalten? ja ☐ nein ☐

4. **Gewerk:**
   Firma:
   „in Verzug" mit Schreiben vom:
   Frist gesetzt zum:
   Frist eingehalten? ja ☐ nein ☐

5. **Gewerk:**
   Firma:
   „in Verzug" mit Schreiben vom:
   Frist gesetzt zum:
   Frist eingehalten? ja ☐ nein ☐

6. **Gewerk:**
   Firma:
   „in Verzug" mit Schreiben vom:
   Frist gesetzt zum:
   Frist eingehalten? ja ☐ nein ☐

Tab. 28: Kontroll-Liste „Mängelrügen"

☐

1. **Gewerk:**
   Firma:
   Mängelrüge, Schreiben vom:
   Frist gesetzt zum:
   Frist eingehalten? ja ☐ nein ☐

2. **Gewerk:**
   Firma:
   Mängelrüge, Schreiben vom:
   Frist gesetzt zum:
   Frist eingehalten? ja ☐ nein ☐

3. **Gewerk:**
   Firma:
   Mängelrüge, Schreiben vom:
   Frist gesetzt zum:
   Frist eingehalten? ja ☐ nein ☐

4. **Gewerk:**
   Firma:
   Mängelrüge, Schreiben vom:
   Frist gesetzt zum:
   Frist eingehalten? ja ☐ nein ☐

5. **Gewerk:**
   Firma:
   Mängelrüge, Schreiben vom:
   Frist gesetzt zum:
   Frist eingehalten? ja ☐ nein ☐

6. **Gewerk:**
   Firma:
   Mängelrüge, Schreiben vom:
   Frist gesetzt zum:
   Frist eingehalten? ja ☐ nein ☐

ABNAHME UND MÄNGELANSPRUCH

Die Abnahme: Mit der Abnahme wird eine Leistung als dem Vertrag gemäß erfüllt entgegengenommen. Das gelieferte oder hergestellte Werk wird damit gebilligt. Die Abnahme kann förmlich vollzogen werden oder „fiktiv", d.h. durch bestimmte Handlungen oder auch Unterlassungen. Das ist z.B. der Fall, wenn Sie modernisierte Räume ohne Reklamationen beziehen oder wenn eine „Schlussrechnung" ohne Einwände bezahlt wird.

Die ausführende Firma kann die Abnahme verlangen, indem sie Ihnen das mitteilt. Nach VOB muss die Abnahme dann innerhalb von 12 Tagen vollzogen werden. Ein Auftragnehmer kann diese Frist auslösen (ohne dass er dies deutlich erklärt), indem er dem Bauherrn eine Schlussrechnung zustellt, die übrigens nicht als solche gekennzeichnet sein muss. Mit Entgegennahme der Rechnung läuft dann die Abnahmefrist. Jede Rechnung, die nicht als Abschlagsrechnung gelten kann, sollte deshalb vorsichtshalber als Schlussrechnung behandelt werden.

Sie können eine solchermaßen „untergeschobene" fiktive Abnahme vermeiden, wenn der Bauvertrag eine förmliche Abnahme verbindlich vorsieht. Der Bauherr kann dann immer noch durch Erklärung oder stillschweigend auf die förmliche Abnahme verzichten. Ist die förmliche Abnahme vorgesehen, muss der Auftragnehmer dazu eingeladen werden. Dies sollte schriftlich (per Einschreiben mit Rückschein) geschehen. Leistet der Auftragnehmer der Einladung nicht Folge, so kann die Abnahme auch ohne ihn erfolgen.

Die Abnahme verändert die rechtliche Situation zwischen Bauherr und Auftragnehmer grundlegend. Mit der Abnahme beginnt der Mängelanspruch. Der Bauherr kann, wenn er keine entsprechenden Vorbehalte macht, nach Abnahme keine Nachbesserung für bereits *vor* der Abnahme bekannte Mängel fordern. Für Mängel, die *nach* der Abnahme festgestellt werden, verjährt der Anspruch auf Beseitigung und Schadensersatz mit dem Mängelanspruch. Allerdings beginnt der Mängelanspruch für die nachgebesserte Leistung neu.

Mit der Abnahme verkehrt sich die Beweislast. Vor der Abnahme muss der Auftragnehmer beweisen, dass er seine Leistung nach Vertrag und geltenden Regeln erbracht hat; danach hat der Bauherrn zu beweisen, dass der Auftragnehmer dies nicht getan hat.

Hinweise: Die Abnahme der Bauleistungen durch den Auftraggeber (Bauherrn) hat nichts zu tun mit behördlich vorgeschriebenen Abnahmen (→ Seite 116).

Der allgemein übliche und verständliche Begriff „Gewährleistung" ist mit der Neufassung der VOB vom Sept. 2002 durch den Begriff „Mängelanspruch" ersetzt worden. Auch wenn dieser Begriff die Dinge sprachlich auf den Kopf stellt (wer beansprucht schon Mängel?), wird er hier korrekterweise verwendet. Man wird Sie aber auch verstehen, wenn Sie weiterhin von „Gewährleistung" sprechen.

Mängelanspruch: Mängelanspruch besteht nach VOB 2 Jahre, nach dem BGB 5 Jahre. In der Regel werden Verträge nach VOB abgeschlossen. Doch lohnt es, bei bestimmten Gewerken (z.B. Heizung) auf eine längere Mängelanspruchsfrist hinzuwirken. Manche Firmen werben sogar mit Mängelanspruch nach BGB. Die Mängelanspruchsfrist beginnt mit erfolgter Abnahme oder mit entsprechenden Vorgängen, z.B. einer Schlusszahlung. Vermerken Sie diesen Zeitpunkt (→ Tab. 29). Sie können dann vor Ablauf der Mängelanspruchsfrist die entsprechenden Leistungen noch einmal auf eventuell inzwischen aufgetretene Mängel überprüfen. Das kann viel Geld sparen.

Verschlafen Sie keine Abnahme!

Am besten förmliche Abnahme im Bauvertrag vereinbaren; Auftragnehmer zu Fertigstellungsanzeige verpflichten.

Falls keine förmliche Abnahme vereinbart:
Bei Zugang von Rechnungen sofort überprüfen, ob es sich um die Schlussrechnung handelt. Liegt eine Schlussrechnung (oder Fertigstellungsanzeige) vor, innerhalb von 12 Tagen Vorbehalte geltend machen.

Einladungen zur Abnahme an den Auftragnehmer per Einschreiben mit Rückschein

Einzug oder Ingebrauchnahme wirken nach 6 Tagen als Abnahme. Deshalb Vorbehalte wegen Mängeln oder sonstiger Ansprüche vorher schriftlich geltend machen.

Tabelle 29: Checkliste „Abnahmetermine"

Wird keine förmliche Abnahme durchgeführt, erfolgt die Abnahme fiktiv. Lesen Sie hierzu den Abschnitt „Abnahme" (Vorseite) sorgfältig durch! Zu jeder Abnahme wird ein Abnahmeprotokoll gefertigt, etwaige Mängel werden darin vermerkt. Das Protokoll ist vom Auftraggeber und vom Auftragnehmer zu unterzeichnen.

Gewerke	Firma	Abnahme förmlich am	Mängel ja/beseitigt am	Abnahme fiktiv durch (Vorgang)	am
01 Ausräumen			☐		
02 Dränagearbeit.			☐		
03			☐		
04 Maurerarbeiten			☐		
05 Abbrucharbeiten			☐		
06 Naturwerkstein			☐		
07			☐		
08 Zimmerarbeiten			☐		
09			☐		
10 Abdichtung			☐		
11 Dachdeckung			☐		
12 Klempner			☐		
13 Putz und Stuck			☐		
14 Trockenbau			☐		
15 Fliesen, Platten			☐		
16 Estrich			☐		
17 Tischler			☐		
18 Parkettarbeiten			☐		
19 Beschlagarbeiten			☐		
20 Rollladenarbeiten			☐		
21 Schlosser			☐		
22 Verglasung			☐		
23 Malerarbeiten			☐		
24 Bodenbelagarb.			☐		
25 Tapezierarbeit.			☐		
26 Heizung			☐		
27 Gas, Wasser			☐		
28 Elektroinstall.			☐		
29 Blitzschutz			☐		
30 Gerüstarbeiten			☐		
31			☐		
32			☐		
33			☐		

Tabelle 30: Checkliste „Mängelanspruchsfristen"

Beginn des Mängelanspruchs nach Tab. 28. Für Mängelansprüche nach Mängelrügen → Tab. 31, hier die lfd. Nr. eintragen!

Gewerke	**Firma**	**Mängelanspruchsfrist** **ab**	 **bis**	**Mängelrügen** laufende Nr. nach Tabelle 28
01 Ausräumen				
02 Dränagearbeit.				
03				
04 Maurerarbeiten				
05 Abbrucharbeiten				
06 Naturwerkstein				
07				
08 Zimmerarbeiten				
09				
10 Abdichtung				
11 Dachdeckung				
12 Klempner				
13 Putz und Stuck				
14 Trockenbau				
15 Fliesen, Platten				
16 Estrich				
17 Tischler				
18 Parkettarbeiten				
19 Beschlagarbeiten				
20 Rollladenarbeiten				
21 Schlosser				
22 Verglasung				
23 Malerarbeiten				
24 Bodenbelagarb.				
25 Tapezierarbeit.				
26 Heizung				
27 Gas, Wasser				
28 Elektroinstall.				
29 Blitzschutz				
30 Gerüstarbeiten				
31				
32				
33				

Mängelrügen innerhalb der Frist des Mängelanspruchs

- immer schriftlich
- Zustellung per Einschreiben mit Rückschein (aufbewahren wegen Zustellungsdatum!)
- angemessene Frist zur Nachbesserung setzen
- Androhung, dass nach erfolglosem Ablauf der Frist auf Kosten der gewährleistenden Firma nachgebessert oder Minderung geltend gemacht wird
- Schadensersatzforderung vorbehalten
- falls Nachbesserung für Sie unzumutbar ist, darauf verweisen und Minderung geltend machen
- falls Sie Minderung verlangen können, unbedingt Fachmann wegen Bemessung des Minderungsbetrags hinzuziehen.

Der Auftraggeber (Bauherr) hat innerhalb der Mängelanspruchsfrist Anspruch auf Beseitigung von Mängeln, die auf eine vertragswidrige Leistung zurückzuführen sind. Die Mängelanzeige und die Aufforderung zur Nachbesserung sollte schriftlich erfolgen. Sie erfüllen damit wesentliche Bedingungen sowohl nach VOB als nach BGB. Sie drohen an, dass nach Ablauf der gesetzten Frist die Mängelbeseitigung abgelehnt und zu Lasten des Auftragnehmers durchgeführt oder Minderung verlangt wird. Minderung ist nach VOB allerdings nur möglich, wenn die Mängelbeseitigung unmöglich oder mit unverhältnismäßig hohem Aufwand verbunden ist und deshalb vom Auftragnehmer ausdrücklich abgelehnt wird. Minderung kann auch verlangt werden, wenn die Nachbesserung dem Auftraggeber nicht zugemutet werden kann. Nach VOB können Sie darüber hinaus Schadensersatz geltend machen (z.B. Gutachterkosten).

Hinweis: Bei Rechtsfragen sollten Sie einen Rechtsbeistand hinzuziehen. Besonders dann, wenn Sie bei der Abwicklung von Mängelrügen während der Mängelanspruchsfrist fürchten müssen, nicht zu Ihrem Recht zu kommen.

Tabelle 31: Mängelbeseitigung innerhalb der Mängelanspruch

Mängelrügen nach laufender Nummer eintragen (nach Tab. 30 übertragen). Der Mängelanspruch für nachgebesserte Leistungen beginnt mit Zustellungsdatum der Mängelrüge neu zu laufen (aber nur für erstmalige Mängelrüge!)

Mängelrüge Nr.	Zugang am	Gegenstand der Mängelrüge	Nachbesserung bis / erledigt	Mängelanspruch neu bis
			☐	
Gewerk Nr.:			Anmerkung:	
			☐	
Gewerk Nr.:			Anmerkung:	
			☐	
Gewerk Nr.:			Anmerkung:	
			☐	
Gewerk Nr.:			Anmerkung:	
			☐	
Gewerk Nr.:			Anmerkung:	
			☐	
Gewerk Nr.:			Anmerkung:	
			☐	
Gewerk Nr.:			Anmerkung:	
			☐	
Gewerk Nr.:			Anmerkung:	

ZAHLUNGEN

■ Der Bauherr zahlt: Pannen im Zahlungsverkehr können teuer zu stehen kommen. Deshalb muss der Rechnungsweg klar sein. Rechnungsadressat ist der Bauherr. Gehen die Rechnungen an ihn, so muss er sicherstellen, dass diese umgehend dem Architekten oder dem zuständigen Fachingenieur zur Prüfung zugestellt werden. Sie können auch vereinbaren, dass die auf Sie ausgestellten Rechnungen direkt an den übersandt werden, der sie prüft und dann an Sie weitergibt.

■ Abschlagsrechnungen: Für Arbeiten über einen längeren Zeitraum sehen die HOAI und die VOB vor, dass für bereits geleistete Arbeiten Abschlagsrechnungen gestellt werden. Auf mündliche Forderungen gehen Sie nicht ein.

Die VOB schreibt vor, dass sich eine Abschlagsrechnung auf die nachgewiesene, vertragsgemäß erbrachte Leistung zu beziehen hat. In der Praxis begnügen sich die Firmen meistens damit, unter Hinweis auf erbrachte Leistungen einen pauschalen Rechnungsbetrag ohne prüfbare Aufstellung geltend zu machen. Der Rechnungsbetrag wird so gewählt, dass ein Zweifel über dessen Höhe im Allgemeinen nicht entsteht. Es ist Aufgabe des Architekten (oder der zuständigen Fachingenieure) zu überprüfen, inwieweit die bereits erbrachten Leistungen den Rechnungsbetrag rechtfertigen. Dieser Betrag ist innerhalb von 12 Tagen nach Rechnungszugang zu bezahlen. Es ist üblich, dass der Architekt dem Bauherrn eine schriftliche Zahlungsfreigabe über den Rechnungsbetrag ausstellt. Zur Übersicht tragen Sie die geleisteten Zahlungen in die Liste der → Tab. 32 fortlaufend ein. Zahlen Sie freigegebene Beträge stets auf den Cent genau, sonst erschweren Sie Kontrolle und Abrechnung.

Nach Vereinbarung kann eine Sicherheit in Höhe von 5 bis 10 % des Rechnungsbetrags einbehalten werden. Die VOB regelt das Verfahren, der Architekt kennt die Einzelheiten.

Für Abschlagsrechnungen des Architekten und der Ingenieure gilt prinzipiell das Gleiche. Zur Vereinfachung kann ein Zahlungsplan vereinbart werden, der festlegt, welche Zahlungen wann fällig werden. Die Höhe der Honoraranteile ist nach der HOAI leicht zu ermitteln. Die Abschlagsrechnung braucht dann nur auf diesen Zahlungsplan verweisen.

■ Schlussrechnung: Die Schlussrechnung kann als Fertigstellungsanzeige wirken und eine „fiktive" Abnahme auslösen. Eventuelle Vorbehalte müssen Sie müssen innerhalb von 12 Tagen geltend machen oder zur Abnahme einladen (→ Seite 120). Der Eingang der Schlussrechnung ist unbedingt zu vermerken. Als Schlussrechnung gilt eine Rechnung, die erkennen lässt, dass die vertragliche Leistung abgeschlossen ist und dass weitere Forderungen hierzu nicht gestellt werden. Die Aufstellung muss übersichtlich und prüfbar sein, die Gliederung und die Bezeichnung der Leistungen dem Leistungsverzeichnis oder dem Angebot entsprechen. Die Rechnung ist spätestens 2 Monate nach Zugang fällig. Innerhalb dieses Zeitraums muss die Rechnung geprüft werden.

Bezahlen Sie eine Schlussrechnung, sollten Sie dies als „Schlusszahlung" kenntlich machen. Nach VOB (§16 Nr. 3 Abs. 2) werden damit, wenn der Auftragnehmer diese Zahlung ohne Vorbehalt annimmt, weitere Forderungen aus dem Auftrag ausgeschlossen. Die Rechtsprechung lässt jedoch unter bestimmten Umständen Nachforderungen für „vergessene" Leistungen zu. Ein Vorbehalt muss innerhalb von 12 Tagen erklärt werden. Spätestens nach weiteren 24 Tagen muss Ihnen dann dazu eine prüfbare Rechnung vorgelegt werden. Andernfalls wird der Vorbehalt hinfällig.

■ Kostenfeststellung: Haben Sie dem Architekten alle Grundleistungen übertragen, so rechnet er Ihre Baumaßnahme ab und fertigt die Kostenfeststellung. Für den Fall, dass Sie dies selbst tun wollen, können Sie hierzu Tab. 33 und 34 verwenden.

Grundsätze für Zahlungen

- Zahlungen nur gegen Rechnung mit ausgewiesener Mehrwertsteuer
- Eingangsdatum auf der Rechnung vermerken
- Zahlungen gegebenfalls nur nach Zahlungsfreigabe durch Architekt oder Fachingenieur
- Zahlungen nur per Überweisung mit Angabe des Rechnungsdatums und der Kennzeichnung als Abschlags- oder Schlusszahlung.
- Die nebenstehende Liste ermöglicht den ständigen Überblick über die geleisteten Zahlungen.

Tabelle 32: Aufstellung „Zahlungen"

Nummer der Zahlungsfreigabe oder der Zahlung und Betrag eintragen.

Nr.	**Gewerk**	**Firma**	**1. Zahlung**	Datum	**2. Zahlung**	Datum	**3. Zahlung**	Datum
01	Ausräumen							
02	Dränage							
03								
04	Maurer							
05	Abbruch							
06	Naturwerkstein							
07								
08	Zimmerer							
09								
10	Abdichtung							
11	Dachdeckung							
12	Klempner							
13	Putz- u. Stuck							
14	Trockenbau							
15	Fliesen, Platten							
16	Estrich							
17	Tischler							
18	Parkett							
19	Beschlagarb.							
20	Rollladen							
21	Schlosser							
22	Verglasung							
23	Maler							
24	Bodenbelag							
25	Tapezierer							
26	Heizung							
27	Gas-, Wasser							
28	Elektro							
29	Blitzschutz							
30	Gerüst							
31								
32								
33								

Tabelle 32: Aufstellung „Zahlungen" (Fortsetzung)

Die Vertragssumen (Vergabesummen) sind der Tab. 25 zu entnehmen. Eventuelle Nachträge sind hinzuzurechnen.

Nr. Gewerk	**4. Zahlung**	Datum	**Schlusszahlung**	Datum	**Summe bezahlt**	**Vertrags-summe**	**Differenz**
01							
02							
03							
04							
05							
06							
07							
08							
09							
10							
11							
12							
13							
14							
15							
16							
17							
18							
19							
20							
21							
22							
23							
24							
25							
26							
27							
28							
29							
30							
31							
32							
33							

Tabelle 33: Kostenfeststellung nach DIN 276 (Ausgabe 4.81)

1.0 Kosten des Baugrundstücks			
1.1 Wert des Grundstücks	x =		€
1.2 Erwerbskosten (soweit Objekt erst erworben)			€
.1 Vermessung		€	
.2 Gericht, Notar		€	
.3 Maklerprovision		€	
.4 Grunderwerbsteuer		€	
.5 Wertgutachten		€	
.6 Amtliche Genehmigungen		€	
.7		€	
1.3 Freimachen			€
1.4 Herrichten			€
.2 Abbrechen von Bauteilen etc.		€	
.3		€	
2.0 Erschließungskosten	**2.1 öffentliche**	**2.2 nichtöffentl.**	
.1 Abwasser		Erläuterung zu 2.0: Zur Vereinfachung können hier die gesamten Kosten der Anschlüsse eingetragen werden	
.2 Wasser			
.3 Fernwärme/Gas			
.4 Elektrizität			
.5		**Summe 2.1**	€
.6		**Summe 2.2**	€
2.3 Andere einmalige Abgaben			€
.1 Stellplatzablöse		€	
3.0 Bauwerk (nach Tabelle 34)			€
4.0 Gerät			€
5.0 Kosten der Außenanlagen			
.1 Ver- u. Entsorgungsleitung			€
.2 Geländebearbeitung			€
.3 Versorgungsanlagen (siehe Erläuterung zu 2.0)			€
.4 Wirtschaftsgegenstände			€
.5 Verkehrsanlagen			€
.6 Grünflächen			€
6.0 Zusätzliche Maßnahmen			€
7.0 Baunebenkosten			
.1 Architektenhonorar (nach Tab. 16)			€
.2 Honorar Statik (nach Tab. 18)			€
.3 Honorar Fachingenieure (nach Tab. 19)			€
.4 Gutachter, Beratungen			€
.5 Behördenleistungen			€
.6 Geldbeschaffungskosten			€
.7 Zwischenfinanzierung			€
.8 Sonstige Nebenkosten			€
GESAMTKOSTEN			€

Tabelle 34: Kostenfeststellung – Untergliederung Kostengruppe 3.0 Bauwerk nach Gewerken

Gewerk	Vergabesumme		Nachträge		Wert Selbsthilfe		Summe Gewerk	
01 Ausräumen		+		+		=		€
02 Dränagearbeiten		+		+		=		€
03		+		+		=		€
04 Maurerarbeiten		+		+		=		€
05 Abbrucharbeiten		+		+		=		€
06 Naturwerksteinarbeiten		+		+		=		€
07		+		+		=		€
08 Zimmerer, Holzbau		+		+		=		€
09		+		+		=		€
10 Abdichtungsarbeiten		+		+		=		€
11 Dachdeckungsarbeiten		+		+		=		€
12 Klempnerarbeiten		+		+		=		€
13 Putz- und Stuckarbeiten		+		+		=		€
14 Trockenbauarbeiten		+		+		=		€
15 Fliesen-, Plattenarbeiten		+		+		=		€
16 Estricharbeiten		+		+		=		€
17 Tischlerarbeiten		+		+		=		€
18 Parkettarbeiten		+		+		=		€
19 Beschlagarbeiten		+		+		=		€
20 Rollladenarbeiten		+		+		=		€
21 Schlosserarbeiten		+		+		=		€
22 Verglasungsarbeiten		+		+		=		€
23 Malerarbeiten		+		+		=		€
24 Bodenbelagarbeiten		+		+		=		€
25 Tapezierarbeiten		+		+		=		€
26 Heizungsinstallation		+		+		=		€
27 Gas-, Wasserinstallation		+		+		=		€
28 Elektroinstallation		+		+		=		€
29 Blitzschutzanlagen		+		+		=		€
30 Gerüstarbeiten		+		+		=		€
31		+		+		=		€
32		+		+		=		€
33		+		+		=		€
Summe Bauwerk (Kostengruppe 3.0)								€